SHUZI TUSHUGUAN FUWU YU GUANLI

数字图书馆
服务与管理

杨　静　景玉枝　主编

内蒙古科学技术出版社

图书在版编目（CIP）数据

数字图书馆服务与管理 / 杨静, 景玉枝主编. —赤峰：内蒙古科学技术出版社，2016. 10（2020.2重印）
ISBN 978-7-5380-2711-2

Ⅰ. ①数… Ⅱ. ①杨… ②景… Ⅲ. ①数字图书馆—图书馆服务—研究②数字图书馆—图书馆管理—研究 Ⅳ. ①G250.76

中国版本图书馆CIP数据核字（2016）第252197号

数字图书馆服务与管理

作　　者：杨　静　景玉枝
责任编辑：许占武
封面设计：永　　胜
出版发行：内蒙古科学技术出版社
地　　址：赤峰市红山区哈达街南一段4号
网　　址：www.nm-kj.cn
邮购电话：（0476）5888903
排版制作：赤峰市阿金奈图文制作有限责任公司
印　　刷：天津兴湘印务有限公司
字　　数：300千
开　　本：787mm×1092mm　1/16
印　　张：13.5
版　　次：2016年10月第1版
印　　次：2020年2月第2次印刷
书　　号：ISBN 978-7-5380-2711-2
定　　价：68.00元

《数字图书馆服务与管理》
编写人员名单

主　编

　　杨　静　内蒙古医科大学图书馆

　　景玉枝　内蒙古医科大学图书馆

副主编

　　金莉荣　内蒙古医科大学图书馆

　　布　赫　内蒙古医科大学图书馆

　　段志明　内蒙古呼和浩特职业学院计算机信息学院

参编人员

　　哈　森　内蒙古医科大学图书馆

　　张瑞平　内蒙古医科大学外国语学院

　　田瑞芳　内蒙古化工职业学院实习实训中心

　　梁　慧　内蒙古化工职业学院图书馆

　　宋　飞　内蒙古工业大学图书馆

前　　言

　　21世纪以数字化为前导的计算机、网络通讯技术发展一日千里，令人目不暇接。数字化的发展趋势正带来人类有史以来一场最为广泛而深刻的技术革命，而网络作为一种工具已深深融入到人们的日常工作和生活的方方面面。伴随着这种数字化和网络化大潮的推进，在此形势下，作为知识的殿堂——传统高校图书馆的存在形式和方式已与时代脱节。因而数字图书馆替代传统图书馆，数字图书馆的服务与管理替代传统图书馆的服务与管理，已是大势所趋，所以加快数字图书馆建设，加强数字图书馆服务与管理，主动跨入数字化时代，则成为我们要解决的一项重大课题。

　　为了使用户更充分地利用和管理数字图书馆信息资源，更好地培养高校学生的信息素养，使他们跟紧信息技术飞速发展的形势，掌握学习和探索知识的本领和技能，具备信息利用能力和自主科研创新能力，特编写了《数字图书馆服务与管理》一书。

　　本专著共10章，主要内容包括了数字图书馆的发展，从数字图书馆的服务到管理，从图书的采访、编目到流通、阅览，从读者服务到信息服务，从印刷资源到电子资源，从数据库建设到网络资源的检索利用，从参考咨询服务到竞争情报服务，等等。该书不仅可以作为各类图书馆的馆员培训参考教材，也可以作为图书馆馆员工作的参考工具书。

　　由于网络信息变化迅速，更新较快，因此在使用本书时一定会发现某些数据或资源与更新后的数据资源有时不符，同时由于编者水平有限和编写时间紧迫，难免出现错误疏漏，恳请读者批评指正。

编　者

2016年6月

目　录

第1章 数字图书馆发展概述

第1节 数字图书馆基本概述

数字图书馆（Digital Library）是用数字技术处理和存储各种图文并茂文献的图书馆，实质上是一种多媒体制作的分布式信息系统。它把各种不同载体、不同地理位置的信息资源用数字技术存贮，以便于跨越区域、面向对象的网络查询和传播。它涉及信息资源加工、存储、检索、传输和利用的全过程。通俗地说，数字图书馆就是虚拟的、没有围墙的图书馆，是基于网络环境下共建共享的可扩展的知识网络系统，是超大规模的、分布式的、便于使用的、没有时空限制的，可以实现跨库无缝链接与智能检索的知识中心。

1 数字图书馆的相关概述

1.1 数字图书馆的概念

数字图书馆（Digital Library）是随着计算机网络技术、数据库技术、多媒体技术的发展而产生的一种信息图书馆。简单地说，数字图书馆是用数字技术收集、存储和组织信息，并通过计算机网络查询和检索信息的一种现代化信息系统。它既不是图书馆的数字化概念和特征，也不是以印刷载体文献为依托的图书馆文献信息开发工作的简单自动化、数字化、网络化论文范文。图书馆的自动化、网络化和图书馆资源的数字化是现代图书馆向数字图书馆过渡的必要阶段，但并不是数字图书馆。数字图书馆是一个以现代计算机技术、网络技术和多媒体技术为依托，以分布式的海量数字化信息资源库为基础，以最大限度地满足用户个性化需求为目的的超大规模信息服务系统。它既是以现代信息技术为核心的高新技术飞速发展的必然产物，也是信息时代重要的社会需求。

数字图书馆是一门全新的科学技术，也是一项全新的社会事业。简言之，数字图书馆是一种拥有多种媒体内容的数字化信息资源,能够为用户提供方便、快捷、高水平的信息化服务机制。

数字图书馆不是图书馆实体:它对应于各种公共信息管理与传播的现实社会活动,表现为种种新型信息资源组织和信息传播服务。它借鉴图书馆的资源组织模式、借助计算机网络通讯等高新技术,以普遍存取人类知识为目标,创造性地运用知识分类和精准检索手段,有效地进行信息整序,使人们获取信息消费不受空间限制,很大程度上也不受时间限制。

"数字图书馆"从概念上讲可以理解为两个范畴:数字化图书馆和数字图书馆系统。涉及两个工作内容:

一是将纸质图书转化为电子版的数字图书;

二是电子版图书的存储、交换与流通。

国际上有许多组织为此做出了贡献,国内也有不少单位积极参与到数字图书馆的建设中来。

1.2　数字图书馆的基本特征

数字图书馆是一个开放式的硬件和软件的集成平台,通过对技术和产品的集成,把当前大量的各种文献载体数字化,将它们组织起来在网上服务。从理论上讲,数字图书馆是一种引入管理和应用数字化技术的方法,它的特点是:

(1)信息资源数字化:数字图书馆利用现代信息技术和网络通讯技术,将分散在不同地域的各类传统介质的文献信息进行压缩处理并转化为数字信息。

(2)信息传递网络化:数字图书馆将依托由高速宽带网构筑的因特网,以高速度、大容量、高保真的计算机和网络系统,将世界各国的图书馆和无数台计算机联为一体。信息传递的网络化带来了信息服务的跨时空、信息利用的开放化概念和特征,以及信息传递的标准化与规范化。

(3)信息利用共享化:以互联网为依托的数字图书馆既能通过网络交换各自的数字化馆藏信息和电子出版物,也能使分散在各地的用户方便地利用大量的分散在不同储存单位的信息资源。不仅体现出跨地区、跨行业的资源无限的特征,还体现出跨地区、跨国界的资源共建的协作化和与资源共享的便捷性,充分体现了数字图书馆资源的共享性。

(4)信息提供知识化:数字图书馆不仅提供原始文献,还将提供更深层次的信息服务,通过对信息的分析和重组,形成符合用户需求的知识,或帮助用户找到解决方案,并对提供的知识产品的质量进行评价。

(5)信息实体虚拟化:网络环境下以各种文献为载体的知识信息,都可以方便地转化为数字形式,并在全球范围传输。任何一位拥有个人电脑的用户,都可以十分方便地享用在数字图书馆庞大的资源体系中分布式地存在于世界上任何一个图书馆的资源论文范文。数字图书馆创造了一个奇特的信息空间概念和特征,用户对馆藏的利用将不受地理位置的限制。

(6)信息资源管理的自动化:数字图书馆与传统图书馆相比,最根本的区别就是能将文献信息管理全过程收集、整理、加工和传输从传统的手工操作或半自动化完全过渡到自动化、智能化状态。

1.3　数字图书馆产生背景

随着信息技术的发展,需要存储和传播的信息量越来越大,信息的种类和形式越来越丰富,传统图书馆的机制显然不能满足这些需要。因此,人们提出了数字图书馆的设想。数字图书馆是一个电子化信息的仓储,能够存储大量各种形式的信息,用户可以通过网络方便地访问它,以获得这些信息,并且其信息存储和用户访问不受地域限制。

数字图书馆是传统图书馆在信息时代的发展,它不但包含了传统图书馆的功能,向社会公众提供相应的服务,还融合了其他信息资源(如博物馆、档案馆等)的一些功能,提供综合的公共信息访问服务。可以这样说,数字图书馆将成为未来社会的公共信息中心和枢纽。信息化、网络化、数字化,这一连串的名词符号其根本点在于信息数字化;同样电子图书馆、虚拟图书馆、数字图书馆,不管用什么样的名词,数字化也是图书馆的发展方向。

1.4　数字图书馆的基本组成

(1)一定规模并从内容或主题上相对独立的数字化资源;

(2)可用于广域网(主要是Internet)服务的网络设备和通信条件;

(3)一整套符合标准规范的数字图书馆赖以运作的软件系统,主要分信息的获取与创建、存储与管理、访问与查询、动态发布以及权限管理五大模块,类似于图书馆集成管理系统对于传统图书馆所起的作用;

(4)数字图书馆的维护管理和用户服务。

1.5　数字图书馆的服务方式及作用

"数字图书馆"概念一经提出,就得到了世界广泛的关注,纷纷组织力量进行探讨、研究和开发,进行各种模型的试验。随着数字地球概念、技术、应用领域的发展,数字图书馆已成为数字地球家庭的成员,为信息高速公路提供必需的信息资源,是知识经济社会中主要的信息资源载体。

数字图书馆的服务是以知识概念引导的方式,将文字、图像、声音等数字化信息,通过互联网传输,从而做到信息资源共享。每个拥有任何电脑终端的用户只要通过联网,登录相关数字图书馆的网站,都可以在任何时间、任何地点方便快捷地享用世界上任何一个"信息空间"的数字化信息资源。

数字图书馆既是完整的知识定位系统,又是面向未来互联网发展的信息管理模式,可以广泛地应用于社会文化、终身教育、大众媒介、商业咨询、电子政务等一切社会组织的公众信息传播。

随着计算机和网络技术的研究和发展,数字图书馆正在从基于信息的处理和简单的人机界面逐步向基于知识的处理和广泛的机器之间的理解发展,从而使人们能够利用计算机和网络更大范围地拓展智力活动的能力,在所有需要交流、传播、存储和利用知识的领域,包括电子商务、教育、远程医疗等,发挥极其重要的作用。

2 数字图书馆的主要优点

数字图书馆主要有以下几个优点:

(1)信息储存空间小不易损坏

数字图书馆是把信息以数字化形式加以储存,一般储存在电脑光盘或硬盘里,与过去的纸制资料相比占地很小。而且,以往图书馆管理中的一大难题就是,资料多次查阅后就会磨损,一些原始的比较珍贵的资料,一般读者很难看到。数字图书馆就避免了这一问题。

(2)信息查阅检索方便

数字图书馆都配备有电脑查阅系统,读者通过检索一些关键词,就可以获取大量的相关信息。而以往图书资料的查阅,都需要经过检索、找书库、按检索号寻找图书等多道工序,繁琐而不便。

(3)远程迅速传递信息

图书馆的建设是有限的。传统型图书馆位置固定,读者往往要花费大量的时间在去书馆的路上。数字图书馆则可以利用互联网迅速传递信息,读者只要登录网站,轻点鼠标,即使和图书馆所在地相隔千山万水,也可以在几秒钟内看到自己想要查阅的信息,这种便捷是以往的图书馆所不能比拟的。

(4)同一信息可多人同时使用

众所周知,一本书一次只可以借给一个人使用。在数字图书馆则可以突破这一限制,一本"书"通过服务器可以同时借给多个人查阅,大大提高了信息的使用效率。

3 数字图书馆的现状

3.1 数字图书馆与传统图书馆对比

数字图书馆具有与传统图书馆不同的功能和特征,在馆藏建设、读者服务等方面都有了新的发展。由于数字图书馆以网络和高性能计算机为环境,向读者和用户提供比传统图书馆更为广泛、更为先进、更为方便的服务,从根本上改变了人们获取信息、使用信息的方法,较之传统图书馆具有很大的优势。

从文献存储上看,传统图书馆的馆藏载体主要是纸质文献,与之相比,数字图书馆对藏书建设的影响,首先表现在图书馆"馆藏"的含义已被扩展,不仅包括不同的信息格式(如磁盘、光盘、磁带等),还包括不同的信息类型(如书目信息、全文信息、图像、音频、视频等),因而使得数字图书馆将不再受制于物理空间,它们所能收藏的书刊等资料的数量也将没有空间制约。

从检索方式上看,用传统的检索方法,读者往往要在众多的卡片前花费不少时间,颇使借阅者感到不便,查全率和查准率都难以提高。

从信息的传递速度上看,传统图书馆位置固定,读者往往将大量的时间花费在去图书馆的路上。数字图书馆则可以利用互联网迅速传递信息,读者只要登录网站,轻点鼠标,即使和图书馆所在地相隔千山万水,也可以在几秒钟内看到自己想要查阅的信息,这种便捷是以往的图书馆所不能比拟的。

从资源共享角度上看,一本"书"通过服务器可以同时借给多个人查阅,大大提高了信息的使用效率。

3.2　数字图书馆存在的主要问题

（1）资源浪费问题

从数字图书馆概念的提出到现在许多高校图书馆纷纷投身于数字图书馆的建设行列,只有短短几年时间,由于缺乏统一的规划与协调,数字图书馆标准不一,相关立法尚未制定和执行,各单位之间的利益又难以找到彼此都认同的平衡点。同时,有的单位抱着"急功近利"的思想而片面地追求数字化资源的信息量,有的单位则是忽视自身馆藏的特点和学校教学的实际情况,这就造成中国不少高校在盲目地建设数字图书馆,合作建设少、各自为政多的现象屡见不鲜,各数字图书馆的用户检索界面、检索语言和管理系统等存在较大差异,不同馆的数据库各不兼容,各系统之间难以相互联通、应用,大量的财力、人力、物力资源浪费在低水平的重复建设上。

（2）技术问题

数字图书馆所面对的存储对象和技术领域远远超出了目前传统图书馆的范围,所涉及的技术有:数字化技术、超大规模数据库技术、网络技术、多媒体信息处理技术、数据库分析与处理技术、信息抽取与检索技术、自然语言理解技术等。这些技术课题的突破是数字图书馆建设中的核心内容和最繁重的任务。

（3）知识产权问题

数字图书馆的信息加工、整理、复制、翻译、利用、传播等都是在计算机网络环境中进行的,网上信息由于具有高度流动性,必然对传统著作权保护的地域性和时间性产生冲击,这就不可避免地涉及知识产权,而这是数字图书馆建设中面临的主要法律问题。如果没有强有力的法律规范,互联网就不能健康发展。如何既保护作者的知识产权,又让各类文化科技成果纳入数字图书馆概念和特征,为更多的人服务,一直困扰着数字图书馆的发展。同时网上信息形态的多样性又对传统知识产权法的稳定性与适用性提出挑战,而随着公众权利意识的增强以及人们利用数字图书馆认识的增强,在网络资源的使用中,如何进行知识产权保护,就成为数字图书馆建设中的一个不可回避的问题。

（4）建设资金问题

数字图书馆建设是一个庞大、系统、长期的工程,硬件设备和软件资源的购置、网络布线工程、人员培训、数字化资源的更新、馆藏文献的数字化转换等等,都需要充足的经费作后盾,但经费不足偏偏又是困扰高校图书馆发展的老大难问题。重点大学及进入"211工程"的大学数字图书馆建设与开发有专项拨款,而普通高校图书馆经费来源单一,主要依靠学校拨款,图书、刊物价格大幅度暴涨,以致许多馆连每年的纸质文献购置、业务培训、科研、奖励等各项基本经费都难以维持,开展数字图书馆建设更是举步维艰。

(5)图书馆员素质问题

中国高校图书馆员队伍整体现状是专业知识和技能普遍不能适应数字图书馆发展的要求。随着数字图书馆的兴起,馆员队伍中专业人员与技术人员少、工作热情欠缺、年龄老化等现实问题显得更为尖锐。由于图书馆地位历来没受到足够重视,各大高校中普通馆员与教师仿佛是两个相差极大的级别而接受截然不同的待遇,致使图书情报专业、计算机专业、自动化专业等方面的人才择业时很少会将图书馆置于优先考虑的范围,这也是一直以来高校图书馆出现高素质人才难以引进,另一方面馆内人才纷纷跳槽另谋高就的重要原因。对现有馆员队伍缺乏系统的、有计划的在职学习和培训,馆员的业务水平难以出现质的提高,知识结构和观念落后陈旧,无法适应提供数字化信息资源服务的要求,这也是不容忽视的一点。

(6)信息安全问题

数字图书馆的特点之一,就是信息资源的数字化,而数字化状态下存储的信息,极易受到外力的干扰与破坏,如不可抗拒力的破坏、自然环境的影响、人为的破坏,特别是计算机病毒的入侵,都会对整个的信息资源系统造成极大的破坏;自身的技术问题、管理员的技术问题,也会对信息资源造成破坏;另外还有法律问题、产权问题、寿命问题、阅读问题等等,这些问题都需要加以解决。

4 数字图书馆的技术研发

4.1 技术概述

数字图书馆是高新技术的产物,信息技术的集成在数字图书馆的建设中扮演了非常重要的角色。数字图书馆的含义很广,它不是简单的互联网上的图书馆主页,而是一整套面向对象的、分布式的、平台无关的数字化资源的集合。广义而言,数字图书馆包括所有数字形式的图书馆资源;经过数字化转换的资料或本来就是以电子形式出版的资料,新出版的或经过回溯性加工的资料;各类资源类型,包括期刊、参考工具书、专著、视频声频资料等;各种文件格式(digital format),从位图形式的页面到经SGML编码的特殊文本文件。

4.2 主要技术

具体来说,其涉及数字化技术、超大规模数据库技术、网络技术、多媒体信息处理技术、信息压缩与传送技术、分布式处理技术、安全保密技术、可靠性技术、数据仓库与联机分析处理技术、信息抽取技术、数据挖掘技术、基于内容的检索技术、自然语言理解技术等。

4.3　数字研发进程

在我国, 正式提出数字图书馆概念并导致后来大规模研发工作的是1996年在北京召开的第62届国际图联 (IFLA) 大会, 数字图书馆成为该会议的一个讨论专题。IBM公司和清华大学图书馆联手展示 "IBM数字图书馆方案"。

1997年7月, "中国试验型数字式图书馆项目" 由文化部向国家计委立项, 成为国家重点科技项目, 由国家图书馆、上海图书馆等6家公共图书馆参与, 该项目的实施是中国数字图书馆建设开始的标志。

数字图书馆在中国从1998年开始升温, 在国家科技部的支持和协调下, 国家863计划智能计算机系统主题专家组设立了数字图书馆重点项目——"中国数字图书馆示范工程", 这是一个由国内许多单位联手参与的大文化工程。该工程于1999年启动, 首都图书馆成为 "中国数字图书馆工程首家示范单位"。

1998年10月, 文化部与国家图书馆, 启动了中国国家数字图书馆工程, 该工程由 "中国数字图书馆有限责任公司" 负责, 标志着中国数字图书馆工程进入实质性操作阶段。

1999年初, 国家图书馆完成 "数字图书馆试验演示系统" 的开发。同年3月, 国家图书馆文献数字化中心成立, 扫描年产量3000万页以上。与此同时, 部分省、市的数字图书馆研究项目也开展起来, 如辽宁省数字图书馆项目、上海数字图书馆项目。

2000年底, 文化部在海南召开 "中国数字年图书馆工程资源建设" 工作会议, 讨论制定《中国数字图书馆工程一期规划 (2000—2005年)》, 推荐使用资源加工的标准规范。

2001年初, 国家计委批准立项 "全国党校系统数字图书馆建设计划", 总投资达1.9亿元。北京大学、东北师范大学等院校相继成立数字图书馆研究所, 在全国范围内掀起了数字图书馆建设和研究的高潮。

2001年5月23日, 国家重点科技项目 "中国试验型数字式图书馆" 通过专家技术鉴定。中国数字图书馆已经进入初步实用阶段, 中国的数字图书馆研究、建设已经初具规模。

第2节　数字图书馆的发展阶段

1　数字图书馆发展的初始阶段

我国的数字图书馆发展是在20世纪90年代, 在此之前的图书馆自动化研究只能说是数字图书馆的前期准备阶段。70年代后期至80年代中期主要是探讨与图书馆自动化有关的问题及进行试验性工作; 80年代中期各种类型的单项及多项计算机管理系统相继开发出来, 有许多系统投入实际应用,实现图书馆业务操作、采编、检索的自动化;80年代后期至90年代初计算机应用由单项、多项应用向集成系统方向发展,逐步实现对图书馆所有环节的自动进行管理、控制,构成整体图书馆自动化系统。

20世纪90年代中期随着计算机存贮技术及网络技术的飞速发展,国外数字图书馆的雏形逐渐成形,我国也渐渐地将数字图书馆纳入图书馆未来发展的轨道。

2 数字图书馆快速发展阶段

1996年由中科院计算技术研究所与国家图书馆合作进行了"多媒体信息检索系统"项目的研究。该项目主要是研究基于特征的图像信息检索,实现按照图像的纹理、颜色、形状等特征对图像信息进行检索;研究中文信息全文检索,利用相关检索机制,提高检索效率;研究信息存储管理方法,实现跨平台的客户端检索。它是跟踪国际数字图书馆检索系统所使用的高新技术自选研究开发的项目,其成果可用于面向影像内容的数字图书馆检索系统。

1996年初,国家图书馆在文化部申请了"数字式图书馆试验项目"。该项目以中国博士论文影像数据库为切入点,采用客户服务器模式,利用书目数据服务器管理数据的索引和查询,用影像数据服务器管理数字化的信息;扫描影像采用300dpi的分辨率,按CCITT的Group4标准进行压缩和解压,将图像存储到JukeBox上,并通过建立多级索引和多库连接实现检索提供网上服务。

1997年由国家图书馆及上海图书馆、辽宁图书馆等多家单位申请了"中国试验型数字图书馆项目"。该项目拟建立一个多馆协作、互为补充、联合一致的中国试验型数字图书馆。实现由多类型、分布式、规范化资源库组成的一个试验型数字图书馆,为我国建设规范化数字图书馆提交一份初步成形的、实用的实现技术。该项目要组织建设若干个整体性好、符合统计表技术要求的数据库,以在数字式图书馆系统中形成一个多馆合作的、具有一定规模的、整体性较强的数据库。主要有:中国古籍善本影像数据库、中国博士论文影像数据库、历史图片数据库、深圳特区文献数据库、国内外旅游多媒体数据库、民国时期南京政府文献数据库、东北文献图录数据库和国际数字图书馆文献数据库等。

3 数字图书馆进入应用阶段

3.1 国家图书馆的数字化

1998年国家启动了数字图书馆系统工程"863"攻关项目,它由国家图书馆与北京曙光天演信息技术合作完成。该项目是要初步建立一个中国试验型数字图书馆系统。该系统要构筑在互联网环境上,其体系结构包含多个分布式数字资源库,采用人工智能技术,实现横跨多个资源库的快速查询。在技术上，该项目要达到具有网络管理、多媒体信息查询与检索、海量信息的存贮与检索、知识产权的权限管理功能，要实现在互联网上有一定的互操作性，数字式对象的描述方法，要支持不同源的分布查询和检索，支持法律规定的知识产权保护和纳税义务，提供对超大容量数字式对象的快速检索子系统，提供方便的网络用户接口。目前国家图书馆已经启动数字图书馆工程，它推出了"中国数字图书馆读书卡"服务。读者可利用已有的中国数字图书馆读书卡，通过Internet浏览借阅源自国家图书馆的数字化图书资源。

3.2　辽宁省图书馆的数字化

近年来辽宁省图书馆在IBM图书馆系统的基础上，由东北大学阿尔派软件公司作系统集成和二次开发。IBM数字图书馆在推出其产品后，就将其定位在网络环境下多媒体信息的综合管理解决方案。该方案有5个功能：内容的创建与获取、存储与管理、权限管理、访问和查询、信息发布。辽宁省图书馆在该系统上计划实现古籍图书的数字处理、互联信息发布、多媒体阅览室和VCD点播。在古籍图书的数字处理方面，该馆计划利用IBM的Time Delay and Integration数字相机对古籍进行数字化处理，为使该系统的多媒体平台特性发挥出来，辽宁省图书馆搭建了一个集成的、多媒体信息工作环境。

3.3　高等教育文献保障体系

"九五"期间，教育部启动了"中国高等教育文献保障体系"（简称CALIS）工程。该项目的总体目标是：以中国教育和科研网（CERNET）为依托，初步建成中国高等教育方面保障体系的基本框架，实现信息资源共建、共知、共享，深化资源的有效开发和利用。"CALIS"的建设加快了高校图书馆的数字化的进程。CALIS通过协调各高校，现初步建成了高校图书馆联合编目系统、高校学位论文数据库、"211工程"国家重点学科导航数据库、"CALIS"特色数据库等。CALIS还协调高校各馆共同引进国外的相关数据库、软件，使各高校馆能更快地进入数字图书馆的轨道。

3.4　学术期刊的数字化

1997年国家新闻出版总署首颁《中国学术期刊（光盘版）》（简称CAJ—CD）电子刊号，标志着首次将CAJ—CD纳入正式的出版轨道。这是我国第一个以电子期刊方式按月连续出版的、大型集成化的学术期刊、现刊原版全文数据库。它的出版发行对我国图书馆的数字化产生了巨大的影响。目前CAJ已经完成了从"光盘版电子连续出版物"到"中国期刊网"的升级。现在"中国期刊网"包括："中国期刊网专题全文数据库"、"中国期刊题录数据库"、"中国重要报纸专题全文数据库"、"中国专利题录摘要数据库"、"中国医院知识仓库"。这是一套能向国内外广大读者和高校师生提供咨询服务的大型动态信息资源。CAJ收录中文核心期刊3500余种。包括理工、农业、医药卫生、文史哲、经济政治与法律、教育与社会综合八个大类。基本上将中文的核心期刊处理成为数字化的文献，并且它在创建初期就解决了版权问题。另外中文的期刊数据库还有"重庆维普"、"万方数据"。维普收录的期刊总数及种类比中国期刊网都要多，并且标引的质量及二次文献的加工质量都比较专业。但它存在版权问题,所以并没有推广出来。

图书馆数字化正进入快速发展时期,并呈现高速发展势头,信息技术步入网络化阶段,信息孤岛的坚冰正被数字图书馆所融化,未来全球图书馆将成为可能,这构成了今天图书馆数字化的发展方向。

第3节 数字图书馆的特点

数字图书馆与传统图书馆在基本的文献揭示和信息传递上所起的作用是相同的。从本质上讲,都是信息的有序化与增值传递,但在处理对象、工作程序、表现形态等方面却有极大的差异。数字图书馆建设使传统图书馆迈入了一个崭新的天地,数字图书馆及其组成部分虽然仍称为图书馆,但其与传统图书馆相比,具有独有的特征:即物理空间实体不再是特定标志。

数字图书馆是在科技知识呈几何级数增长的学习化社会背景下发展起来的。数字图书馆的服务内容和结构多元化形成的"即时生产"型的服务体系,使人们可以根据工作、生活、休闲等需要,在可能的场合随时随地自主进行学习,随时获取知识、提高能力,读者成了图书馆服务过程中的认知主体,图书馆员与读者在时空上处于准分离状态,读者的学习可以是灵活、多样、开放的,这些都构成了数字图书馆以下的显著特点。

(1)从图书馆类别来看,数字图书馆具有以下特点

①从对象来看,数字图书馆的对象可以是社会全体成员。数字图书馆对读者没有限制条件,为人们提供了多种可供选择的学习方式和内容,特别是给那些没有机会到图书馆读书的人们提供了良好的学习条件。

②从图书馆公共与否来看,数字图书馆可以是公共图书馆,也可以是非公共图书馆。为了满足社会和个人发展需求,数字图书馆的体制、办馆形式、服务设置必然朝着多层次、多形式、多规格方向发展。

③从图书馆的场地来看,只要具备上网的地方,就可以通过网络进行自主学习,突破了传统的图书馆和阅览室的限制。可以是在图书馆内学习,可以在图书馆外学习,可以在工作场所学习,也可以在家庭学习。网络技术的广泛应用,为进一步拓宽图书馆服务范围提供了条件。

④从接受图书馆服务的目的来看,可以是教学和科研的需要,可以是学历教育的需要,也可以是非学历教育的需要,比如符合个人兴趣爱好的各种报告会、讲演、讲习班、研讨班、培训班等。

(2)从图书馆功能来看,数字图书馆具有以下特点

①虚拟性。各种载体的数字化转换与藏取，虚拟性成为数字图书馆的最大特点。各种文献载体将被数字化，包括各种印刷型文本（古籍、善本）、地图、缩微资料、视听资料和动画片、电影片等。在数字图书馆中，将以多媒体数据为主。

②重复性。组织有效的访问和查询。数字图书馆的储存功能使图书馆资源重复使用不会被消耗，并无磨损，使数字图书馆资源成为一种取之不尽的资源，能够保存和积累。同时数字图书馆资源使用者又成为数字图书馆资源提供者。数字图书馆储存着丰富优质的资源，为人们长时间反复使用信息资源提供了可能性。分布式管理是数字图书馆发展的高级阶段，它意味着全球数字图书馆遵循统一的访问协议之后，数字图书馆可以实现"联机检索"。全球数字图书馆将像现在的Internet连接网站一样，把全球的数字化资源联为一体，成为一个巨大的图书馆。通过有效的文本数据库查询技术和多媒体资料的查询技术，直接对图像、声音建立索引，可以按照颜色、形状、纹理在图像中的位置对图像进行查找。

③替代性。数字图书馆可以代替人进行图书馆服务，即人—机图书馆服务；可以代替或演示事物的反应与发展过程，使服务内容更生动、直观、形象、具体。数字化图书馆大多采用客户机/服务器的模式，客户、图书馆服务器和对象服务器构成信息传递的核心结构。图书馆服务器主要管理数据的目录、索引和查询，而对象服务器用于管理数字化的对象（即各种类型载体的原文献）。海量数据的存储和管理显示了数字图书馆的规模与能力。

④隐蔽性。多媒体网络为数字化图书馆提供了一个资料的传输环境。今后的NII和CII就是最好的环境。可以说，宽带综合业务数字网（B—ISDN）将成为多媒体通讯的基本传输网络。数字图书馆通过现代网络信息技术提供给读者的是虚拟和虚拟化的空间。网络的隐蔽性使人们处于时空的隔离。只要有网络设施，人们就可以在任何地点、任何时间通过网络浏览数字图书馆看自己想看的东西，且很难被人察觉，这有利于保护个人隐私，也有利于个体的发展。

⑤开放性。开放性是指数字图书馆向任何人在任何地点、任何时候，以任何内容、任何方式提供学习机会。数字图书馆具有一般计算机网络系统的管理功能，要重视各种类型用户的权限管理，更重要的是用适当的技术确保版权人的资源不被滥用。开放性带来读者使用数字图书馆的自由性、灵活性、针对性和适应性；开放性也带来了人们思想价值观念的开放，使人们的视野更为开阔，思维方式更具全局性和整体性。

⑥平等性。数字图书馆的隐蔽性使人的身份隐蔽，人面对数字图书馆都是平等的。不论你是教授还是中小学生，你的使用权都是一样的。数字图书馆使以往的图书馆服务模式发生了深刻的、根本的变化，世界性的图书馆服务已成为一种现实，图书馆服务也由单向性向交互式转变。

第4节　数字图书馆结构体系

数字化图书馆的模型由三个部分和附加层组成：用户界面，网络和通讯，信息资源、数据库管理和检索系统以及附加的咨询系统。如图数字化图书馆的模型1-4-1所示：

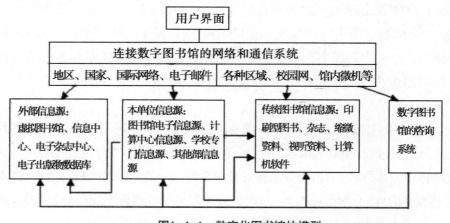

图1-4-1　数字化图书馆的模型

（1）用户界面

数字化图书馆的资源被广大用户或读者使用，必须具备友好的用户界面。目的就是让用户访问资源时使用方便，所以人们非常重视用户界面的开发，例如近年来，在Internet上出现一些方便用户的网络化信息检索工具，它们使用的是浏览器和超文本等用户友好界面的技术，跨平台、跨语种的统一检索界面。使用者不必知道所要查找的信息在网络存放的位置，也不必掌握许多操作命令。这些界面使用者一看就懂、一学就会，掌握起来也没什么困难。

（2）网络和通讯系统

网络和通讯系统是数字化图书馆的重要基础。从宏观的数字化图书馆概念出发，它是一个整体化建设。包括一个单位内的区域网络以及地区、国家和国际网络和通讯系统的建设。因特网是目前数字化图书馆实现的网络环境。大量的信息资源均可通过它获得。特别是当前世界各国发展的宽带网是数字图书馆真正要求的运行环境。例如各国发展2.5GB~10GB带宽的主干网等。

（3）信息资源和检索、发布系统

读者的目的是以最快的速度得到满意的资料。一个现实的数字化图书馆，在今后一段时间内将同时存在三种资源：即本单位收藏或开发的数字化信息资源，传统图书馆的印刷型资料（有各种数字化的索引），外界数字化图书馆、信息中心和电子出版物数据库的资源等。就长远观点而言，还应有国家级的"知识银行"、"文献数据库系统"，供数字化图书馆共享。一大批对象数据库由智能软件进行数据检索和发布。

（4）数字化图书馆的咨询系统

数字化图书馆的咨询系统一般分为自我服务系统和请求帮助系统。这是数字化图书馆的重要组成部分，前者能在客户端上显示读者指南，能自动指引读者使用数字化图书馆。目前大多数电子信息中心均有自我服务系统。后者为请求帮助系统，数字化图书馆应有各种信息专家，随时接受读者的联机访问并提供咨询。已有数字化图书馆的示范单位，有的已使用专家系统来部分解决一些读者提出较疑难问题。请求帮助系统应能在读者不中断检索的情况下，一步一步地帮助用户解决问题；系统专家还能监控这些活动，知道信息专家解决问题的情况。

第5节　数字图书馆的服务模式

数字图书馆发展的最终目标是为读者提供高质量的数字化服务，一方面在于数字环境下传统图书馆的数字化处理，另一方面在于内在服务平台的建设。与传统图书馆相比，数字图书馆有其自身的发展特点，这种在高技术的支撑下发展起来的数字图书馆，其服务对象、服务方式和服务手段等都发生了变化，以"用户信息活动"为基础是数字图书馆未来发展的方向。数字图书馆作为高校教育和科研的辅助机构，也面临着服务模式的转型和发展，其服务模式的转型发展大致需要经历以下三种循序渐进的发展模式。

（1）"被动"的无交互Web网站的服务模式

"被动"式无交互Web网站的服务模式是数字图书馆发展的最初模式，这种模式主要是采用无交互的网站模式来实现其服务，进行的是一种单向信息的传递模式。通常，不会考虑用户的具体需求，只是将整理后的数字资源以网页的形式或数据库的形式输入到电脑，用户自行取用，图书馆与用户之间根本不存在任何互动。

这种模式的发展结果就是图书馆不了解用户的需求，用户无法向图书馆反馈信息，不能从根本上解决图书馆发展的问题。这种"被动"式无交互Web网站的服务模式提供给用户的只是一种简单的服务指南。由于我国高校图书馆特殊的社会性质和地位，一直以来，其发展都是比较滞后的。目前，很多高校图书馆都是采用千篇一律的"阵地式"的被动服务模式，信息资源流动的单向性依然沿袭着传统的以"资源为中心"的服务模式。这种服务模式只注重馆藏文献资料系统的数字化加工，而不考虑用户信息需求的多维度和层次性，从而造成了严重的"资源闲置"与"用户需求无法满足"的两极分化现象，这也是现代图书馆门庭冷清的根本原因。所以，这种不能满足用户需求的"被动"服务模式必将被淘汰，一种逐步改良的"过渡"服务模式将取而代之。

（2）"过渡的"E-mail或Web表单服务模式

"过渡的"E-mail服务模式是指在数字图书馆的主页设置图书馆馆员的电子邮箱地址的链接，让用户点击进入网页之后，可以与馆员进行简单的交互。与"被动的"无交互Web网站的服务模式相比，这种简单的交互模式依然不能完全满足用户与图书馆之间的全面互动，但至少向用户提供了一种更加便捷、更加经济的信息渠道。由于这种服务模式要求的技术含量并不很高，所以比较容易实现。对于一些条件有限的数字图书馆来说，这种模式是一种简单易行的从"被动"转型为"主动"的"过渡"服务的模式。

Web表单方式是在纯粹的E-mail基础上改良的服务模式，用户要先填写一个Web表单，通过E-mail的形式将表单发送给图书馆员，图书馆员根据用户的需求，在规定的时间内，通过E-mail或电话的形式答复读者，这是一种"被动"服务向"主动"服务转化的中间模式。

"过渡的"E-mail或Web表单服务模式实现了图书馆馆员与用户之间的简单互动，不仅能满足用户的需求，还可以让图书馆尽快地得到用户的反馈信息，不断地完善图书馆的服务，从而最大化地体现数字图书馆的实质和含义。同时，这种简单易行，且行之有效的"过渡的"E-mail或Web表单服务模式能让高校图书馆在数字化时代走得更稳定、更快捷。

（3）"主动"的专业交互式Web网站服务模式

事物的发展总是从低级走向高级，当作为"过渡的"E-mail或Web表单服务模式发展到一定程度时，一种更加高级的服务模式自然而然地诞生了，这就是"主动"的专业交互式Web网站服务模式。

"主动"的专业交互式网站服务模式是数字图书馆网络服务的高级方式，主要是通过专业的交互式Web网站，图书馆馆员与用户之间进行即时互动交流，不仅可以增进用户和馆员之间的情感交流，而且馆员可以即时地了解用户的具体要求，并针对用户的需求制定服务方案，有利于图书馆的建设和管理。"主动"的专业交互式Web网站服务模式包括交互问答模式和个性化信息推送模式。

交互式问答模式实际上是一种在线聊天形式，用户与馆员之间进行心与心的在线交流，用户的需求直接反馈给馆员，馆员可以根据用户反馈的信息进行工作上的完善和改进，这是一种双向度的互动模式，不仅有利于满足用户的需求，而且能促进图书馆的建设。这种交互式问答模式起源于美国宾夕法尼亚大学商学院采用聊天软件提供实时信息咨询，后来被图书馆引入，开始在网上以聊天的形式接待用户，形成一种实时性数字化的服务。同时，图书馆员还可以帮助一些初次使用网络浏览器阅读书刊的用户，快速有效地阅读数字书刊。

个性化信息推送模式是指用户根据自己的需求自行设计数字图书馆的界面，并制定数字图书馆资源。这种模式用户是主动的，数字图书馆系统处于被动地位，数字图书馆只是根据用户的个性化需求定制和推送信息。当然，图书馆还应该重视数字资源的整合以便于用户更好地操作和使用。这种服务体现了"以用户为本"的服务思想，我国高校图书馆是从属于学校的辅助教学科研机构，其发展受高校整体发展水平的制约。如今，绝大多数高校图书馆处于数字图书馆发展的初级阶段,甚至依然沿袭传统图书馆的模式。当然,高级发展阶段需要复杂的技术和较高的馆员素质,在高校有限的条件下,其发展速度相当缓慢。

数字图书馆服务模式从"被动"的单向信息传递模式发展到"主动"的个性化信息推送模式,一方面体现了现代科技的进步,更有利于用户使用图书馆资源,将图书馆的资源发挥到最大限度;另一方面资源的丰富性和数字系统的复杂性给高校图书馆带来了巨大的挑战,其数字化的转型被日益提上日程。

第6节　数字图书馆的发展趋势和发展对策

1　数字图书馆的发展趋势

1.1　数字图书馆的发展趋势

（1）海量数字化存储

数字化的信息资源将成为数字图书馆的主导资源,这就对存储信息管理技术提出了更高的要求。要保证资源的广泛性、全面性和利用时的效率就要求其存储的数据总量必然达到了海量规模。如美国国家数字图书馆计划,1999年数字化资源的总量就已达100TB,英国国家图书馆现有的数字化资源已超过1000GB,法国数字图书馆中的数字化资源总存储量在3000GB以上。

（2）引进吸收关键技术

数字图书馆建设涉及计算机、网络通信等多领域多技术的综合集成,随着信息技术的不断发展,计算机和网络通信技术发展也十分迅速,新技术层出不穷。国外发达国家先于我国进行数字图书馆的研究、开发和试验,我国的数字图书馆建设应该积极引进国外先进、成熟的技术,借鉴他们的经验和教训,努力实现跨越式发展。

（3）加强标准化研究

数据的标准化和规范化是实现数字图书馆资源共享的前提和根本保障,目前世界各国都在加紧制订相关技术标准以取得信息控制权,为了实现数字图书馆中的分布式数据库跨库检索,必须实现在文献信息资源的数字化,传递、运用等方面技术应用的标准化和规范化,通过标准化技术平台来实现数字图书馆资源的共享。

（4）全球范围全方位合作,实现全球资源共享

实现全球资源共享是数字图书馆建设的终极目标,数字图书馆建设涉及的技术和资源范围极广,仅靠单位个体的力量是无法办到的,重视合作显得尤为重要,创建全球数字图书馆是未来图书馆的发展趋势,它将为全球用户以极低的成本、极快的速度存取分布在全球的众

多数字化信息资源库里的信息。

（5）加强知识产权管理

由于实现了全球资源共享，知识产权管理问题显得越来越重要，解决不好将影响和制约数字图书馆的发展。要加强数字化资源的知识产权管理，修订著作权法和计算机软件保护条例，解决知识产权管理方面存在的问题。加强法制化建设，积极参与立法建设，充分利用法律手段，尊重用户权利，合法利用文献所有权、复制权、数据库使用权等权利，来开发与利用数字资源。

（6）资源建设特色化，服务更具个性化

数字图书馆的资源建设特色化和服务个性化，是数字图书馆发展的又一大特征。由于信息资源的高度集成，重复建设只能造成巨大的浪费，因此数字图书馆的资源建设要更具特色。同时转变服务方式变被动为主动，随时发布和传播各种信息资源的消息，提供导航式和个性化服务。

1.2　今后数字图书馆发展的三种主流模式

经过了十几年对数字图书馆各种主要技术的研究和相关技术的发展，为建立现实的数字图书馆打下重要的技术基础，现已诞生或正在建设一批数字图书馆，主要有三种类型：

（1）特种馆藏型模式：将自己图书馆的珍藏（包括善本、古籍和珍藏）或特种馆藏（包括图片、声音、音乐、影视等各种载体）的资料进行数字化，提供网上共享。例如以美国国会图书馆的"美利坚记忆"为代表的一些国家、地方图书馆等。

（2）服务主导型模式：这种服务模式的资源一般由三部分组成（如图1-6-1所示）：

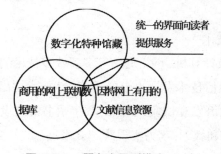

图1-6-1　服务主导型模式

a.图书馆本身的数字化特种馆藏；

b.商用的网上联机电子出版物或数据库（包括在本馆的资源镜像库）；

c.在因特网上有用的文献信息资源。它们用统一的界面向读者提供服务。例如目前国外有些大学的数字图书馆模式，又如美国加利福尼亚州的数字图书馆（CDL）等。

（3）商用文献型模式：

一些文献服务公司、出版社、代理商等建立一种供商用文献型的数字图书馆，提供全文的期刊、杂志、电子图书（也包括音乐和影视资料）等，一般既有索引数据库，又有全文的对象数据库。例如中国的超星数字图书馆提供电子图书，荷兰的Elsevier公司提供1200多种全文杂志,美国科罗拉多州的NetLibrary也提供几万种电子图书供读者使用。

2 数字图书馆的发展对策

数字图书馆的建设是一个计算机、网络通信、信息处理等多种高新技术的结合体,需要强大的技术力量的支持,必须把科研、高校、图书馆、IT业等各系统联合起来,数字图书馆的技术支持才能有所保障。我们应当在强化基础建设、集中财力、统筹兼顾的基础上发展中国的数字图书馆。在此过程中,应充分认识自己的不足,认清自己与发达国家的差距,分析存在的问题,结合我国国情,制定总体规划和发展策略,指导我国数字图书馆的发展。

(1)加强高新技术研究,应用先进的数字图书馆的关键性技术和管理系统,推进数字图书馆的建设。各种高新技术是数字化的关键,我国的一些大型公共图书馆和高校图书馆以及一些数字信息公司在数字图书馆的技术领域都进行了积极的探索,有些高校图书馆凭借自己的技术力量,建立了各自的Web网站或网页,同时提供各种各样的网上服务。数字方舟信息公司推出的信息自动化扫描信息编辑加工系统、数字媒介存储与检索系统、图书商务网站发布系统,不仅有效地解决了中文纸质文献的数字化问题,而且由于采取了国际通用的PDF格式和图像压缩技术,使信息存储空间更小,传输速度更快。另外,我们还可借鉴国外先进的数字图书馆技术,推出整套、先进、实用、高效的数字图书馆方案,采用主流产品和技术,解决多方面应用软件系统的技术问题,形成具有国际先进水平的数字图书馆的技术支持环境。这些技术的突破,对加快我国数字图书馆的发展将起到巨大的推动作用。

(2)合理策划,统筹兼顾,走联合道路,实现资源共享,加快我国数字图书馆的数字资源建设。数字图书馆的资源建设必须在一定区域内组建集指导、规划、协调、管理于一体的数字图书馆联盟工作委员会的决策组织机构,具体负责发展规划和实施方案,深入调研本区域内数字化资源的建设现状,掌握在建数字资源项目,有选择、有重点、有计划地制订发展规划,借鉴国外和我国CALIS联合购买数据库的成功经验,成立数字资源引进联盟,在本区域内联合购买和引进数据资源,避免重复建设;同时坚持引进数据库和自建数据库并行,资源种类多样化和多媒体的发展方向,逐步建成独具特色的数字化资源库。

(3)各级政府应充分认识数字图书馆建设的重要性,将此工程纳入重点项目,除加大投资力度外,还可采取多种渠道解决资金短缺问题。在进行数字图书馆建设的过程中,除国家财政拨款外,还可以通过其他方式拓宽投资渠道,如可通过国家立法确保文献购置费的核定比例,还可以由相关的主管部门、厂商、系统商等之间加强联盟,共同想办法解决资金短缺问题。另外,数字图书馆之间的互联和资源共享也是解决资金短缺的一个重要举措。根据各个图书馆的功能和定位,确定数字图书馆的订购范围,合理规划各个图书馆的建设规模,尽可能把经费集中起来进行数字资源的整体建设。

图书馆资源建设有法可依。目前,国内对数字图书馆的版权问题,从法律上进行了广泛的研究和探讨，在理论、实际操作和技术方面都提出了一些解决问题的方案。在知识产权问题上，加强了数字图书馆用户的权限管理，运用技术手段防止未经同意就使用著作权人的作品，如通过数字水印、数字签名、加密等一些先进的技术保护了著作拥有人的合法权益，从而实现版权所有者与数字图书馆的"双赢"。

（5）重视人才队伍建设，以各种不同方式引进、培养人才，建立一支适应数字化图书馆发展的专业技术队伍。数字图书馆建设是一项高新技术，要求图书馆工作人员不仅要懂得图书情报的专业知识和学科专业知识，在计算机操作、新技术应用、网络驾驭能力、外语水平、公关交际能力等方面都要具有一定的水平和能力。图书馆工作人员应由传统的服务人员转变成数字化的"信息中介人"、"信息导航员"或"学科信息专家"，成为信息资源的开发管理者和组织传播者。因此，图书馆必须高度重视培养和引进高素质人才，采取各种方式加强工作人员的素质教育。一方面，对现有图书馆工作人员进行继续教育，进行有计划业务培训，提高其学历层次和业务水平；另一方面，可制订引进紧缺人才的计划，通过内培外引，建立一支适应数字化图书馆发展的高素质人才队伍，促进数字图书馆水平的不断提高。

第2章　数字图书馆信息用户

第1节　数字图书馆信息用户概述

1　信息用户的概念

信息用户是利用人体的感官，通过认知各种信息资源（包括印刷型、电子型、多媒体型、网络型等文献信息）中所载的文字、符号、图形等，以吸取和利用其中的知识和信息为目的的个人或团体。

过去，图书馆将服务对象称为"读者"（Reader）。因为前来利用图书馆的人，主要是阅读书刊，"读者"一词能够较确切地表达图书馆的服务对象。随着图书馆数字化的进程，图书馆的服务对象不仅来图书馆阅读书刊，还利用图书馆的视听资料、多媒体资料、数据库等，"看"或"听"各种信息，或利用因特网查找各种信息资源。"读者"一词已不能涵盖图书馆的服务对象，而"用户"一词的含义较宽，所以现在一些大型图书馆多用"用户"（User）一词来表示自己的服务对象。

传统图书馆对于来馆的人要经过登记。登记的内容包括：用户的姓名、年龄、职业、工作单位、住址、文化程度、所学专业、个人爱好等。登记后，发给借书证或阅览证，才能持证借阅或利用各种类型的文献。读者登记记录应按一定的排序，编成用户（读者）档案，这是了解全馆用户（读者）队伍的基本情况（包括：用户或读者的总数、各类型用户或读者的比例等），分析研究用户信息需求的重要依据。但在网络条件下，用户可以直接从网络上利用图书馆的各种信息资源，因此，图书馆较难掌握网络用户的各种情况。

2　信息用户在信息服务中的地位

信息服务是以信息中所包含的知识、信息的内容作为服务的基础，通过用户的利用，达到交流信息，传递知识，进行教育的目的。所以用户是信息服务的对象，是开展一切信息服务工作的出发点，又是一切信息服务工作的归宿。

3 信息用户需具备的几个因素

信息用户必须具备3个条件：

具有识别文字、符号、图形和阅读的能力；怀有获取信息的愿望；从事信息获取活动，有一定的信息行为或阅读行为。具备了上述3个条件才能称为用户。有些人虽然具备前两项条件，但没有从事信息活动和信息行为，也不能称为信息用户。具有获取信息的能力和从事信息活动是所有信息用户的共同本质。

用户利用信息，目的是吸取信息中的知识和智慧，通过吸取别人的知识或经验，来补充自己知识和经验的不足。

用户在从事信息活动时，要有一系列的生理和心理活动。首先要通过感官，感知信息中的文字、符号、图形等，然后将感知到的东西传递到大脑，经过大脑的辨认、分析、判断、推理等一系列的心理活动，将信息中凝聚的知识或信息，转化为用户头脑中的知识。不经过这一系列的生理和心理活动，也不能称为信息用户。

用户在利用信息资源的过程中，既是信息的接受者和利用者，又是新的信息资源的创造者，表现出用户与信息的互动关系和互动作用。

4 信息用户的构成

传统图书馆的用户主要有两大类：一类是科研工作者（包括教师、科研人员、技术人员等），另一类是广大的人民群众。现在，随着市场经济的发展，用户构成表现出多样性，用户的成分不断扩大，广大的商业用户、IT公司和咨询公司用户、影视文化用户、媒体新闻用户、农业信息用户、广大市民用户及各行各业的潜在用户大量增长。因为现代人认识到，有效利用各种信息是解决问题和事业成功的重要条件。

用户结构有了拓展。过去，图书馆的服务对象主要是个体用户，现在出现了较多的群体用户，如：远程教育群体用户、职业教育或专业培训的群体用户等。最突出的是网络用户的大量增加。网络用户是指那些不仅有信息需求，而且是利用网络获取信息，以强化自身知识结构，提高技术水平或进行研究的用户。

用户文献需求出现多样化。从文献类型的需求来看，不仅需要原始文献，还需要大量的再生型文献（如二、三次文献、专题和专科信息导航资料等）、电子文献、网络信息资源等。用户不仅需要与专业有关的信息资料，还需要大量的非专业信息，如：求职信息、旅游信息、购物信息、物价信息、医疗信息、保险信息和其他的日常信息等。

第2节　数字图书馆用户组织

传统图书馆为了确定本馆的服务对象,加强与用户的联系和研究,要根据本馆的性质、任务及主观和客观条件,有计划地组建自己的用户队伍。还要建立各种用户组织,吸收用户参加图书馆的管理和图书馆的各种活动,对图书馆的工作提出建议和意见,将图书馆工作置于用户群众的监督之下。

1　用户队伍的组建

各类型图书馆由于任务不同、服务对象和服务重点不同,组建用户队伍的方法也不同。机关图书馆、科研机构图书馆、高等学校图书馆组建用户队伍的工作比较简单,凡是本单位或本校的成员,都应是图书馆的服务对象。但是也要经过读者登记,发给借阅证以后,才能持证来图书馆借阅文献。公共图书馆的服务对象比较广泛、复杂,要求借书的人又很多,因此需要根据本馆的方针任务、藏书保障情况、馆员的人数、社会对图书馆的要求及本地区图书馆的分布情况等,有计划地发展用户。

用户队伍的构成包括:用户总数,各类型用户的比例,重点用户的确定,个体用户与群体用户的比例,内部用户与外部用户的关系和比例,用户队伍的整体特色等。当然,在虚拟图书馆的情况下,网上用户无法掌握,因而也就没有组建用户队伍的问题了。

2　用户组织的建立

数字图书馆为了加强与用户的联系,做好重点用户的服务工作,增强图书馆的活力,提高图书馆的服务效果,经常组织用户委员会、用户协会、读书小组、用户联谊会、用户沙龙等。

2.1　建立用户组织的目的

(1)吸引用户参加图书馆的民主管理,为搞好图书馆工作当好参谋。如北京大学图书馆曾组织过图书馆委员会,参与每年的选购书刊工作。有的图书馆请用户委员会对工作计划的制订、执行给予监督、建议和评估等。

(2)建立用户积极分子队伍,协助图书馆开展各种活动。如:解答咨询,编写宣传栏,推荐好书等。

(3)组织用户发挥专长,为振兴地方经济,发展地方科技服务。例如:南京金陵图书馆将分散的退休科技人员组织起来,进行横向联合,开展集体科研活动,为地方经济发展服务。

（4）组织用户互相交流知识，活跃文化生活，如用户联谊会、用户各种专题沙龙等。

2.2　用户组织的功能

（1）信息集散交流的功能：将各种科研成果、动态、课题进展情况、研究方向等信息搜集起来，通过一定的组织，向社会输出，为社会服务。

（2）提高会员素质的功能：通过互相通报，交流启发，可以更新知识，掌握信息。

（3）协作研究的功能：通过不同学科的交合及思维的碰撞，可以启发思路，促进创造活动。

（4）应用服务的功能：利用用户组织中的专业人员，举办各种专题讲座，或开办外语、会计、计算机辅导班，为提高全民素质服务。

第3节　数字图书馆用户的信息需求

1　什么是信息需求

信息需求是用户在一定的客观环境下，向往获得某种知识或信息，因而产生的对信息的探索和利用。这种探索和利用是以用户的需求目的为出发点，以适用信息的取得为归宿。取得适用信息的过程，就是满足用户信息需求的过程。

2　人类对信息的总体需求

人类生活在社会中，作为社会的人，对信息有其总体需求。社会心理学家阿尔德佛（Clayton Alderfer）认为人类有三种核心需求：①生存需求，解决人的衣、食、住行等生存条件问题，是人类生存的基本物质条件。②交往需求，包括人们在社会中与他人、组织、社区等方面的交往。③成长需求，是对创造性、个性或个人成长的努力。

美国心理学家马斯洛（AbrahamH Maslow）认为人类的需求有五个层次。

第一层次，生理需求。即与有机体生存有直接关系的需求，是人和动物所共有的。包括：饮食、睡觉、排泄、性等。生理需求如果不能有起码的满足，它就会完全支配其活动。生理需求是决定人们行为的重要因素。

第二层次，安全需求。在生理需求得到满足后，安全需求便作为支配的动机显露出来。安全需求包括：住房、工作场地、秩序、安全感、可预测性等。这种需求的目标是减少生活中的不确定性因素。

第三层次，交往和爱的需求。在第二类需求基本满足的前提下，个人开始受社交需要的驱使，这就是交往和爱的情感的需要。人类需要爱，需要交往，这类需要不能满足时，人就会感到孤独、空虚。现代社会中，由于人口的流动、家庭破裂、老龄化人口增加、两代人之间的代沟等原因，使得家庭成员之间产生疏远的倾向，人们对社会的交往、接触、关爱或社会活动的要求更为迫切。

第四层次，尊重的需求。自交往和爱的需求再往上发展，便是尊重的需求。这类需求包括两方面：一方面是要求别人对自己的重视，相应地产生地位、认可、威信等情感；另一方面是要求自尊，与此对应的是适应、胜任、信心等情感。这两类情感都来自个人所从事的社会活动。尊重是努力的结果，是靠自己的行为赢得的。健康的自尊来自别人对自己的尊敬，而不是靠名声、地位和自我吹嘘。

第五层次，自我实现的需求。它位于人类需求的最高层，能达到它的人就叫追求自我实现的人。自我实现是个人潜能、能力和天资在一个人发展过程中的不断实现，是使命的完成，是自身内在本性的更充分的把握和认可。简言之，自我实现就是使自己成为自己理想的人。自我实现的需求就是一个人自我进步的愿望，是把他的潜能变为现实，达到个人潜能发挥的最高点。自我实现并不是要有重大发现或创造，勤奋的学生、负责的教师、努力的工人，都可以发挥自己的潜能，实现自我。

上述五种强度不同的需求以阶梯形式分布，位于低层部分的需求，比上层的需求更迫切、有力。上层需求在人类进化过程中出现得较晚，在个人发展中也出现得较晚。高层需求虽然不像生存需求那样迫切，但更值得追求，因为满足这种需求能引导内在生活的充实，引出更深刻的幸福体验。

3 信息需求的性质

（1）信息需求是一种社会需求。用户作为一个社会的人，其信息需求总是在一定程度上反映了社会的政治、经济、科学、文化发展的需要。用户所需信息的内容，对信息的选择和评价，都直接或间接地受一定社会的影响。用户利用信息后所产生的效果，例如，新思想的产生，新的发明创造等，又会反作用于社会的生产和生活，对社会的政治、经济、文化起一定的促进作用。

用户的信息活动本身就是一种社会活动，信息活动的实质是实现人类知识、信息的社会交流。而人类的知识、信息交流是一个庞大的社会系统。作为人类知识、信息交流方式之一的信息活动和信息需求，必须放在社会这个大系统中去认识和研究，才能揭示出其规律，作出正确的结论。

（2）信息需求是一种个人需求。信息需求也是一种个人需求的反映。用户时常为了达到个人的某种目的，而产生利用信息的需要，例如：为提高个人知识水平、为解决工作或科研中的问题，或为了丰富业余文化生活等，这些都反映了个人的需求。由于用户的水平和目的各不相同，因而所需要的都是个人特定的知识或信息，也就是说，用户只需要适合自己的修养水平和使用目的的知识和信息，它带有很强的个性色彩。

（3）信息需求是一种精神需求。精神需求主要包括：安全需求、社交需求、荣誉需求、倾诉需求、认同需求、艺术需求等等。通常，在满足生理需求的基础上，人们才产生精神需求，但有时会与生理需求交叉。总体上，精神需求层次要高于生理需求。

4 数字图书馆网络用户信息需求的特点

数字图书馆网络用户是由其行为方式组成的客观群体，上网目的是获取互联网上的信息，解决自己工作或学习中的问题，强化自身知识结构，提高科学技术水平。网络信息用户与上网游戏或聊天的网民是有区别的。

数字图书馆网络用户使用互联网一般是个人进行，即使集体上网，也保持着个体的个人需求。网络用户的本质是使用互联网的个人，是一种个人行为，是利用互联网获取和交流信息的个人。

数字图书馆网络用户的数量庞大，而且增长迅速。我国自1994年接入因特网以来，至2001年，网民已达到3370万人。预计到2005年，我国网络用户将达到2.04亿人，平均每年以200%的速度增长。

数字图书馆网络用户不仅数量增长很快，而且结构呈现出广泛化趋势。以往，网络用户主要是教学、科学、技术人员，现在网络用户已扩大到各行各业、各种文化层次的人员。随着家庭拥有计算机的增多和网络的普及，网络不仅是上班族利用，而且家庭成员，如：老人、孩子等也成为网络用户，用户群呈现出广泛化趋势。

网络环境下，传统文献不再是主要的信息源，而电子型、数字型文献的应用增多。用户需求表现出多样化：

对传统文献与声像文献、电子文献的需求并重，呈现出综合化趋势；信息需求向电子化、数字化、网络化信息资源的方向发展；信息需求呈现出全方位、社会化趋势，不仅需要科学、技术研究所需要的信息，而且要求有关社会和生活方面的各种信息。信息需求从数量型向质量型转变。由于科技的发展和市场经济的需要，用户迫切需要内容全面，类型完整，来源广泛的知识信息，要求针对他们的科研、生产或学习提供综合性、全程性、系统性的信息服务。网络用户的信息需求已不满足于简单的信息提供，而是要求深入到信息中的知识内容，进行挖掘、开发和利用，要求信息部门开展集成化、个性化服务。特别是一些专业用户，要求信息服务部门将本专业或相关的知识、信息，加以集中，将有关某一主题或某一事物的科研信息、技术应用信息、生产应用信息、市场信息、销售信息等，多方面地进行搜集、检索、筛选、重组，提炼出对用户的研究、生产或学习有启发的，能够形成新思维或新创意的集成化的信息资源，使用户不必费心去熟悉中外各种数据库资源的检索页面和查询技巧，借助集成服务，就可以查询到新的、分布于各种资源库中的有关信息。

　　传统用户主要是到图书馆来借阅书刊，正式交流是进行信息交流的主要手段。而在网络环境下，非正式交流逐渐成为信息交流的主要手段。如：电子邮件、网络会议、电子公告栏等网络信息发布方式得到广泛应用。通过这些非正式交流手段，网络用户之间以及用户与网络服务机构（包括图书馆）之间，可以进行多方面的信息交流。

　　用户在获取信息资源时，除了考虑地域上的就近原则和自己较熟悉的信息系统，更主要是考虑用户界面是否友好、方便、易用，如果界面复杂，与用户的交互性差，用户使用时要花费较多的时间，就会影响用户使用的积极性。价格是否便宜、合理，也是影响用户信息行为的因素之一。

　　数字图书馆网络信息用户的综合素质较高。他们不仅要掌握网络信息技术，还要有较高的思辨能力和分析能力，才能从纷繁复杂、良莠不齐的网络信息中，筛选和吸取真正符合自己需要的有用信息。

　　数字图书馆网络信息用户获取信息的渠道很多。如：通过搜索引擎或点击相关的网站来获取有关的信息；也经常利用各种类型的数据库（包括书目数据库、全文数据库、联机数据库、专业数据库等）来查找信息线索或信息来源；还经常从各种电子出版物（如电子期刊、电子报纸、电子图书等）中获取自己专业或业务方面的有用的知识、信息。

第3章　数字图书馆信息服务

第1节　数字图书馆信息服务的概念和发展

1　数字图书馆信息服务的概念

数字图书馆系统地搜集、整理、储存各种信息资源，其目的是为了让用户利用，而要加强信息资源的开发和利用，就要做好图书馆信息服务工作。图书馆作为社会文化教育机构，作为文献信息中心，它的性质决定了它要以服务社会、服务用户为根本任务。"服务"是图书馆存在的前提，是图书馆各项工作的出发点和归宿，是检验和评估图书馆工作的重要标准。信息服务在图书馆工作中占有极为重要的地位，它不仅直接体现着图书馆的性质和任务的完成，也直接影响着图书馆整体工作的质量和成效。

这里要明确两个概念。

（1）文献信息服务：是通过文献信息的传递、开发、交流等方式，将文献中的知识、信息传递给用户的一种服务性工作。它的工作实质是传递知识，交流信息，进行教育。

（2）数字图书馆信息服务：数字图书馆信息服务的主体是文献信息服务。除此之外，图书馆作为社会文化中心，还应利用图书馆的各种设施或其他条件，为社会的经济、文化、教育、科技、政治等方面，多方位、多视角地开展宣传、教育、导读等服务活动，这也是数字图书馆信息服务的重要方面。

2　数字图书馆信息服务的发展过程

数字图书馆的信息服务经历了图书馆传统文献信息服务、复合图书馆信息服务、数字时代图书馆信息服务三个阶段。

2.1　传统图书馆服务模式

2.1.1　传统图书馆文献服务的发展

我国传统图书馆文献服务始于20世纪初,它是伴随着近代图书馆的诞生而发生、发展起来的。20世纪初,以公共使用藏书为基础的公共图书馆和高校图书馆逐步建立起来。由于将藏书开放,供社会人士借阅,于是就有了初期的读者服务工作。20世纪初的读者服务工作,其宗旨是"开放藏书,启迪民智",通过藏书的使用来教育人才,传播改良主义思想及西方的科学技术知识。开放的对象主要是知识分子。服务方式受"藏书楼"思想的影响,只开展阅览服务。

辛亥革命以后,蔡元培先生任教育总长,他提倡科学与民主,主张平民教育。恰逢鲁迅先生于当时在教育部社会教育司任职,其任务之一是掌管图书馆事。在两位先生的倡导下,通俗图书馆大量设立,图书馆的服务对象扩大到平民百姓。公共图书馆、通俗图书馆及一些高校图书馆开始外借服务工作。

五四运动以后,图书馆成为宣传新思想,传播新文化的社会教育阵地,图书馆的服务工作和服务方式有很大的进步,如:建立巡回文库,开展通讯借书等,将图书送到学校、居民中去,供给有需要的读者使用。

新中国成立后,随着图书馆性质的变化,图书馆服务配合各项中心工作开展了一些图书宣传和阅读指导活动,在内容上有了进一步开拓。由于图书宣传和阅读指导在宣传教育方面能发挥较大作用,因此文献信息服务的教育性质逐渐明显。60年代以后,由于世界科学技术的迅速发展和文献信息的大量增长,对文献信息的服务提出了新的要求。客观形势要求文献信息服务以最快的速度,从大量的信息中筛选出最符合用户需要的信息,在开发信息、推动科研和生产方面发挥新的作用。于是图书馆服务逐渐转向主动报道、检索、开发文献信息的方向上来,为科研服务工作有了进一步开展。

2.1.2　传统文献信息服务的特点

(1)以印刷型纸质文献为主。如图书、报纸、期刊等,这些文献都收藏在图书馆内,是图书馆的物质基础,属于图书馆的实物藏书。在闭架借阅情况下,图书馆的藏书一般要通过图书馆目录或各种书目才能反映出来。在开架借阅情况下,用户可以到书架上直接查找图书。由于各馆分散藏书,虽然各馆都希望自己的藏书能够"大而全"或"小而全",但由于购书经费有限,造成文献资源短缺。

(2)用户要借阅图书馆的书刊,必须亲自到图书馆。在闭架情况下,用户借书前首先要经过查阅目录,找到自己所需要的书刊名称后,要填写索书单,馆员按照索书单上的书名、索书号等,从书库中将书或刊取出。用户出示借书证或阅览证,并在书后的借书单上签盖借书日期和读者姓名(或借书证号码)后,才能拿到自己所要借的图书。如果所要借的图书已经借出,只好失望而归。或办理预约借书手续,过一定时期再来借取。在这种情况下,用户与藏书、用户与馆员之间都是有距离的。图书馆的服务是"以馆藏为中心","以阵地为中心","以馆员为中心",一般是"等客上门"的被动服务的模式,满足于借借还还的服务工作,使有限的书刊资源未能充分利用,藏书的利用率较低。

(3)服务内容以一次文献借阅为主。续借、阅览、馆际互借等。80年代以后,开始采用开架借书的方式,拉近了用户与藏书的距离,在一定程度上方便了用户选择和翻阅书刊。采用自动化书刊流通系统以后,简化了借书手续,缩短了借书时间,方便了用户借书。有些大型图书馆还开展二次文献信息服务,如书目服务、参考咨询服务、文献检索服务等。

(4)馆员服务以手工操作方式为主。取书及归架,办理各种借阅手续,进行借阅统计工作等,均是手工操作。因此,工作速度较慢,效率较低。馆员与用户基本是一对一的服务方式。

2.1.3 传统文献信息服务的优越性

传统服务模式虽然有不少缺点,但也有一定的优越性,表现在:

首先,印刷型文献过去是,将来仍是用户喜欢利用的文献形式。无论是科研、学习用书或消遣用书,人们几十年形成的阅读习惯,使印刷型文献成为用户不可缺少的文献形式。传统文献在阅读时具有休闲性和随意性,而网络阅读必须坐在计算机旁,正襟危坐,不能边坐边看或边卧边看。而且,长时间网上阅读容易疲劳。再有,虽然网上信息资源丰富,获取便利,但也存在信息安全、版权管理等方面的问题,而且目前能够利用网上信息的用户还不够多,主要是青年用户利用较多,不少中老年用户不会或不擅长利用网上信息,他们仍热衷于利用印本文献。因此,虽然网上的信息资源越来越多,但是印本书刊的出版数量仍然大量增长的事实,说明用户还是喜欢阅读印刷型文献。

其次,传统图书馆在服务工作的实践中,摸索出一整套服务方式,如馆内阅览、馆外借书、馆际互借、书刊陈列、文献复制等。这些服务方式仍是用户经常使用的文献借阅方式。特别是一次文献的获取,还要靠传统的外借、阅览方式才能获得原始文献。所以,传统服务工作仍然被广大用户所认可,图书馆仍要做好传统文献服务工作。

再次,图书馆原有的服务设施仍在发挥作用,如宽敞明亮的阅览室、多功能厅、展览厅、多媒体厅等,这些设施可供人们进行阅读、开展自我教育、丰富文化、娱乐消遣等多种活动,发挥图书馆作为社会教育文化中心的作用。

2.2 复合型图书馆服务模式

复合型图书馆是传统服务与现代化服务相对接的服务模式,是从传统服务模式向现代化服务模式转型期的过渡形式。由于采用计算机等现代化技术进行采购、编目、流通、检索及内部管理,建立机读目录数据库,文献信息服务的效率大大提高,用户可以通过联机系统查寻本馆或其他图书馆的藏书目录及和其他各种二、三次文献信息。在这个模式中,传统服务与现代化服务相辅相成,互相渗透,优势互补,互动互助,在多种信息资源的基础上,可以方便用户,为用户提供满意的服务,从而提高图书馆的服务质量。在复合图书馆服务工作中,传统服务模式要采用现代化技术手段提高工作效率,而现代化服务模式要吸收和利用传统服务模式的业务基础,以适应图书馆工作的需要。

2.2.1　复合型图书馆服务面临的变化

（1）图书馆信息环境的变化。过去衡量一个图书馆的价值，主要是看它藏书量的多少和馆舍的大小。随着电子出版物和网上信息的增多，馆藏数量不再是衡量图书馆价值的主要标志，而信息资源的开发和利用在衡量一个图书馆价值上，越来越占据重要地位。

（2）信息类型的多样化。复合型服务的物质基础仍然是以印刷型文献为主。为了方便用户，图书馆把用户利用率较高的或珍贵的印刷型文献转换为数字文献。有些文献在出版时就采用电子版与印刷版两种形式。此外，还有大量电子型文献，如：电子图书、电子期刊、网络报纸、综合性数据库、光盘、视频文献、音像文献等，也作为图书馆采集和储存的对象。这些文献以传播面广，传递速度快，信息处理迅速，检索方便，存储量大等优势，向纸质文献提出挑战。

（3）用户类型的变化。过去，每个图书馆都有自己特定的用户对象，如：高等院校图书馆的服务对象主要是本校的教师和学生，科学图书馆的服务对象主要是本单位的科研人员。但在网络环境下，用户不再受部门、地区或国别等因素的限制，用户可以在自己的家里或办公室，通过网络，可以利用各个图书馆的各种信息资源，而不再受某个图书馆藏书的限制，用户与信息资源之间的距离缩小了。这种情况下，图书馆的服务对象既有固定的用户群，也有网络用户群。但对网络用户，图书馆较难确定其数量和类型，也较难掌握他们的信息需求及变化。

（4）用户需求的变化。传统图书馆向用户提供的主要是印刷型文献。在现代条件下，用户的信息需求发生了根本性的变化，用户已经不满足于提供整本图书或期刊，不满足于单纯的文献信息服务，而是要求提供某一专业、某一主题或某一事物的知识单元或知识信息服务；要求提供综述型、研究型、专题型的知识信息服务。因此，图书馆要从文献信息服务，转向个性化、专业化的知识信息服务。用户需求的变化将导致图书馆服务内容、服务方式等一系列的变化。

（5）服务形式的变化。复合型图书馆的服务形式是实体与虚拟相结合的形式。既有图书馆的实体服务场所，可以为用户提供信息资源，帮助用户获取信息的传统服务；又有不受时空限制的虚拟空间，通过互相关联的计算机网络，利用各种数字化信息资源，把分布在世界各地的数据库及各种信息资源有组织地连接起来，打破时空限制，用户只需点击图书馆网页，就可获得他所需要的各种知识、信息。

但在发展网络信息服务的同时，要注意发挥那些网络服务不能替代的传统的信息服务，要将非网络信息服务与网络信息服务有机地结合起来，提高整体服务水平和服务效率。

2.2.2　复合型图书馆服务的发展趋势

复合型服务模式要突破传统服务模式，将呈现出下列几个趋势。

（1）变封闭型为开放型。面对信息技术的迅速发展和社会信息需求的不断扩大，图书馆再也不能把自己禁锢在图书馆的围墙中。图书馆的服务工作要走出图书馆，面向用户，面向需求，主动服务，形成以用户为中心、以需求为导向的主动服务理念和服务模式。

（2）从单一化服务转为多元化服务。传统图书馆多用于馆内的一次文献服务，随着社会经济和信息技术的发展，人们传播信息和获取信息的渠道和方式呈现多元化趋势。图书馆要想满足用户的需求，就需要在服务内容和服务方式等各方面，开展多元化的服务活动，包括：联机检索、光盘检索、网络检索和咨询、远程教育、代查代译等多方面的服务活动。

（3）从手工操作转为智力开发。传统图书馆馆员的工作大部分是手工操作，工作重复、烦琐，体力劳动较多。新技术的发展，改变了馆员和用户的关系，部分用户仍维持与馆员面对面的服务关系，但是部分网络用户则通过网络与馆员建立起一种新型的"虚拟关系"。面对新的情况，馆员的大量工作应转向对知识、信息的开发、整合，对网上信息进行检索、筛选、分析、链接等智力工作。图书馆提供的服务工作的知识含量和技术水平将不断提高。

（4）从分散式服务转向"一站式"服务。传统图书馆的服务工作一般是多部门分块管理，用户需要某一专业的文献，往往要跑遍图书馆的外借、阅览、期刊、光盘等许多部门，给用户带来很多不便。在现代技术条件下，图书馆为了方便用户，可通过馆内网络环境和数字信息资源，迅速按照学科或专题的内容，查寻到所有的信息资料，让用户享受到在一个场所即可获得从信息检索、信息查寻、信息传递，直到最终获取到全文文献的"一站式"服务。免去用户许多麻烦，节省了用户的时间和精力，有力地提高了服务质量。

2.2.3　复合型图书馆的服务工作

当前，不少图书馆处于传统模式与现代化模式对接的转化时期，传统模式与现代化模式交织在一起。多数图书馆仍以传统服务为主。因此，应"两条腿走路"，一手抓传统服务的强化、提高和挖潜；另一手抓现代化服务模式的构建。转型期的服务工作可包括：

（1）加强一次文献的服务，大力开展馆际互借。许多用户从电子文献、文摘、索引或网络中查找到所需的文献线索后，但苦于无法获得原始文献。有些文献已制成全文电子版图书或期刊，在一定程度上缓解了用户对一次文献的需求。但也还有大量的对原始文献的需求必须到图书馆去借阅。一次文献服务接近用户，方便用户使用。要继续加强一次文献的传递和提供，做到快速准确。为了全面满足用户需求，在本馆无收藏的情况下，可通过馆际互借，利用远程通信或网络，向本地区、本国或外国其他的图书馆去借书，然后再转交给用户借阅。

（2）深化二次文献服务。以计算机自动化技术为依托，根据用户对教学、科研或某些专门问题的需要，对本馆印刷型文献或电子出版物中的知识、信息进行筛选、提炼，编成专题书目、专题文献数据库，或进行专题检索、定题检索服务等。利用自动化技术开展二次文献服务，可以大幅度地扩大信息来源，使服务深度和服务质量均得到提高。

（3）在管理机制和运行机制上要引入复合图书馆的新理念。一些业务机构需要重组，如：电子阅览室要与电子出版物的采购、组织、利用和管理相结合，要建立信息导航和远程教育机构等, 在传统图书馆服务与虚拟图书馆服务之间互相兼顾, 注意它们在职能、结构上的互相衔接和替代关系。

(4) 积极开展多元文化教育娱乐活动。图书馆作为社会文化教育中心, 应继续开展文化教育及各种娱乐活动。这样, 不但可以扩大图书馆的服务规模, 还可以提高图书馆在社会上的影响。图书馆拥有多种服务设施, 如电子阅览室、文献检索室、展览厅、讲演厅、影视部、活动室、餐厅、咖啡厅等, 利用这些设施可以开展文化展示、文化沙龙、专题报告、学术研究、文化交流、作家见面会以及培训辅导班等多种健康、有益的文化活动。也可以利用网上的电子论坛、电子布告栏等发布信息, 解答用户的咨询或组织用户交流等活动, 使图书馆真正成为社会的文化中心、娱乐中心、社会教育中心和用户的"第二工作室"。

(5) 抓好自动化、网络化基础设施建设。要根据各馆的原有基础、经济来源及具体情况, 加大现代化信息网络设备的建设。首先要购买必需的现代化硬件设备, 为今后向电子化、数字化图书馆的方向发展做好前期准备。其次, 要搞好应用软件的开发或引进。适用的软件是决定图书馆自动化、网络化系统功能和效益的先决条件。引进国内外先进的图书馆管理软件, 可以少走弯路, 加速图书馆现代化建设的步伐。

2.3　数字时代图书馆服务模式

数字时代图书馆是在图书馆自动化的基础上, 利用计算机的硬件和软件, 管理各种数字信息资源的采集、加工、存储, 并提供存取、利用、检索等。数字时代图书馆是由大量的数字化信息资源组成, 它以一种有序的组织系统和服务框架, 在任何时间、地点为任何用户提供信息服务。数字时代图书馆的一个明显特征就是工作重心从收藏转向获取, 从文献描述转向文献传递, 从提供文献线索转向提供分析、加工后的增值信息产品。数字图书馆服务强调对用户的知识援助和智力开发, 它所体现的是一种"知识传递"和"知识增值"服务。数字图书馆服务有下列一些特点。

(1) 馆藏文献数字化。图书馆逐步把原有的有价值的印刷型文献以及声频资料、视频资料等转换为数字化信息, 将各种信息以计算机可处理的字符编码形式、图像形式、多媒体形式, 存储在大容量的存储装置中。也可以购置现在有些出版社的电子型、数字型出版物。数字化信息不仅能节省图书馆的存储空间, 而且能方便用户快速检索和远程检索。馆藏的数字化是数字时代图书馆的重要特征。

(2) 面向用户的服务模式。面向用户是数字时代图书馆的又一特征。数字时代图书馆的用户有两种类型: 一是馆内用户, 即亲身到图书馆来利用网络信息的用户; 另一种是远程用户, 是借助数字化图书馆提供的网络信息服务平台, 通过远程访问、登录, 来获取信息的用户。在数字时代, 用户已不关心图书馆在什么地方, 而是关心如何链接网络以及网络上有什么信息。

(3) 服务功能的拓展。数字化图书馆可以提供信息共享的环境, 服务内容可扩大到整个互联网用户。通过动态连接机制, 将网络上的虚拟图书馆联合起来。在数字环境下, 图书馆服务的实质是链接和组织网上的信息资源,为用户提供信息资源。可以24小时全天候服务,服务范围远远超过传统图书馆,大大提高了服务效率。

(4)开展专门化、个性化服务。根据用户的专门化、个性化需要,把信息资源链接成一个整体,使用户得到面向主题的信息服务。并利用信息推送技术,帮助用户建立起个人信息资源或专题信息资源导航库。

(5)走向集成化信息服务。数字时代图书馆的集成化要做到:信息资源的集成、信息内容的集成和信息技术集成。数字时代图书馆要实现检索、采集、分析、加工和提供的无缝链接,实现各种服务方式之间的有机结合。

(6)便捷的可存取性。远程通信技术和网络技术的应用,使得数字图书馆可以与国内外各个大型图书馆、各类信息服务机构互相连接起来,实现大规模的资源共享,扩大了用户可以获得和利用的数字化信息资源的范围和数量,并能快速存取所需要的信息。

(7)馆员角色的转变。传统图书馆的馆员是文献信息的提供者,是文献和用户的中介。在数字时代,用户可以直接与信息的生产者、出版者对话,用户获取信息的自由程度更大,渠道更多,并通过终端即可检索、浏览、获得所需信息。在这种情况下,馆员的角色要从文献传递者,转向信息资源的管理者,馆员的工作将从"检索代理"转向"检索指导",馆员将成为"网络信息导航员",并且可以以信息专家的身份,参与到科研、生产中去。

从上述的变化可以看出,图书馆服务工作随着社会对信息需求的不断增长以及信息技术的快速发展,有一个从传统向现代化、数字化的发展过程。从传统的文献提供服务,发展到知识的重组、信息的导航;从单纯的文献信息服务,发展到社会文化、教育、娱乐中心。图书馆服务的功能和性质在不断发展、变化和提高。但是,无论在传统条件下,还是在数字化条件下,图书馆服务的基本性质,即它的传播知识、交流信息、进行文化教育的作用和性质是不会变化的。

第2节　数字图书馆信息服务的功能

1　文献传递功能

文献传递是人类社会知识交流的重要途径之一。图书馆工作是以文献为对象,向用户提供知识信息的过程。它的直接目的是通过文献传递和交流,把知识和信息传递给用户。

在科学技术迅速发展的今天,文献信息量急剧增长。为了使人们充分地获得文献,并有效地利用文献,解决文献数量庞大、分布无序与读者要求其有序化之间的矛盾,就要把数量众多的、散乱无序的文献,搜集、整理、加工成有序的知识系列,把一切社会知识纳入到一个有效的科学体系中，通过文献信息服务提供给读者，以便建立人与知识、信息之间的联系，发挥文献的最大效用。文献信息服务是人类知识信息交流系统的组成部分之一。

文献信息服务是通过两方面来进行交流的：一是纵向交流，它是通过文献信息的保存而实现的代际交流，把产生于不同时代的人类知识延续下去，传递给现代的人，也就是说，把不同时代的科学大脑连接起来。二是横向交流，它是通过文献信息的人际交流，把不同地区凝聚着人类知识的文献，在更大的空间范围连接起来。通过纵的和横的两方面的交流，文献信息得以在时间上长久地延续，在空间上广泛地传播开来，使得人类共同创造的知识财富代代相传，促使人类的知识、信息进一步沟通。

文献传递处于中介地位，它是文献信息的汇集点，又是文献信息的发送源。它以特定的文献信息开展信息传递活动，将个人知识与社会知识互相转化，将文献中凝聚的知识，活化为流动的知识，将文献中潜在的知识，转化为现实的知识，把前人留下的历史知识或综合性的知识，转化为现在人们所需要的实际知识或文化、科学、技术知识，从而促进用户的学习、研究或工作，达到沟通思想、传递信息、促进社会进步的作用。

文献信息服务的中介作用还表现在连接文献和用户。图书馆的一切活动都是围绕着用户开展的。它一方面要使大量的文献找到最需要利用它们的用户，另一方面要使广大用户找到他们最需要、最适用的文献，充分满足读者多样化的需求。信息服务就是要在读者与文献之间发挥中介作用，做到"为人找书"和"为书找人"，在用户与文献信息之间起纽带作用。

2　智力开发的功能

智力是人类特有的心理过程，是人们认识能力和实践能力的总和，智力的高低反映出一个人对客观世界认识的正确程度和深刻程度，以及解决实际问题的有效程度和水平高低。智力与一个人的知识水平和信息获取能力有很大的关系。图书馆是一个巨大的知识宝库，因为在它所收藏的或从其他渠道获得的文献里面蕴藏着人类所创造的全部知识。信息服务的职责就是将文献中的知识尽最大可能开发出来，使用户通过吸取其中的知识、信息，提高文化素养、道德素养、科学素养，在提高他们的智力水平方面发挥作用。

智力开发即通过一定的手段和方法，提高人们的知识和技能，充分发挥人的智慧、才能与创造性。文献信息服务在智力开发中占有特殊地位，因为智力是由知识激发而成，知识是开启智力的钥匙。用户通过知识信息的学习、利用、思考和诱导，可激发头脑中的潜能，将潜藏在大脑中的能力发展为思考能力、理解能力、分析综合能力、信息观察能力、社交能力、组织管理能力、动手能力、自我控制能力、自我发展能力等，这些能力都是反映个人智力水平的标志。

用户通过图书馆信息服务，可以提高自学能力，养成独立思考、独立钻研、独立探索问题的能力, 促进思维意识的觉醒。用户通过自学和阅读, 还可以提高口头表达能力和文字表达能力。自学能力的培养和提高也是智力开发的重要内容。

3 辅助科研的功能

文献信息服务在辅助和促进科研方面的功能是显而易见的。在科技迅速发展的今天, 信息数量剧增。为了节省科研人员的时间, 文献信息服务部门要根据读者的需要, 对文献信息进行搜集、检索、筛选、分析和加工, 其目的是帮助科研工作者高效率地、准确地获取文献、信息, 不断扩大读者可资利用的文献信息量。这些工作已成为科研工作的重要组成部分, 是科研的前期劳动。

其次要有针对性地为读者搜集、筛选、整序所需的文献。网上的文献多而杂, 大量冗余信息泛滥, 读者往往苦于找不到自己所需要的信息, 查找和利用文献信息有不少麻烦和不便。图书馆应有针对性地搜集、筛选、整合有关的文献信息, 确定文献信息的价值, 按专题或专业组成信息导航资料系统, 提供或推送给用户使用, 给用户以必要的导读。这也是节省用户的时间与精力, 提高为科研服务准确性的重要方面。

加快文献传递的速度也是提高为科研服务效率的重要方面, 而现代化手段的应用, 特别是因特网的开通, 使得文献的快速传递成为可能。

4 进行教育的功能

文献信息服务在提高全民族的教育水平、思想品德、文化素质方面也发挥着重要作用。信息服务部门通过文献的流通和宣传辅导、解答咨询等活动来达到教育目的, 这种教育不受年龄的限制, 成人、儿童都能利用; 没有年限的限制, 可以长期在图书馆学习、研究; 采取自学的方式, 具有较大的灵活性、自主性和自选性, 可以培养用户的独立性、创造性和开拓性。这种教育形式, 涉及的人数众多, 学科领域广泛, 适用于不同职业、不同文化水平的用户广泛地、长时间地利用, 因此是提高全民族科学、文化水平的重要基地。

图书馆向用户进行教育的范围很广, 包括: 思想品德教育、专业学习教育、信息意识和信息能力教育、终身教育等。

图书馆向用户, 特别是青少年推荐优秀的书刊, 开展各种读书指导活动, 使他们从书刊中受到爱国主义精神的感染和熏陶, 增强对国家、对社会、对民族的责任感和民族自尊心。通过对祖国悠久历史和灿烂文化的宣传, 提高他们的自尊、自信、自强的观念, 树立正确的人生观和世界观, 要使图书馆成为德育教育的基地。

图书馆在专业教育方面, 可配合教学活动向读者提供有关的参考书或国内外参考资料, 补充专业方面的新理论、新观点、新成果, 扩大相关的知识视野, 为他们的自主学习创造条件，促进他们自我优势和创新精神的发展。

在用户信息教育方面，图书馆有着特殊的作用。信息教育首先是信息意识的教育，要帮助用户树立信息主体意识、信息传播意识、信息更新意识、信息守法意识等。使用户树立明确的信息价值观，提高对信息来源、信息价值的认识与开发。其次要进行信息能力的教育，包括：认识到信息有助于解决面临的问题，知道去哪里获取信息，能利用各种检索工具或搜索引擎去查找自己所需要的信息、资料，有分析、理解、评价信息的能力，有网络操作和处理信息的能力，有使用和交流信息的能力等。

现代科技知识更新很快，加快了知识老化的进程。人们要适应新形势、新的工作岗位，就必须随时依其需要，学习新的知识，终身教育成了当今世界生存的概念。终身教育是学校教育在时间及职能上的延伸，其宗旨是通过不断的学习，使人在价值观念、科技知识、生活能力等方面，都能适应社会，保持同步发展，以适应社会的变化。为了跟上形势发展的需要，接受继续教育、终身教育是非常必要的。除了参加和接受各种专业的业余教育外，利用文献进行自学，提高、充实和更新自己的知识是一种重要的途径。图书馆的丰富的文献和优良的学习环境是读者进行继续教育的良好场所。

5　文化娱乐的功能

文化教育功能也是图书馆的重要功能，是用户的客观需要，是精神文明建设的重要组成部分。人们在从事本职工作的同时，也需要业余文化娱乐方面的享受，以调节紧张的情绪，舒缓疲惫的身心，松弛神经，愉悦精神，得到精神享受和文化滋养。图书馆具有满足用户文化娱乐需求的各种条件：有数量众多的休闲读物，安静优美的读书环境，丰富多彩的宣传娱乐活动，可以丰富群众的业余文化生活。

业余文化可分为两类：一是高雅文化，反映时代特征和要求，高扬时代主旋律，具有探索性、经典性特征；另一类是通俗文化，能真实反映人们的生存状态、情感和心理，具有普及性、趣味性、娱乐性和实用性，从内容到形式都易于大众接受。用户在工作之余，抱着消遣、娱乐的目的到图书馆来，通过浏览通俗小说、童话故事、科普、旅游、保健、琴棋书画、花鸟虫鱼等方面的通俗读物，达到松弛精神，愉悦情绪，调剂生活的目的。这种文化休闲方式，可以增长知识，开阔眼界，陶冶情操，锻炼意志，增添生活情趣，使用户得到充分的业余文化享受。图书馆要对这种业余文化需要给予积极引导和支持，可以有针对性地开辟休闲书刊专架，开展导读活动等。

图书馆服务还可以提高用户的文化素养。通过图书馆组织的各种活动，将人类优秀的文化成果，如音乐、美术、影视、舞蹈、智力游戏等方面的文献信息传递给用户，或组织多种文化活动，如文艺沙龙、影视评论、音乐欣赏、诗歌朗诵、人文知识讲座、作家与读者见面会、读书座谈会等，为群众提供高雅的文化生活和文化活动，促使其内化为人们的人格、气质、修养等内在品格,在精神文明建设中发挥重要作用。

第3节　数字图书馆信息服务的原则

1　以人为本、用户第一的原则

以人为本、用户第一的观念是图书馆精神的精髓,是图书馆信息服务的宗旨,是服务工作活力之所在。以人为本的原则包括下列几方面的含义:

首先,"以人为本",就要利用图书馆的知识、信息,致力于提高广大人民的文化教养、教育水平、精神面貌、道德水平等。

其次,"用户第一",就是要以用户为中心,千方百计满足用户对信息的需求。要想用户之所想,急用户之所急,让用户以最少的时间和精力,获得最新、最适用的知识、信息。

第三,树立"服务至上"的精神,要理解用户,关心用户,尊重用户,爱护用户。服务态度要和蔼、诚恳、热情、认真,对用户的提问或要求,不仅要有"百问不烦"的服务精神,还应有"百问不倒"的业务技能和业务素质。

第四,图书馆的一切工作都要围绕用户服务而开展,以"用户第一"的观念作为一切工作的着眼点。要树立全馆协作的精神,倡导一线为用户服务,二线为一线服务,后勤为业务部门服务,领导为全馆服务的"一盘棋"观念,才能有效地、高质量地为用户服务。

2　平等服务的原则

印度著名的图书馆学家阮冈纳赞在《图书馆学五定律》的第二定律中提出"每个读者有其书"的原则。指出要做到:必须消除各种障碍,首先是阶级障碍,此外,还要消除性别障碍、城市和乡村障碍、生理上的障碍等,这样才能做到"书为人人";要谨慎地坚持用户均等、学习机会均等的原则,不集合起所有的人——富人和穷人,男人和女人,陆地人和海上人,年轻人和老年人,聋人和哑人,强智力人和弱智力人,总之,是地球上各个角落的人,不把他们引进图书馆这座学习的殿堂,第二法则是不会安宁的。这里贯穿的民主的、平等的服务原则是显而易见的。1966年联合国教科文组织在《公共图书馆宣言》中又具体地指出:"公共图书馆应当随时都可让人到馆,它的大门应当向社会上一切成员自由地、平等地开放,而不管他们的种族、肤色、国籍、年龄、性别、宗教、语言、地位或教育程度。"

贯彻平等的原则就要做到:

(1)使信息资源尽量接近用户,方便用户使用,消除用户利用图书馆的各种障碍。例如,采用开架借阅, 取消入门限制等, 做到信息资源占有和利用的平等。

（2）要尊重用户自主查询和利用各种信息资源的权利, 并尽量为他们个性化的信息需求提供帮助。

（3）要为弱势群体, 如阅读能力较低的人、文盲、残疾人或不会利用现代化信息技术获取信息的用户, 为他们提供特殊的帮助, 消除知识、信息贫富的差距。而知识、信息的贫富, 在当今社会条件下, 将导致财富的贫富差距。

3　特色服务的原则

由于图书馆的性质、任务、服务对象或地域的差异, 导致各个图书馆在信息资源的搜集、藏书建设、服务组织、服务方式、环境设施、经营管理等方面, 呈现出独特的内容或风格, 显示出图书馆的特色。特色服务一般以特色信息资源为基础, 是专业性、专题性或专指性的服务。

特色服务是图书馆实现主要服务目标, 确定各自定位的重要措施, 也是图书馆提高服务质量, 深化服务效果的重要途径。如: 北京东城区图书馆基于本地区的服装业比较发达, 建立了服装资料馆, 搜集国内外有关服装方面的各种信息资源, 推荐给各服装厂商利用。北京西城区图书馆针对本地区文化景点较多、旅游资源丰富的特点, 定位于旅游资料方面, 按旅游动态、中华名胜、京城景点、谈北京、京城特色服务等类别, 搜集、整理并向用户推荐、使用有关的信息资源。前来利用的用户很多, 占到馆用户的40%。特色服务是有针对性地满足特定用户的特殊需要的重要手段。

特色服务是吸引用户, 提高图书馆社会地位的重要手段。如: 上海黄浦区图书馆设立了音艺厅, 搜集各种音乐资料、音乐唱片, 在音艺厅经常举办专题音乐欣赏会, 周末音乐演唱、演奏会等, 吸引了各阶层的大批音乐爱好者, 提高了广大用户的艺术素养, 强化了图书馆作为文化中心的功能。同时, 用户对图书馆的社会作用也有了新的认识, 从而提高了图书馆的社会地位。

特色服务使图书馆由被动服务变为主动服务, 强化了服务的针对性, 体现了“用户为主”的原则。处于科学技术研究前沿的用户, 他们获取信息的最大特点是对信息的选择性和特殊性。他们需要的是个性的、特色化的、专业化的文献信息, 图书馆要高度重视他们特殊的信息需求, 并采取特殊手段和方式, 选择具有特色的信息资源, 有针对性地开展特色服务。

特色服务与区别服务是相辅相成的。特色服务工作中, 必须针对用户的不同文化程度、不同的工作性质、不同的年龄和性别, 利用不同内容和性质的文献, 采用不同的服务方式, 有区别地开展工作。特色服务的核心是提高服务工作的针对性, 从多层次、多角度满足用户的个性化、特色化的需求。特色服务是适应市场经济需要, 强化图书馆自我发展的重要途径。

4 创新服务的原则

阮冈纳赞在其《图书馆学五定律》一书的第五定律中提出："图书馆是一个生长着的有机体。"他认为，"生长着的有机体吐故纳新，改变大小，形成新的形状和结构"。作为一种机构的图书馆，它所收藏的文献信息、用户的信息需求以及馆员的业务能力和业务水平都是在不断增长、不断变化着的。这种变异过程，最终将导致新的图书馆形态和结构的形成。"生长着的有机体"最大的特点就是要不断地创新。

要创新，就要树立创新意识。在图书馆信息服务中要转变观念，使图书馆服务从封闭走向开放，从被动走向主动，从单一化走向多元化，从"重藏轻用"走向"重开发、使用"，从限制用户改为面向用户、方便用户。服务观念的转变和更新，是实现创新的前提。

在当今知识经济社会，知识成为最主要的资源，最重要的资本。知识就是财富，而图书馆是聚集知识信息的大宝库。要使各种知识信息转化为现实的生产力，就要转变服务观念，树立创新意识，使图书馆的信息服务在思想、观念上适应经济社会发展的步伐和需要。

要创新，就要敢于标新立异，独辟蹊径。特别是电子出版物和因特网的广泛应用，为图书馆的服务创新提供了广阔的道路。利用新的技术平台，不断开拓新的服务领域，把图书馆服务的触角伸向社会各个领域，如：电子论坛、远程教育、社区文化活动等，在更广阔的领域开展知识、信息服务。

图书馆要在创新中求发展，以创新促发展，在发展中不断创新、前进，创新与发展是互相作用的。

5 资源共享的原则

当今世界各种信息大量涌现，人们常用"信息爆炸"来形容信息量的迅速增长。而图书馆的经费有一定的限度，任何图书馆没有必要，也没有可能全面搜集、存储各种信息资源。而要满足社会的和用户的日益增长和不断扩大的信息需求，就必须树立资源共享的观念，走资源共享的道路。

资源共享是继承、传播人类知识的需要。资源共享是一种范围广泛的知识、文化传播活动，它能跨越时空，无论何时、何地都能最大限度地满足用户对知识、信息的需求，消除彼此隔绝的状态，使信息的获取和利用走社会化的共知、共享的道路。这将有力地促进人类知识的继承和发扬。

资源共享促进区域文化走向全球文化。信息网络连接起全球各个地区。各个国家，随着不同社会、不同国家之间交往的加强，人们意识到，只有知识、信息、文化的相互交流，取长补短，协调合作，才能实现人类的共同进步和发展。这种全球意识也促进了各国之间以及国内各图书馆之间，走合作的道路，发展信息资源的共知、共建、共享。

第4节　数字图书馆信息服务的模式

图书馆信息服务的模式概括起来，可分为：传统服务模式、自动化服务模式、数字时代的服务模式。

1　传统服务模式

传统服务模式是藏与用相结合的模式。它以纸质印刷型文献为主，通过读者到馆借书、阅览或图书馆送书上门来传递文献，各种流程以手工操作为主。传统服务模式以阵地服务为主，注重文献的外借和阅览。它大多以整本书刊为传递的对象，忽视对文献中知识单元的开发和深加工。

传统服务模式从服务方式来划分，有外借服务、阅览服务、馆际互借、复制服务、文献报道服务、文献宣传服务、文献检索服务、文献开发服务、参考咨询服务、读者教育服务等。

传统服务模式从文献的级次来划分，可分为：

一次文献服务：主要是满足读者对整本书刊的外借、阅览等需要，这是最基本的，也是初级的服务工作。

二次文献服务：主要是为读者搜集、检索、通报特定的文献信息，满足读者科研工作中对二次文献的需要。服务方式有新书报道服务、定题检索服务、科技查新服务、参考咨询服务等。

三次文献服务：根据集体的或个人的需要，针对科研工作、技术攻关或领导决策中的重点问题、热点问题，搜集、筛选有关的文献信息，经过分析、综合、归纳、推理等一系列研究，提出具有重要情报价值的三次文献。这是一种高级水平的服务工作，其方式有情报调研、综述、述评等。

2　自动化服务模式

由于图书馆自动化的应用和发展，图书馆的采编、流通、典藏、检索及内部管理均实现了自动化。在自动化条件下，以印本文献传递为主导的服务，如外借、阅览、检索等服务，已不占主导地位,而以用户为中心的主动服务取而代之。自动化服务的最开始和最常用的服务方式是:公共目录查寻服务,联机数据库查寻或检索服务,光盘、数据库远程检索服务,文献传输服务等。自动化流通系统的运用,使得文献信息服务的效率大大提高。随着信息技术的发展和服务经验的积累,当前,自动化服务发展了下列一些服务模式:

一是集成化服务。集成化服务是根据某一特定领域或某一特定用户的需要,把各种信息资源,包括文字型、数值型、视频型、音频型、磁盘、光盘等,有机地链接成一个整体,使用户得到面向主题的信息服务。这种服务超出了传统图书馆的馆藏条件和技术能力,要求在检索文献线索,获取原始文献后,对信息内容进行深度分析、综合加工,为用户提供知识内容增值的信息产品。集成化信息服务有3个层次:信息资源的集成;信息内容的集成;信息技术的集成,实现检索、筛选、分析、加工和提供的链接,实现各种服务方式的有机结合。

二是一体化服务。传统图书馆的服务一般是多部门分块服务,外借部门只管书刊的外借,期刊部门只管期刊的借阅,咨询部门只管咨询,各部门之间缺乏协调,用户在图书馆内要跑好几个部门才能满足需要。一体化服务是目前许多图书馆追求的一种服务模式,它能集信息检索、信息查询、信息提供、信息发送、全文浏览、数据下载等多种功能为一体,使用户在一个地方即可获得全面服务,极大地方便了用户,是一种较理想的信息服务方式。开展一体化服务,要树立大服务的观念,做到横向联合、内外联合、资源共享,才能满足用户的要求。

三是个性化服务。是针对每一个用户独特的信息需求,进行独特的、有针对性的服务。图书馆根据用户不同的信息需求,进行信息过滤、信息分流,筛选出用户最需要的信息资源,并提供全文文献。然后通过数据下载、电子邮件、信息推送、个人网页等方式,将所需信息发送给用户使用。

四是精品服务。图书馆为了吸引用户,越来越重视信息的浓缩加工,加大信息的深度和知识含量,而不是数量的多少。精品信息服务以信息的内在质量为保证,提供高质量的信息资源服务。开展精品服务,要从内容着手,提高信息服务产品的知识含量和内在品质。精品服务包括3个层面:从大量信息中,去粗取精、去伪存真,挑选精品;对每一条有用的信息要挤出水分,留下精髓,即信息浓缩;对所有信息进行综合分析,提炼出对用户真正有用的知识信息。

3 数字时代图书馆服务模式

现代通信技术的发展,将众多的计算机联结在一起,单个的图书馆成为网络中的一个节点,图书馆信息服务的整体优势极大地加强了。网络提高了文献信息存储与传递的能力,使大规模、整体化开发和利用信息成为可能。我国图书馆的数字时代服务工作处于方兴未艾的阶段,各个图书馆都在不断摸索,不断创新,不断积累经验,以适应新技术、新形势发展的要求。

数字时代的图书馆服务模式主要有:

第一,图书馆主页服务。

目前, 国内各图书馆的主页内容包括: 本馆概况、机构设置、馆藏布局、服务项目、书目查寻、新书介绍、电子信息资源检索、网络信息导航等。国外图书馆的主页有的还包括: 工作计划、工作进展、新闻发布、本馆各种信息产品的利用和检索、网上相关信息源的链接、网络信息导航系统等。通过图书馆主页, 可向用户展示本馆所拥有的各种信息资源及各种服务内容、服务方式, 还可以链接到国内外各大图书馆的网页, 扩大用户获取信息资源的范围和渠道。对图书馆主页的要求有五个方面: 图书馆主页要有友好、便捷的界面, 方便用户进入主页, 并利用主页中的各种服务项目; 要能将书目文摘信息、全文电子图书、全文电子期刊和图像信息等, 快速传递给用户; 具有多种类、多检索点的检索工具, 有先进的信息处理、信息分析系统; 馆员可以通过网络帮助用户查询信息资源或解答用户提出的各种问题; 可以全天候开展服务。

第二, 专题信息导航服务。

图书馆利用各种搜索引擎, 将网上与某一专题或主题相关的节点进行集中, 按照方便用户检索的原则, 向用户提供有关资源的分布情况, 指引用户去查找和利用。这样建立起来的信息服务系统, 称为专业信息资源导航库。建立专业信息资源导航库, 可以节省用户查找信息线索的时间, 使用户能够很方便地获得与自己有关的资料, 有效地利用网上的信息资源。

第三, 信息推送服务。

用户向某一个数字图书馆申请一个账户, 并提交自己所需信息的对象、专业范围、时限、检索词及检索策略等, 形成自己对信息需求的描述和要求。图书馆根据用户选定的专题和要求, 按照指定的时间间隔, 或根据科学技术的新进展、新成就、新情况, 主动将网上的信息资源, 通过固定的频道向用户推送。信息推送是利用计算机数据发布技术, 将需要传递的信息内容, 采用多点播送或多址发送的方式, 将信息传递给用户。

第5节　数字图书馆信息服务的实质

数字图书馆信息服务工作随着社会对信息的需求, 有一个从低级向高级、从简单向复杂的发展过程, 它的性质是在不断发展变化的。

数字图书馆信息服务工作从其性质来看, 包含并概括了图书馆的基本性质。这是因为图书馆的性质及其对社会的作用, 必须在用户利用文献信息的过程中才能显示出来。所以图书馆的主要属性也就是信息服务的基本属性。但是信息服务也有它的特性, 具体来说, 就是它在传播知识, 交流信息中的中介作用。

不管是图书馆收藏的实体文献或网络上的虚拟信息资源, 都蕴藏着丰富的知识, 凝聚着人类智慧的结晶, 人们通过利用印刷型文献或数字化、电子化信息资源, 可以学到前人或他人所创造的知识信息, 使人类对客观世界的认识, 在时间上可以长期地积累和保存下去, 在空间上可以广泛地传播、推广开来。人类社会正是靠着知识的继承、吸收和创造,才不断地发展,不断地创新和前进。文献和信息资源是人类极其宝贵的精神财富。图书馆通过信息的传递、信息检索、信息开发、信息咨询、网络信息服务等各种服务方式,将知识、信息提供给广大用户使用,在信息与用户之间发挥中介作用。当图书馆将信息传递、推送给用户或进行信息导航服务时,其实质是将知识、信息传送给了用户,是在人类知识的继承、交流中发挥着重要的中介作用。从这个意义上讲,图书馆信息服务是一项传播知识、交流信息的工作。

根据上述文献信息服务的发展变化及其所具有的性质,我们给它下的定义是:数字图书馆信息服务是利用本馆的或国内外其他信息机构的有序化的信息资源,或利用各种电子出版物和网络上的信息资源,通过组织用户和开发信息资源,在用户与信息资源中发挥中介作用的一种服务工作。其实质是向用户传播知识、交流信息、进行教育、丰富文化生活。

第6节　数字图书馆信息服务工作的结构

做好图书馆信息服务工作,就要抓住"两头",当好中间人。所谓"两头",一是用户,一是信息资源。中间人就是图书馆的服务工作。其工作结构如图3-6-1所示。

图书馆的中介作用

用户————————————信息资源

图3-6-1　图书馆的中介作用

1　关于用户研究和用户培训

用户是图书馆的服务对象,为用户服务是图书馆一切工作的基本出发点。图书馆必须对用户的阅读心理和阅读需求进行了解,才能有针对性地开展服务,提高服务质量。

在了解用户需求情况的基础上,还要开展用户教育工作。在传统的服务环境中,用户教育主要是辅导用户利用图书馆,向用户介绍文献和文献检索知识,使用户掌握开启知识宝库的钥匙。在网络环境中,应对用户进行信息意识、信息能力教育,计算机操作和应用能力教育以及网络认知能力的教育等。

2　关于信息资源的开发

信息资源是开展服务工作的物质基础。信息资源开发就是通过特定的方式和手段,将信息资源中所含的知识内容和信息揭示出来。传统图书馆大家都称为"知识宝库",现在,要将它变为"知识喷泉",把宝库中的知识开发出来,为科研、生产、教育、文化等各方面的用户所利用。

对于一次文献,主要是以整体图书或期刊为单元,通过著录、分类或标引来进行整序、开发,其产品是图书馆目录或书目。将一次文献中的主要内容,按主题或专题进一步整序开发,编制成索引、文摘等,形成二次文献。将文献中的知识、信息,重新组合优化,经过分析、综合、推理、论证等一系列深加工,编成综述、述评等,形成三次文献。这些都是对传统文献的不同层次的开发。

电子文献和网络信息资源的开发是新形势下提出的任务。网络信息的数量庞大,内容庞杂,这就要求图书馆加强对信息中的知识的筛选、分析、整合和挖掘等工作,经过图书馆的信息加工,使知识增值,这是图书馆信息开发工作的进一步深化。

关于用户研究和信息资源开发的问题,以下各章还要详细讲述,不再赘述。这里着重谈谈数字图书馆服务的中介作用。

3　关于数字图书馆服务的中介作用

关于数字图书馆服务的中介作用是中外图书馆学家们关注的重要研究课题之一。较权威的研究著作最早是阮冈纳赞于20世纪30年代发表的《图书馆学五定律》。

阮冈纳赞五定律的内容是:

第一定律:"书是为了用的"。这是近代图书馆的标志,是开展一切服务工作的前提。这一原则推动了图书馆的开放服务,图书馆收藏的各种信息资源如果不被用户广泛地使用,就失去了图书馆存在的价值。

第二定律:"每个读者有其书"。这一定律贯穿着一种民主的精神。阮冈纳赞主张"应一视同仁地向每个人提供图书,严格而又认真地坚持一切人有看书、学习和享受的机会,坚持平等权利的原则"。要做到"书为人人",使每个社会成员都能平等地得到他所需要的图书或信息,平等地利用图书馆的各种服务。

第三定律:"每本书有其读者"。为了给每本书找到最需要利用它的读者,图书馆工作要变被动为主动,开展一系列中介服务工作,充分发挥各种信息资源的作用。

第四定律:"节省读者的时间"。为了节省用户的时间,图书馆服务要进行许多改革,如:改闭架为开架;改进出纳方法;缩短借还书所需要的时间;地区图书馆多设分馆或流动站,把书送到读者手中等。

第五定律:"图书馆是一个生长着的有机体"。图书馆作为一种机构,具有"生长着的有机体"的一切属性,因为图书馆的藏书、读者和馆员都是在不断发展变化着的。

在第五定律的论述最后,他特别强调图书馆是全球性的教育机构,"它汇集并自由地流通着所有的书籍,借助它们来传播知识"。阮冈纳赞首次提出图书馆的中介作用的实质是传播知识。

阮冈纳赞五定律蕴涵的真理主要有两条：一是充分发挥图书馆藏书的作用，使每个人都有利用图书馆的权利；另一个是图书馆是发展着的有机体。这就要紧跟时代发展的步伐，不断开拓服务领域和服务方法，使图书馆服务工作不断前进的发展观。

时过60年，美国图书馆学家米切尔·戈曼在他的新著《未来的图书馆：梦想、狂想与现实》中，提出了图书馆的新五律。

米切尔·戈曼的图书馆新五律是：

第一定律：图书馆服务于人类文化。为个人、团体及整个社会服务是图书馆最重要的原则。这里所谓的"服务"，不仅指对个人的帮助行为，更指对全人类更高理想实现的促进活动。

图书馆如何为提高人类文化素质服务？第二、三两条定律回答了这个问题。

第二定律：掌握各种知识传播方式。承认未来的图书馆将使用各种知识和信息载体，根据传播技术革新的历史沿革来考察每一种传播方式的现实性。

第三定律：明智地采用科学技术，提高服务质量。图书馆各种发展的历史，是一个将新技术与新方法成功地结合到现有活动和服务中的过程。科学技术的明智采用，必然需要探索解决问题的方法。

第四定律：确保知识的自由存取。图书管理应成为各个时代人类文化成果和知识的共同收藏场所，这一重要职责必须成为图书馆考虑任何技术革新的前提；图书馆在保存所有社会和团体的全部记录的同时，还必须保证这些记录能为所有人利用。图书馆要努力保持开放，且使所有公民都有机会使用，不仅是为那些有钱或有权的人服务。

第五定律：尊重过去，开创未来。明天的图书馆，必定是不仅继承了过去图书馆的优良传统，而且保持了图书馆历史观念和人类知识传播观念的图书馆。图书馆无论如何变革，都应是肩负历史赋予了伟大使命的知识传播机构。图书馆必须公正地、清醒地、理智地将过去与未来相融合，只有如此，才能在变革的挑战面前，既保持了自己的特色，又争取更美好的前景和未来。

新五律的出现，既体现了时代的发展和科技的进步，也体现了人们认识的不断深入。新五律的精髓就在于明确地提出了：图书馆是通过知识的自由存取来传播知识的机构。它指出了图书馆在服务于人类文化时，与其他文化机构的区别点。

我国图书馆界在实践中也总结出一些图书馆服务工作的规律，提出过一些朴实的、通俗易懂的准则，如："千方百计为读者服务"，"一切为了读者"，"为书找人、为人找书"等。这些准则对于推动我国图书馆服务工作，起了一定的指导作用。

第4章　数字图书馆学科服务

第1节　学科化服务的背景与内涵

如今的图书馆所面临的挑战是前所未有的:网络资源呈指数级增长,搜索引擎大行其道,以Google为代表的新兴信息网关冲击着图书馆传统信息服务中心的地位。伴随着信息资源的数字化和服务模式的多样化,用户的信息查询行为和使用习惯也发生了巨大的变化。2005年OCLC用户对"图书馆和信息资源的认知"报告提供了一个明确的结论:用户已经将搜索引擎作为信息获取的首选。不容回避的是,用户与搜索引擎的关系日渐亲近和密切,与图书馆则变得愈加疏远和陌生。图书馆将因此失去越来越多赖以生存和发展的用户,进而逐步失去信息社会和网络化时代的竞争力。于是,如何适应信息时代的发展,改变传统的服务方式和手段,为教学科研提供主动、深层次的学科化、知识化服务,成为目前高校图书馆发展的一个核心问题。

学科化服务是网络环境和信息环境下,大学图书馆面对用户信息需求和信息行为变化而采取的一种新的服务模式。它突破了传统的基于图书馆管理的服务理念和方式,逐渐成为大学图书馆占据主导的服务形式。

1　开展学科化服务的必要性

国内外近些年的实践证明,学科馆员制度使大学图书馆真正融入了学校的教学科研当中,使各种形式、各种载体的文献信息资源得以较为充分的揭示和有效的利用,为教学、科研提供了更为有效的支撑,从而改善了图书馆的形象,增强了图书馆的功能定位,深刻体现出图书馆服务的意义和价值所在。可以说,开展学科化服务,尤其对高校和研究型图书馆而言,是适应未来生存与发展的必然选择。

1.1 用户信息环境和信息需求的变化促使图书馆服务方式的改革

20世纪末以来,网络技术、数字技术的发展给图书馆带来了前所未有的冲击。首先,网络资源的膨胀发展需要学科馆员的导航,而基于网络的新型学术出版与交流要求学科馆员发挥更重要的作用;第二,数字图书馆的建设在经历信息资源数字化、分布式互操作系统之后,开始向基于用户信息活动环境的方向发展,使数字图书馆的服务定制嵌入到科研环境中成为可能;第三,在E-science环境下,使创新学习机制的建立、研究机构数字资源的保存,以及基于开放存取机制的学术交流模式的建立成为科研领域的热门话题,这些方面的研究与建设也给学科馆员提供了新的发展机会。

同时,网络化、数字化技术的发展使用户需求不断发生变化,对图书馆信息服务要求也越来越高。一方面,网络化、数字化获取科技信息已逐步成为前沿科研人员的一种基本要求和行为习惯,并且希望这种获取服务直接"到桌面、进现场",有机地融入科研过程;另一方面,随着研究任务的复杂化,科研人员要实现跨越国家、跨地区、跨学科领域界限的交流合作,希望学科服务人员能从提供一般性文献服务转变为提供学科化的知识服务,以帮助解决科研活动过程中遇到的实际问题。

1.2 图书馆提升服务能力和增强竞争力的需要

大学及研究型图书馆一直被认为是高质量学术信息的集散地和可靠检索入口,这也成为图书馆能与良莠不齐的网络信息抗衡的重要理由,但Google Scholar的出现打破了这一平衡。以Google为代表的新兴信息网关冲击着图书馆传统信息服务中心的地位,为了增强行业竞争力和影响力,提高图书馆的地位,必须加强服务宣传和自我形象塑造,增强服务的渗透力和辐射功能。张晓林提出要从以具体资源和具体机构为基础的服务转移到以能力为基础的知识化服务,利用虚拟信息服务体系的广泛和可持续发展的信息能力,促进专业化、课题化、个人化信息服务,有效解放图书馆员的生产力,实现图书馆服务功能再造。

目前,创新型图书馆愈来愈受到广泛关注。创新型图书馆有两层基本含义:其一是引入内部创新机制,使图书馆首先成为具有主动创新意识和较强适应能力的知识服务保障体系,推动研究型综合性大学的发展;其二是创建有吸引力的学习研究环境和智能化设施,积极融入科研和创新过程,为创新主体提供高质量的服务支撑平台。学科化服务可以说是内部创新机制的全面体现。不仅主动深入院系为读者开展专业资源和辅导,依托图书馆和院系实体开展学科服务,还主动将学科化服务融入用户的虚拟社区中,与BBS, Blog, Mailing List, Folksonomy上的用户紧密互动,提供及时有效的服务,使图书馆的服务渗透到用户的学习、科研中,将图书馆"泛在化"。这对于改变图书馆服务形象、提升图书馆服务能力、增强图书馆的竞争力而言,无疑走出了跨越式的一步。与此同时,开展学科化服务有利于建立科学的管理体系,完善图书馆馆藏和资源结构,推动学科馆员主动进行在职培训,提高图书馆的整体服务质量。因此,加强学科化服务建设成为了图书馆提升服务能力、改变服务效果、重塑自身形象的重要手段。

1.3　学科馆员制度自身的优势

资源和服务是图书馆的两大支柱,学科馆员工作的意义在于以学科化服务促进资源建设与挖掘利用。在网络技术和数字化技术迅猛发展的时代,研究型大学图书馆若要体现出不可替代的价值,就必须在传统服务的基础上,将重心转向深层次的、个性化的学科化知识服务。

学科化服务的出现为图书馆注入了新的生机,其意义主要表现在三个方面:①学科化服务是图书馆为高校学科建设所提供的最有针对性的信息服务;②学科化服务是网络时代开展知识服务的有效途径。如目前图书馆开展的学科导航服务、学科知识门户建设等;③学科化服务是与用户进行沟通,并不断改进资源建设、完善图书馆服务的较为理想的模式。

图书馆的学科化服务没有优劣之分,最重要的是适应用户的需要。通过学科馆员的服务,建立一种真正面向用户的全馆服务机制,推动全馆面向用户、面向服务的业务重组,为一线的用户服务,为服务的效果负责。如果说,学科化服务模式今天只适用于学科馆员的话,那么,很可能,图书馆服务的未来发展也必然遵从这样一种轨迹。

总而言之,学科化服务模式有助于图书馆更好地融入学校的教学和科研活动中,加速信息资源的传递与交流,解除师生在利用文献资源过程中的疑虑和困难,为其教学和科研提供深层次信息服务支持,促进教学科研活动的顺利开展,深化图书馆信息服务的内容和层次。

2　学科化服务的内涵

所谓学科化服务,就是按照科学研究例如学科、专业、项目而不再是按照文献工作流程来组织科技信息工作,使信息服务学科化而不是阵地化,使服务内容知识化而不是简单的文献检索与传递,从而提高信息服务对用户需求和用户任务的支持力度。学科化服务是为了满足特定用户群体的个性化信息需求而开展的深层次信息服务,其主要目标是使信息服务从基于图书馆端系统过渡到基于用户端系统,从作为第三方系统过渡到成为具体科研活动的有机组成部分,保证信息服务的出发点和考核目标能够被定位在科学研究上,通过建立科技信息人员与科研人员之间的紧密合作伙伴关系,促使信息服务对科学研究负责而不单单对信息服务机构负责,从而扩大图书馆在科研活动中的影响力。学科化服务的出现是信息传递服务全面发展的结果。

学科化服务是一种处于不断发展和探索中的服务模式。目前各种类型图书馆学科化服务的内容都不尽相同,但基本涵盖了针对不同学科用户群体的需求,提供个性化和有参考价值的信息资源推荐、过滤、导航、建设,学科咨询、学科情报追踪与研究以及信息素养教育等。学科化服务是高校图书馆较具优势的一种新型服务模式。它以学科为基础,采用先进的信息技术和网络技术,为高校图书馆用户提供深层次、知识化、专业化、个性化的集成服务,能够适应科技自主创新的要求,最大限度地满足高校师生的个性化信息与知识需求。

从理想的模式与机制而言,学科化服务不仅仅是一种服务,也不仅仅是用户联络、参考咨询、用户培训、学科资源建设,它不是众多图书馆服务中的一种,而是站在用户的角度,从用户的利益出发,从用户的需求出发,顺应用户的行为,调动全馆以及所有可能的人力、物力、财力资源,融入用户物理或虚拟社区,以知识服务为手段,为用户构建一个适应其个性化信息需要、适应其学术交流需要的信息保障环境。它要求图书馆不再是以前那样简单地传递用户的所需资源,而是参与到具体学科的研究中去,成为学科研究的一分子,更好地把握该学科的内容知识,从信息服务提升到知识服务。

第2节　现代信息环境下的学科化服务模式

无论图书馆处于何种形态,服务永远是图书馆工作的核心,而体系服务成效的重点则是服务模式的构建。所谓模式,是指以简单而具体的类比与模拟等方式,来表现和描述复杂事物实体信息的方法。如果以学科馆员的确立作为图书馆学科化服务的标志,历经几十年的发展(我国学科服务仅有10余年的历史),尤其在现代信息环境下,当我们重新审视学科化服务时,不能不用一种全新的视角来诠释学科化服务及其服务模式,这是因为用户的信息环境、信息需求及信息行为都发生了变化,所以,直接面向用户提供学科化服务的模式和机制也需要改变,以适应新的发展趋势需求。

1　图书馆信息服务模式的发展趋势

大学是以信息交流为基础来实现其培养人才和创新知识的目标。信息交流体系的变化对图书馆的服务活动具有重大影响,促使图书馆不断调整服务内容,完善服务方式,探索新型信息交流体系下的服务模式。

信息服务活动是以信息用户为导向、以信息服务者为纽带、以信息服务内容为基础、以信息服务策略为保障的活动。对信息服务活动的组成要素及这些要素之间的相互关系的描述,就构成了一种模式。

数字图书馆环境下,一种虚拟信息服务体系已经形成,这种虚拟信息服务体系不仅仅是一种新的技术框架和资源集合,更是一种组织创新和服务创新,预示着一种新的学术信息服务模式。大学图书馆必须充分认识社会学术信息交流体系重组所带来的影响,积极利用虚拟信息服务体系所提供的机遇和自身的能力,将传统的以集中式图书馆为中心、依赖物理占有的文献资源及其组织和传递服务的封闭式校园信息服务系统,迅速改造为用户需求驱动、依托网络化数字化学术信息交流体系、依靠分布式资源体系和检索传递系统、以知识化增值型信息服务为核心的充分支持知识服务和知识创新的开放性信息交流环境。

研究者指出,未来的数字图书馆信息服务模式应当是一种以用户为中心的集成式服务模式升。一切工作从用户的信息活动出发,朝着一种面向用户的资源系统、服务系统与用户信息利用系统聚合在同一信息空间的、界面更加友好易用的智能化的一站式联合自助集成信息服务模式的方向发展。也有研究者认为,以用户为中心的集成化、多元化服务模式应是未来数字图书馆读者服务的基本模式。以用户为中心的服务模式包含两层含义:一是按用户需求提供信息服务,即"用户驱动"的信息服务;二是按照用户或用户群的特点来组织信息资源,创建个性化的信息环境。

从数字环境下图书馆的信息服务模式不难看出,学科化服务是数字图书馆以用户为中心的集成式服务模式的表征,它聚集了以用户为中心的集成化、多元化服务内容。所以学科服务不仅仅是现代信息环境下图书馆的一种新型的服务形式,也代表了一种新的服务模式,促使图书馆服务进行重组和整合。

2　学科化服务模式的创新

图书馆学科化服务模式的创新体现在诸多层面,尤其在组织模式、工作模式方面最为突出。

2.1　组织模式的创新

随着服务的深入开展,学科化服务的组织模式也在不断发生着变化,并呈现出多元化的组织模式特征。有研究指出,学科化服务通常采取知识化组织模式(Knowledge Model),简称K模式,它以用户为中心,面向服务领域及服务机构,组建一个个灵活的学科单元,将资源采集、加工、重组、开发、利用等工作融于每个学科单元之中,整合传统图书馆职能部门,使信息服务由粗放型管理转向学科化、集约化管理,以方便学科馆员提供更深入、更精细的服务。组织模式的创新体现在组织管理上集中,人员按学科分散于学科分馆,即建立基于学科分馆的学科馆员团队。基于学科的资源组织与服务模式被广泛采用,欧美很多大学都按学科建立分院,每个分院组建学科图书馆,支持特色资源建设及学科个性化需求。

这里,学科分馆是以学科为单元,在该分馆主页上建立学科链接,把图书馆内外的学科资源进行组织、序化,建立目录式资源体系,为用户提供学科资源导引和学科导航系统。学科分馆的设置使各分馆拥有相对固定的读者群,至少具有以下优势:①馆员对读者的资源需求和使用倾向有一个准确的把握,为购置优质文献、发挥资金的最大效益提供参考依据;②各种类别的馆藏文献资源按学科专业集中,便于读者查找、阅览和利用;③便于馆员、读者、馆藏之间的沟通和了解,从而有利于馆员了解本学科历史、现状和发展,有利于对该专业教学、科研整体把握,也便于主动服务、跟踪服务,便于馆员与教师之间相互学习,便于馆员参加专业学术会议,获得会议文件等各种灰色文献资源;④学科分馆向全体师生开放,方便读者，有利于提高信息资源的利用率。

"学科分馆—学科馆员"组合模式下学科馆员的工作职责是：①定期收集、整理、分析本学科不同层次读者需求信息，及时了解对口院系课程设置和学科建设情况。为科学、合理地购置书、刊和电子资源、数据库提供第一手参考信息。负责在因特网上对该学科资源进行搜集、整理、链接以目录形式放在该学科分馆的电脑终端主页上，并定期维护、更新；②与对口院系保持联系，了解、掌握院系教学、科研的开展情况和进展。根据教师的备课需求和学生的学习需求，及时提供信息资源的介绍、辅导和帮助。在此基础上，追踪学科重点科研课题，通过不同渠道，查找各种有价值的信息源，并加以综合分析，帮助其获取最新、最有价值的资源信息，通过E-mail等方式提供给科研人员；③疏通双向交流通道。设立并公布学科馆员信箱以及电子邮箱，提供服务热线，通过与读者的沟通和交流，聆听读者的意见和建议，解答对口专业读者提出的各种问题；④建设优质的学科文献数据库。一方面获取各种公开出版的优质专业报刊、其他报刊中的专业文献、内部有学术价值的学科文献，或采用截取选录的方式，对潜在的原始信息进行深度加工和提取，把隐含在原始文献中的有价值的观点、方法、数据、事实、结论摘录整理出来。或采用鉴定性的方式，对每种信息进行研究、鉴别、评价、筛选，或摘取语句段落，或通篇录用，或截取信息单元，制成有特色、优质的学科资源数据库。另一方面，通过广泛调研、比较，引进一些大型专题数据库，挂在主页上供师生参考、利用。

随着学科化服务推进的范围不断扩大、服务内容更加深入，学科化服务的工作重心会逐渐从宣传沟通逐步向学科资源建设、学科信息咨询、信息素养教育及更深层次的服务转移，在这种情况下，个体模式的学科化服务队伍可能越来越不能满足用户系统的、专业的、快捷的需求。这种短缺不仅体现在学科服务人员数量上，也体现在学科馆员的能力和精力上，因此，越来越多的图书馆开始组建学科服务团队。目前，主要有以下几种团队组织模式：

（1）固定型团队模式

由几个学科服务人员组成固定的服务团队，每个学科团队服务于一个或多个学科院系，学科团队由学科馆员、咨询馆员、辅助馆员组成。固定型团队模式的特点在于：采取学科馆员负责制，赋予学科馆员更多的职权，在工作中提高学科馆员的管理能力。同时，不要求学科馆员具备所有的能力，团队成员之间可以进行互补，如学科馆员更强调组织领导能力、咨询馆员可以更加强调专业知识能力、辅助馆员可能更善于沟通与宣传。固定型团队模式典型的成功案例有上海交通大学图书馆。上交大图书馆读者服务总部按大学科划分为理学部、工学部、文学部三大学部，每个学部下再按一级学科细分为若干个固定学科团队，每个团队平均以一名学科馆员、两名咨询馆员和若干辅助馆员组成。

（2）互补型团队模式

由于固定型团队也可能出现人手不够或学科交叉的情况，互补型团队模式在固定学科服务团队的基础上，在2~3个固定型学科团队之间小范围协调，将学科化服务人员按特长进行分工、确定职责,以各人之长开展服务,如团队中可以培养学科馆藏资源建设专家、信息素养培训专家等。这种模式的特点是分工较科学、合理,不追求全能型馆员,力求最大程度达到馆员能力的共享。也有图书馆在不同部门之间组建互补型团队,例如来自读者服务部门和采访编目部门的馆员就可以采取合作协同的方式,发挥各自的特长,也弥补了人力的不足。

（3）可塑型团队模式

可塑型团队模式设首席学科馆员,以全局工作为重点,对以学科馆员为首的固定型团队灵活重组,以适应任务的需要,可以说是以任务为中心的协作模式。可塑型团队也是在固定型团队的基础上进行协调,但不同于互补型团队的是,可塑型团队是对所有学科服务人员进行灵活组配,不讲求谁属于哪个固定学科团队。其特点在于:此种模式可全方位涉及学科服务的各种内容,从宣传沟通、素养教育,到资源保障、深层情报研究服务,采用这种模式组建的团队其学科化服务能否成功实施,关键在于图书馆组织机构与运行机制的保障。采取类似此模式的如武汉大学图书馆,将学科团队划分为社会科学、人文科学、理学、工学、信息科学、医学六个学科工作组,设小组长,每组5~6人,小组成员由来自不同部门包括各分馆学科馆员、信息服务中心人员及院系资料室人员组成。

（4）拓展型团队模式

拓展型团队模式与个体模式中的院系协助型相似,团队模式组建也可获得院系的支持,特别是科研团队的支持,因此,此种模式也可称为"嵌入型团队模式"。如上海交通大学图书馆实行的信息专员制度,由各院系不同科研团队委派1人参加图书馆的高级培训,考核通过后聘任其为学科服务团队的信息专员。信息专员的职责是做好所在科研团队的学科服务工作,并接受学科团队的考核和指导。这种模式的特点是学科服务团队和院系科研团队联系紧密,非常有利于将学科服务嵌入科研,但对信息专员的培训、管理与考核制度还需完善。中国人民大学图书馆也采取类似的模式,每个学科团队设学科联系人,院系设院系联系人,院系联系人通常由教学秘书或科研秘书担任。

2　工作模式的创新

对于图书馆信息服务的工作模式,根据信息用户、信息服务者、信息服务内容和信息服务策略各因素的关系,陈建龙阐述了三种方式,即传递模式、使用模式、问题解决模式,并且认为问题解决模式坚持用户导向性,以问题为中心,是始于问题、终于问题解决的过程,对学科化服务模式的创新具有很强的启发意义。无论从服务内容还是机构组织,都应当立足于用户的专业信息需求,并从需求的满足入手探索学科化服务工作模式的创新。工作模式的创新集中体现在充分挖掘图书馆的物理和虚拟空间,扩展图书馆学科服务的形式和内容,以下就是一些典型的案例。

（1）Lib Guide系统

Lib Guide是Springshare公司于2007年利用Web2.0技术开发的一个广受图书馆员欢迎的内容管理和知识共享系统，使图书馆真正成为Web2.0图书馆。图书馆员可以使用Lib Guide创造动态学科指引，目前世界上已经有560多家图书馆的近9000名图书馆馆员使用Lib Guide与同行共享信息。该工具可以发布有价值的信息，分享知识、发现资源。可以围绕某个群体开展在线交流，将信息推送给某个群体、学术机构。融合了浏览、E-mail提醒、合作、模板、内容的重复使用、学科标签和分类、RSS定制、Podcast、视频嵌入、咨询、信息评价、用户评论、社区聊天等特征。Mick在其博客中描述了设计Lib Guide的6个步骤，即Rich Text Box—Web Links—RSS Feeds/Podcasts—Embedded videos and del. icio. us clouds—Utility Boxes—Profile（个性化设置，偏好设置）。

目前Lib Guide在学科服务中的应用主要是作为不同学科的交流平台，实现资源发现和资源共享。

除查找资源、发现资源的内容外，还设置学科导航员（Subject Guide）栏目，由学科导航员与读者进行在线交流以及提供查找提示、学科信息链接、读者推荐链接（Suggest a Link）和有趣的内容（Something fun）等栏目。Lib Guide的应用领域有心理学研究、历史研究、物理和天文学研究、英国文学研究、公司信息、学习技能指引、电影和艺术、教育、知识产权研究等。

（2）信息共享空间

信息共享空间（Information Commons，简称IC）兴起于20世纪90年代末期，是为适应用户研究和学习需要而建立起来的一种基础设施和新的服务模式。IC通过对图书馆服务部门在组织、管理和技术设备层面上的整合，为用户营造了一种自由、高效地利用信息、互动交流的环境，这对我国高校图书馆的服务创新具有很好的借鉴意义。根据Donald Beagle的描述，IC是一种理想的环境，在这种环境中，热心、资深的参考咨询员陪伴图书馆用户，完成信息的识别、检索、处理、存储，最后还帮助用户将所需信息用一定格式表现出来。

IC的工作始终围绕着两个宗旨，即"快速获取信息"和"提升熟练使用信息技术和资源的能力"，这与学科服务有着诸多可以融合的地方。学科馆员作为具有专业知识和图书情报知识的高素质人才，在IC服务中可以开展沟通协调、服务推广、信息挖掘、专业咨询、信息培训等工作，融入学科服务过程，为IC服务提供人员和服务支持。利用信息共享空间开展学科服务的优势在于：①用户在图书馆馆员指导下完成学习和研究过程，充分发挥了图书馆作为用户教育中心的作用；②采用先进技术支持用户从海量的数字资源中获取必需资源，充分发挥了图书馆作为信息中心的作用；③用户可以自由地选择各种硬件设备和软件资源，将信息资源处理成自己需要的形式，充分体现了图书馆向用户提供"易用空间"的功能；④向用户提供个别式和集中式学习或研究的物理空间，图书馆作为学习空间和交流空间的功能进一步加强；⑤充分体现了以用户需求为中心的服务理念和业务组织模式。

（3）知识服务平台

学科知识服务平台是联系用户和学科馆员的媒介，用户通过知识服务平台享受服务，学科馆员通过这个平台向知识服务用户提供服务。学科知识服务平台包括学科知识门户、学科导航、学科知识库、信息资源库、RSS定制与推送、网络资源揭示、知识挖掘、定题知识服务等资源和工具。它是一个需求驱动的学科化、智能化服务平台，支持学科馆员的学科需求分析，学科化、知识化信息选择与集成，个性化服务设计与管理等工作。该平台建立在学科知识库、特色资源数据、虚拟学科分馆平台之上，与个人数字图书馆、个性化信息环境相连接，帮助学科馆员顺利深入到科研一线。信息环境下，可以建立基于Web2.0服务模式的学术信息交流平台，如开通多向互动的学术博客、运用信息定制的RSS技术、建立面向任务的Wiki科研站点、建立基于语义关联的信息组织与智能导航等。通过构建基于网络的知识服务平台，可以充分发挥图书馆的人才资源优势和文献资料优势，提高服务水平。

博客作为一种充分发挥个人主导性和积极性的非正式知识更新管理工具和深度沟通交流平台，越来越多地被人们接受和认可，成为连接学科馆员和不同用户的桥梁和纽带，在学科馆员的服务中体现了独特的价值。学科博客是利用博客的互动和及时交流特性为学科建立学科导航，发布学科动态信息、研究热点，便于用户充分了解和利用专业信息资源，促进学科馆员与用户之间的交流。博客可以作为学科馆员的在线教学平台，作为用户虚拟学习、研究的平台，作为用户网络学习的信息导航平台，作为学科馆员与用户的交流互动平台，作为学科馆员个人知识管理的平台，使学科服务更为人性化，更加易于嵌入学科和科研群体，使图书馆与用户之间真正做到了沟通无极限。目前一些高校已经设立学科博客。如上海交通大学、上海师范大学等。上海交通大学图书馆创办了材料、机械与动力工程、船舶海洋与建筑工程、电子信息与电气工程、化学化工、理学、人文、传媒与设计、经济与管理、卫生医药、法律、教育等学科博客，主要设置学科研究热点、学术会议动态、文献检索技巧、信息导航、软件使用、共享与交流、交大学科建设情况等栏目，信息随时更新。RSS也叫聚合RSS，是在线共享内容的一种简易方式（也叫聚合内容，Really Simple Syndication）。通常在时效性比较强的内容上使用RSS订阅能更快速获取信息，网站提供RSS输出，有利于让用户获取网站内容的最新更新。网络用户可以在客户端借助于支持RSS的聚合工具软件（例如Sharp Reader、News Crawler、Feed Demon），在不打开网站内容页面的情况下阅读支持RSS输出的网站内容。Rss在图书馆较多的应用是馆内新闻发布与专题指南／导航。

（4）学科网关（学科门户）

学科门户（Subject Gateway）通过专业知识重组来构筑专业知识平台。学科门户是一种垂直门户，专门针对待定学科领域，为该学科领域的研究者、从业者、师生等提供集中和深入的专业信息，"致力于将特定学科领域的信息资源、工具与服务集成到一个整体中，为用户提供一个方便的信息检索和服务入口"。学科门户是主题指南（subject guide）、学科导航（subject navigation）、指示数据库（referral database）的进一步发展，是用户网上检索相关专业领域信息的一种重要资源。学科门户在建设之初最重要的一环是整合资源、合理配置资源，依照用户需求配置功能。学科门户具备学科信息发布、用户反馈处理、学科论坛、学科信息检索、信息推送、学科信息导航等基本功能。

现在学科门户（学科网关）发展最引人注目的是Renardus，是2000—2002年欧洲Information Society Technologies（IST）Program基金资助项目。由丹麦、德国、芬兰、荷兰、瑞典以及英国的国家图书馆、研究中心和学科门户服务者合作开发，目的是在各种分布的学科门户中实现基于学科内容的跨平台检索和浏览。确切地说，Renardus是一个"元学科门户"，它搜集各个学科的门户，按照杜威分类法，组织主题等级，相关的主题或子主题之间以超链接的形式连接，供用户浏览。同时，它还提供统一的检索界面，将用户的检索提问同时交给多个学科门户，将检索结果一并返回给用户，是学科门户的门户。学科化服务利用学科门户（主题网关、学科网关）可以将经过整合的专业资源推荐给用户，是学科化服务必不可少的部分。

（5）学科知识库（Subject Digital Repository）

与学科门户不同，学科知识库更加突出学科馆员之间的资源共享。可以整合本馆自建的资源、学科化服务工作中产出的一些文档和院系用户资料，经过格式规范后，放置在数据库中，形成学科资料库和知识库。对学科服务而言，是一种静态的服务支撑。

第3节　现代信息环境下的学科化服务组织模式

概括而言，学科馆员的服务组织方式有专职方式、兼职方式、专职和兼职相结合等方式。具体而言，学科化服务组织模式有以下几种：

1　学科馆员—图情教授协作式

这种工作方式是图书馆在馆内选择若干素质较高、具有相关学科背景的馆员作为各院系对口的学科馆员。同时，从学科和文献资源的角度在各院系聘请图书馆教师顾问（被称为"图情教授"），负责和学科馆员联系，提供本院系的学科发展动态及其文献信息需求，协助配合学科馆员开展工作。学科馆员和图情教授建立直接的联系，定期或不定期地交流信息，图书馆在购置文献资源，特别是重大文献资源时需事先征求相应学科图情教授的意见。清华大学图书馆采用这种方式。

与清华大学学科馆员的10项职责相适应，图情教授的工作职责是：①资源建设：把握相关学科的文献资源建设及馆藏调整方向，提出参考意见，积极推动图书馆与院系合作购买文献信息资源；推荐优秀文献资源，对重要试用资源提出评价意见，或推荐其他专家进行评价；②建议与反馈：为图书馆的发展献计献策；及时反馈教师对图书馆的意见与建议；③指导学科服务：提供需要图书馆信息服务的重大课题情况和重点研究方向；与学科馆员密切联系，为开展学科服务提供指导意见；④查新专家顾问：理工科图书馆顾问同时担任查新站学科专家顾问。

该模式下学科馆员与图情教授之间一般是协作关系。前者为主，后者为辅，两者互相合作、互相协调，共同在图书馆与院系之间架起一座桥梁，为对口院系师生的教学科研工作和学习提供优质服务。虽然图情教授有利于图书馆与院系的沟通，能弥补学科馆员专业方面的不足，但由于他们本院系的工作已经非常繁忙，往往不能再投入足够的精力和时间协助学科馆员的工作，造成有些学校的图情教授形同虚设。而且，由于学术研究分工日趋细化，图情教授未必一定十分了解院系其他同仁的研究现状和方向。为此，也有研究者建议采用"学科馆员专职与学科秘书兼职"相结合的模式。

2　挂靠集中式

其工作方式是针对不同院系，安排不同专业背景的学科馆员分工负责，按学科主动开展全方位的服务。南开大学图书馆属于此种类型。

2002年10月，南开大学图书馆建立了学科馆员制度，由有相应工作能力和专业知识背景的资深馆员担任学科馆员。学科馆员的主要工作任务是在图书馆与对口院系间架起沟通信息的桥梁，负责图书馆与对口院系的信息交流与联系，服务主要针对教师及研究生层面。南开大学学科馆员制度实施之初，制定了初、中、高三级工作目标。初级是资源调查与上岗准备阶段、制度的推出与资源宣传阶段；中级是赴院系培训、资源导航阶段；高级是定题服务、跟踪服务阶段。

目前，南开大学图书馆由9位学科馆员负责20个院系/所的对口工作。9位学科馆员均隶属于参考咨询部，本职工作分别为科技查新、文献传递与馆际互借与参考咨询。即南开大学的学科馆员是在参考咨询部人员的基础上建立起来，通过深化自身的业务工作，加强与院系的沟通与合作，将咨询工作由被动向主动推送式服务发展，从而完成学科馆员的工作。可以说，这种意义上的学科馆员制度是参考咨询服务的发展，是一种高水平、深层次、主动性和研究型的信息咨询服务。

这种模式直接扩展了参考咨询部门的业务的广度与深度，或者在参考咨询部下设学科馆员组专门从事学科馆员工作，具有集中管理的特点。该模式的优点是集中式管理与分散式管理模式互相取长补短，拓展了图书馆原有信息服务和用户教育培训的职能，更好地发挥本职参考咨询工作的作用。不足之处在于在实际工作中，学科馆员既要完成原有的信息服务和教学工作任务，又要完成学科馆员的工作职责，很可能不能全心投入到院系的服务中去，与院系联系不够紧密。

3 专职分散式

专职分散式是指设立专职的学科馆员,但分散于图书馆不同的业务部门。这种方式更倾向于学科馆员分散于学科分馆的形式。事实上,学科分馆馆员除了开展常规业务工作外,也在积极地深化分馆服务,在某些方面从事着学科馆员的工作。建立分馆的学科馆员,使得学科馆员与院系更加靠近,便于针对院系、学科开展各项工作。北京师范大学图书馆属于此类。

该模式下学科馆员的工作内容包括:①全面负责本学科资料室的资源建设、服务及管理工作;②保持与院系所负责人、学科带头人的联系,及时掌握本学科发展动态、最新进展、资源出版动态,并与图书馆总馆及时沟通,逐步建立相对完善的学科信息资源体系;③掌握图书馆资源及服务的最新动态,根据教师研究的专业领域定期向教师推介图书馆及服务,创新性地为师生提供周到、完善的服务;④主动为院系所师生做好免费资源推介工作;⑤承担本学科教师培训的工作职责,针对不同的需求,开展多层次的、多样化的用户培训和用户教育;⑥发挥网络的优势,建立分馆和学科资料室网站,搭建与本学科师生互动平台。

北京师范大学图书馆2003年开始实施学科馆员制度,实施之初在全馆范围内优先聘任工作经验丰富、具有学科背景、本科学历以上、具备计算机检索等各种技能的馆员担任。主要由5位成员组成,学科馆员所在业务部门分别为:采编部、数字化部、古籍部、生物系资料室,每位学科馆员按学科负责两个以上院系开展工作。推行过程中,由于学科馆员所在业务部门工作繁忙,与院系的联系仅是通过在院系资料室公布姓名、专业与联系方式,更多的是通过院系资料员与院系联络,而学科馆员并未真正开展相应的工作。2006年,调整学科馆员制度,在学科分馆馆员间聘任学科馆员,既调动了分馆馆员的工作热情,同时也加大了与院系联系的力度。实现了搜集对口学科发展动态、最新进展、会议消息、资源线索、新书介绍等信息,并及时通过主页发布、E-mail或其他形式向用户推送,深化了院系的学科专业服务。这种建立分馆馆员与专职学科馆员相结合的方式,是在实践探索中的经验之举,值得借鉴。

4 兼职分散式

兼职分散式组织模式是不成立专门的学科馆员机构,学科馆员分散在图书馆现有的各个部门中,比如在采访编目部、流通阅览部、信息服务部、信息技术部等部门中选择合适的人员作为学科馆员,工作形式为兼职服务。北京大学图书馆属于此类。

继清华大学图书馆之后,北京大学图书馆自2001年开始实施学科馆员制度,服务对象以教师为主,兼顾研究生。北大馆采取一位学科馆员对应一个院系、一位学科馆员对应多个院系或多位学科馆员对应一个院系的方式安排不同专业背景的图书馆员分工负责,按学科主动开展全方位的服务。

学科馆员的职责是：①负责与院系的老师和资料室联系，了解对图书、期刊和电子资源的需求以及研究课题的情况；②熟悉本馆有关学科的馆藏情况，包括书、刊、工具书、数据库的情况及其使用方法；③开展用户教育工作，为各系开办培训讲座；④宣传新增加的文献信息资源和服务措施，协助编写各类宣传材料；⑤相关咨询服务；⑥定期了解情况，征求意见等。在对学科馆员的管理上采取松散管理的组织形式，现有学科馆员12人，均为全馆各个部门选聘的兼职人员。学科馆员通过系统培训与学习以及工作总结等方式，开展经验交流。

值得强调的是，北大馆非常重视专业分馆学科馆员的作用，认为中心馆应制定业务规范，设计资源与服务平台，组织学科馆员培训，协调学科馆员工作，评估学科馆员工作并弥补空白；分馆应了解教师需求，深入到教学科研中，提供专业化个性化咨询服务，负责专业资源的选择、组织和管理。共同为用户提供全方位的服务。

尽管这种模式可以在各业务部门中选拔既有学科专业背景，又有一定经验和业务基础的人员担任学科馆员，但学科馆员要承担自身繁忙的业务工作，难以将更多的精力投入到学科馆员的工作中；并且人员分散不便于管理与培训，也不便于经验的交流。与院系关系更为松散，学科馆员的工作很难融入对口院系的教学科研中去，院系对其工作能力不够信任。

5　混合式

混合式即指专职、兼职相结合的模式，具体是指对某些重要学科设立专职学科馆员，使他们有充分的时间和精力从事学科馆员的各项工作，而对一些较小的学科，则设立兼职学科馆员。这种模式比较灵活，使馆员在不影响其本职工作的前提下，可以承担一个或几个学科或院系的学科馆员工作。国外很多图书馆采用这种模式，国内武汉大学图书馆属于此类。

武汉大学2000年开始实行学科馆员制度，为各学院设置学科馆员，对口负责本学科教师、研究生的信息服务工作。主要职责是：①收集所负责学科的师生对文献的需求信息；②有针对性地为对口学科用户提供信息参考咨询服务；③为对口院系教师、研究生提供利用图书馆的指导和培训；④负责搜集、鉴别和整理相关学科的网络信息资源，建立学科网络导航；⑤征求对口院系对图书馆资源建设和服务工作的意见与要求。

目前17名学科馆员中有5名为专职，其余为兼职，主要分布在文科中心（3人）、各分馆咨询部（5人专职）、采编部（1人）、信息服务中心（2人）与部分院系资料室（5人）。从武汉大学学科馆员的人员配置可以看出，其与专业分馆、院系资料室结合比较紧密，便于与院系交流、联系开展工作。

第4节 现代信息环境下的学科化服务工作模式

现代信息环境下的学科化服务工作模式可以概括为如下几种。

1 基于深化服务程度的学科化服务工作模式

柯平在《学科馆员服务与学科馆员艺术——大学图书馆学科馆员实践研究之二》一文中指出，我国大学图书馆的学科馆员服务主要有以下三种工作模式。

（1）以本馆信息咨询服务专业化为内容的工作模式

以北京大学图书馆为例。其学科馆员隶属于咨询部，工作内容为：①与对口院系老师、研究生建立联系、相互沟通、了解需求、征求意见；②为对口院系发送有关图书馆最新服务、最新资源的宣传材料（包括书面、电子邮件型的），举办如何利用图书馆各类文献信息资源的讲座；③为对口院系师生代为检索有关学科书目，编撰馆藏或非馆藏的专题文献目录、相关学科专题中外文电子期刊目录；④搜集整理相关学科的各种网络信息资源并推荐给师生。

（2）以本馆资源建设与图书馆服务专业化为内容的工作模式

这种工作模式，在信息咨询服务专业化的基础上，进一步拓展学科馆员服务的范畴：一方面覆盖图书馆服务的主要领域，另一方面伸展到资源建设领域，使学科馆员服务向图书馆的各个主要业务渗透，以发挥学科馆员的更大作用。武汉大学图书馆和南开大学图书馆便是这种工作模式。武大图书馆学科馆员的主要职责和工作内容包括：一是参与文献资源建设，二是收集试用数据库的反馈信息，三是资源调查工作，四是用户培训，五是学科导航工作。南开大学图书馆的服务主要针对教师及研究生层面，主要工作内容包括8项：①建立与对口院系的固定联系；②经常向读者宣传推广图书馆的信息资源，为他们提供利用图书馆的指导与培训；③定期进行读者调查，征求其对图书馆的需求意见与建议；④编写读者参考资料、图书馆利用指南和电子信息资源的使用指南等；⑤协助对口院系的教师进行相关课题的专题文献检索，逐步做到有针对性地为教学科研提供定题服务和决策参考服务；⑥收集院系推荐书目，供采购参考；⑦负责试用、评价对口院系学科的参考工具和电子资源，收集反馈意见，为数据库引进提供参考；⑧负责搜集、鉴别和整理对口院系学科的网络信息资源，并在图书馆网页上建立和维护学科导航信息。

（3）以本馆和分馆/资料室资源、服务与管理专业化为内容的工作模式

这种模式与前两种模式的区别在于进一步扩大学科馆员的工作范畴，既包括本馆的专业化资源建设与服务，也包括分馆和资料室的专业化工作。清华大学图书馆、北京师范大学图

书馆属于此类。

2　基于服务方式的学科化服务工作模式

中科院李春旺认为学科化服务工作模式有以下几种。

（1）基于电子邮件的工作模式

基于电子邮件的服务包括以下三个过程。首先，学科馆员要让自己的邮件添到对口服务部门的邮件列表中，及时了解被服务部门的科研发展规划与课程建设等情况。其次，利用图书馆网站等媒体公布自己的电子信箱以及服务内容、服务策略等，以便接收用户主动提交的需求信息。第三，建立用户电子邮件列表，提供基于电子邮件的学科化服务。电子邮件服务的最大优点是不受时间、地点的限制，具有匿名性，附带服务内容脚本，便于提供专业化的、深层服务。缺点是实时性不够，难以进行接洽，容易造成交流不充分，引起对需求理解与服务内容认识上的歧义。

（2）基于网络的交互工作模式

Colleen Kehoe等人认为，网络已经成为信息沟通与交流最重要的工具。利用网络工具获取数字资源成为当前科研人员普遍认同的信息利用方式。基于网络的学科馆员工作模式具有以下特点：①网络为学科馆员提供了有效的虚拟交流渠道，使他们能及时获取用户需求；②网络为学科馆员提供了形式多样的服务，如基于BBS、Blog、Wiki的信息交互服务以及基于网络的学术资源导航与资源利用指导服务等；③利用网络，学科馆员不仅可以报道他人的研究成果，也可以直接发布自己首创的信息以及提供专业化的参考咨询服务；④网络缩短了学科馆员与用户之间的距离，支持学科馆员与用户之间的协作，有利于建立他们之间的合作伙伴关系；⑤利用网络环境下的内容管理与永久性保存机制，可以保证学科馆员服务的良性积累与持续发展，不但可以记录用户需求演变信息，而且可以记录学科馆员的服务行为、结果评价信息，生成学科知识库、服务案例库等，提供横向参考与纵向分析服务。

（3）代理式工作模式

所谓代理式服务是指学科馆员受科研用户委托，独立实施需求分析、资源组织、知识发现并提供解决问题方案的服务形式。研究表明，设计良好的工具加之完备的用户培训，并没有减少最终用户对学科馆员代理检索服务的依赖。事实上，对于深层次的、复杂的信息需求，科研人员没有充足的时间也没有足够的技能全部自行解决，代理式服务无法被完全取代。在代理模式下，学科馆员不能再简单地从内容提供商那里批发大量信息然后"零售"给用户，而应该吸收信息经纪人的做法，将深层的情报研究及复杂的知识发现与知识组织作为工作重点，以解决用户问题作为最终目标。代理式服务比较适合研究型图书馆。

（4）伙伴式工作模式

建立学科馆员与科研人员之间的合作伙伴关系对深化学科服务至关重要。在伙伴式工作模式下,学科馆员作为信息专家成为科研团队的一员,共同面对研究任务,负责相关信息的采集、组织、分析与利用,负责科研人员的信息素质教育、信息能力培养、科研信息环境建设以及科研决策支持等。要建立与科研用户之间的合作伙伴关系,图书馆需要做好以下方面的工作:①面向科研过程改组工作流程,根据用户需求开发个性化产品,提供一对一的服务;②优化学科馆员队伍,提高服务能力,改变科研人员对图书馆员的偏见,获取更多的信任;③建立健全信息专家参与的科研组织、管理制度,保证学科馆员切实、深入地参与到科研活动过程中。

（5）团队式工作模式

随着信息环境的复杂化发展以及用户对专业化服务要求的不断提高,单个馆员独立式工作已很难满足用户系统的深层次的需求,有必要组建由多种类型人员组成的工作团队,分别负责学科联络、知识组织、情报研究、个性化服务等任务,在协同工作的基础上,提供系统化、深层次的学科服务,这便是团队式工作模式。Martin早在1996年就提出学科馆员团队的思想,他认为将来提供给最终用户的服务是十分系统化的内容,它是多种类型信息服务的集合,一般意义上的学科馆员将不复存在,取而代之的是一种拥有新的组织结构、基于功能化协作的学科馆员团队。团队式工作模式特别适合为协作式科研提供服务,在网络环境下,虚拟项目组、基于网络的开放研究群体等被人们广泛接受,它们具有学科领域广泛、研究群体动态变化等特点。因此,根据项目需求,从不同地区、不同学科领域动态抽取学科馆员组成服务团队将更具可行性。在这种需求驱动下,学科馆员团队将会从单一图书馆内部的协作走向分布式网络协作。

3 基于智能技术和知识的学科化服务工作模式

学科化服务的深入开展使图书馆工作从面向文献信息组织过程转移到面向科研活动过程,从提供文献服务转变为提供知识服务。赵伟霞从此角度提出学科馆员的服务模式:

一是知识智能管理服务模式:学科馆员从用户目标和环境出发,进行知识的收集与捕获管理。包括知识智能获取管理、利用各种分类工具对学科知识分类整合、知识的智能组织、挖掘和优化管理、知识交流和知识匹配传送管理、知识利用管理等内容。

二是知识智能导航服务模式:该模式的核心是建立学科资源智能导航服务系统。学科馆员依托成熟的宽带校园网络和丰富的虚拟馆藏资源,建立专业资源学术信息导航网站,使专家学者能够通过专业导航网站,迅速、快捷、方便地利用网上丰富的信息资源,掌握学科前沿和最新学术动态。目前国内许多院校纷纷开展虚拟资源建设研究,未来发展是采用智能挖掘技术和非结构化数据库技术,进行网络资源分类抓取和学科资源智能导航,以及学科资源信息的主动推送服务。

三是学科馆员合作咨询服务模式：主要有学科馆员与网上专家合作咨询形式、学科馆员基于Web的联合表单咨询形式、学科馆员网上实时合作咨询形式等形式。

四是用户个性化Web定制服务模式：学科馆员在提供个性化定制服务时，根据用户确定服务方向，跟踪用户的需求，及时制定服务对策，开发信息资源，改造虚拟图书馆的技术系统，从而更深入、主动、有针对性地为用户服务。包括用户个性化Web界面、推送技术、个性化信息智能代理等内容。

第5节　现代信息环境下的学科化服务内容模式

1　国外学科化服务内容模式

王晓力基于学科服务内容，总结了国外图书馆学科馆员的服务内容模式：

（1）图书馆和院系/所之间的联络人（liaison）

高校学科馆员担任着图书馆和院系/所之间联络人的角色，这包括参加院系或教研室的各种相关活动，了解该院系或教研室的学科建设和发展，了解教学和科研的计划与发展，反馈老师和学生对图书馆资源与服务的建议和要求，及时向院系或教研室的老师及他们的研究生介绍专业信息资源与图书馆服务等。

（2）学科信息资源服务

包括协助教师专门为某专业课程教学的需要提供有关的信息资源和建立学科资源导航。目前比较常见的方式是通过网上教学系统为某课程提供与该课程的学习、作业和考试有关的信息资源。通过利用这些信息资源，学生可以更好地完成课程的学习，提高学习质量。另外一种方式是为相关教学课程设计专门网页。

（3）学科信息素养教育

提供信息素养教学服务，包括信息素养课程设计，参与课堂教学等。提供信息素养教育是学科馆员很重要的一项工作。学科馆员要经常走到院系中去，主动与教师联系如何将信息素养教育结合到专业课程之中。有的学科馆员还与专业课教师共同设计课程，探讨如何将信息素养教育融入到专业课程的教学过程中。参与学科教学渐渐成为高校图书馆学科馆员主要职责之一。

（4）馆藏资源建设

主要是推荐新书和剔旧（含印刷版和电子版）。教师和研究生将所需要的图书直接推荐给本院系的学科馆员，学科馆员根据馆内收藏情况决定是否提交采访部门订购。另外，学科馆员还定期分析馆藏资源与学科专业配置比率，定期剔旧以保证本学科馆藏资源建设的合理性。学科馆员同时是学科数据库的试用评估人和联络人,馆藏建设的另一个方面是学科期刊和数据库的建设,随着数据库导航系统的出现,为本学科建立学科导航系统也成为学科馆员一项职责。

(5)参考咨询服务

学科馆员既提供图书馆咨询台服务,又提供对本学科教师和研究生的一对一的学科咨询服务。本学科的教师和研究生可以直接以电子邮件、电话等方式联系学科馆员,咨询解答各种问题。

2　国内学科化服务内容模式

国内清华大学图书馆的学科服务最为成熟,郭依群和邵敏曾经总结了清华大学图书馆学科馆员的工作模式,可以看出依然是基于服务内容。2008年,上海交通大学图书馆提出了学科化服务的六项内容,充实了很多在当前信息利用环境下的服务内容,将这两者综合,在一定程度上代表了国内学科化服务的内容模式。

(1)解答用户咨询

负责解答用户通过不同渠道的咨询问题,包含当面咨询、电话咨询、电子邮件咨询、学科博客咨询等。

(2)与对口院系联系,为师生提供有针对性的综合信息服务

第一,将图书馆的最新资源、服务项目、重点活动都及时通知给对口院系的教师。第二,根据院系的要求,提供有针对性的服务。第三,收集师生们对图书馆资源建设与服务方面的意见和建议。

(3)参与电子资源的推介、服务与推广

基本工作模式:电子资源在引进前进行充分的试用和评估,引进后为每个数据库建立专门的引导页面,在这两个阶段都由对口学科的学科馆员担任责任馆员。责任学科馆员除在试用阶段充分了解数据库的特点和用户反馈外,还要将试用过程中发现的问题与不足之处通知数据库生产商,并督促他们改进。正式引进后,负责编写数据库的使用指南,网上解答用户咨询,跟踪数据库的变化,进行用户培训等。在引导页面上,除对数据库进行简单介绍外,还将责任学科馆员的电子邮件等联系方式公布在引导页面。

(4)参与多层次的信息素养教育活动

主要涉及院系专题信息素养教育、新生入学教育、电子资源专题培训、课程教学等事务。

(5)学科资源网络社区建设

通过网络资源导航、学科信息指南建设、学科信息博客建设等工作,培养学科馆员们专业资源的敏感和自觉性,使他们能够及时发现、收集、整理、揭示这些有用信息源,扩展图书

馆的信息资源范围,并与读者进行网络社区的良好互动。

(6)深层次信息专题与分析服务

利用特定资源与工具,为用户、科研团队、项目、学科建设等个性化需求,提供深层次的信息专题与信息分析服务,这里包含了定题服务,但不仅仅局限于此。随着学科馆员工作的深入,与教学科研和学科建设的联系越来越紧密,深层次信息专题与分析服务则越来越受到重视。

第5章　数字图书馆战略管理

第1节　数字图书馆战略管理的概念

1　图书馆战略管理的含义

1.1　战略管理的概念

战略管理源于战争, 在英文中, 战略 (strategy) 一词起源于希腊文的 "strategos", 意指将军的指挥艺术。战争是你死我活的竞争, 战略之于战争的重要性可见一斑。战略管理从军事走向民间, 首先是在企业管理中得到了较为广泛的应用和研究。企业身处竞争激烈的商场, 虽然不像战争那样只有你死我活一条道路, 它可以是互有胜负, 或者虽输但不至于死, 有时甚至可以达到双赢。但是, 商场如战场, 企业竞争结果的多项选择最终还是取决于战略决策的能力。所以, 战略管理服务于竞争, 图书馆引进战略管理的概念, 同样是为了竞争取胜。对于图书馆而言, 战略管理主要是指通过改变图书馆的馆藏资源、人力资源的配置以及信息服务手段, 使其适应不断变化的信息环境, 以满足用户需求的过程。

1.2　图书馆战略管理特点

图书馆的竞争环境如同身处温水中的青蛙, 只要你稍一松懈, 就会在舒适的环境中不知不觉地死去。因而, 应对这种竞争环境, 图书馆的战略管理必须搞清自己的特点。首先是自然性。图书馆的竞争是无形的, 图书馆为适应这种无形的压力所采取的战略管理措施往往也是在不知不觉中得到实施。图书馆从来就没停止过战略思考, 也没有停止过战略管理的努力。只是我们没有认真地总结这样的管理模式, 而是让它自然地发展。所以, 图书馆的战略管理具有顺应自然的特性, 现在是到了该自觉应用的阶段。其次是非紧迫性。相对于图书馆的个体而言, 竞争并不激烈, 短期内并没有生死存亡的忧患, 图书馆的战略管理并不十分紧迫。图书馆人在图书馆的发展战略问题上, 并没有做好完全的准备, 在不断变化的新概念面前仍显得手足无措、无所适从。不同的图书馆将在不同的平台上，展开一轮战略问题的思考。第三是兼容性。图书馆的战略管理需要有兼容性，这是因为图书馆竞争面对的竞争对手既有那些不同行业的潜在对手，也有同行业的飞速发展的图书馆。只有不断学习和包容各种竞争对手的战略，才能使图书馆在竞争中胜出，找到在不断变化中的读者价值链中的地位。

2　图书馆战略管理的内容

2.1　图书馆战略管理的目标和任务

图书馆战略管理的目标，就是图书馆立足社会的基本原则。战略管理为图书馆的根本利益服务，图书馆立足社会的基本原则就是满足阅读需求，为它的读者群体服务。因而，图书馆的战略目标应该符合如下几个基本条件或其中之一：符合母体的需求，延伸到满足社会需求；为需要服务的读者提供高效便捷的知识服务；资源得到最优配置，充分收藏各种载体资源，延伸图书馆的物理形态；　利用一切有利条件，发展图书馆事业。

要实现上述战略目标，就必须明确图书馆立足社会的基本使命。图书馆的使命在这里又可以被称为战略管理任务。笔者以为，图书馆的使命仍然可以使用印度学者阮岗纳赞提出的图书馆五原则：书是为了用的；每位读者有其书；每本书有其读者；省读者的时间；图书馆是一个不断生长的有机体。尽管图书馆的内外环境已经发生了极大的变化，但是，作为图书馆这样的公益性机构，这五项基本原则的基本含义仍然有效。书代表的是知识资源，为读者提供含有知识的资源是图书馆永远不变的追求，也是推动图书馆事业不断发展的基本动力。

2.2　图书馆战略管理规划

图书馆战略规划具备理论标准化过程，包括数据资料的收集、问题方面的分析、任务标准的确立、方案设计的选择、颁布与评估等多个环节。通过这些环节图书馆的管理制度有了明确的改进，业务与管理工作方面体现出内容清楚、责任明确的特点，特别是战略绩效，因为图书馆主要是依靠服务来提高效益。因此，图书馆战略规划的使命就是以提供服务为主要目标，服务资源与服务项目占很大比重，根据实际情况制定适合本馆的发展方向、发展目标、实现策略，才能更好地为社会服务。

要实现图书馆战略管理目标和任务，就必须制定一套详细的图书馆战略管理规划，以便使图书馆的战略目标和任务得以实现。制定图书馆战略管理目标，必须遵循下述特点：第一，根据图书馆母体的目标和任务，如国家、地区、大学以及各类机构的总体目标和读者群，制定相应的战略管理规划。任何脱离其母体目标和任务的战略规划，都是不现实的，也是没有生命力的。第二，图书馆的战略管理规划，不受母体目标和任务的制约。任何一个图书馆不可能完全脱离整个图书馆事业的发展范畴，因而，为本馆制定战略规划，就必须考虑到整个图书馆界现有的发展水平。第三，最根本的也是最现实的影响因素，莫过于需求。这个需求概括地讲，就是社会需求，具体地讲则是母体和读者的需求。不能满足母体及读者的需求，图书馆就失去了它存在的理由。满足了上述条件，图书馆的战略管理规划就可以正确制定。根据图书馆在战略上的需求特点，战略管理规划可以分为下述几种类型：长期规划，一般在3~5年的规划，称为长期规划；中期规划，一般为1年的规划；短期规划，一般为3~5个月，是针对经常出现的战略性问题而制定的实施规划；应急规划，是为临时或突发的战略性事件而制定的规划。

2.3 图书馆战略管理策略

在制定图书馆战略管理规划后，具体落实战略规划，还需要具有相应的策略。近年来，适应图书馆发展战略的各种策略并不少见，大量引进企业管理方面的策略同样适用于图书馆战略管理实施。主要有：A. 业务流程重组（Business Process Reengineering，简称BPR）。强调以业务流程为改造对象和中心，以关心客户的需求和满意度为目标，对现有的业务流程进行根本的再思考和彻底的再设计，利用先进的制造技术、信息技术以及现代的管理手段，最大限度地实现技术上的功能集成和管理上的职能集成，以打破传统的职能型组织结构，建立全新的过程型组织结构，从而实现图书馆管理的成本、质量、服务和速度等方面的根本改善。B. 业务外包（Outsourcing）。原指一个机构的内部IT基础设施、工作人员、进程或应用转交给一个拥有相应资源的外部机构，如ASP等。目前我国的图书馆实施外包的业务主要是编目和IT技术，虽属于刚刚起步，但明显具有非常强大的生命力，并正在逐步地蔓延扩展到整个图书馆界。C. 质量管理（Quality management）。就是在质量方面的指挥和控制活动，通常包括制定质量方针和质量目标，进行质量策划，实施质量控制，完成质量保证和质量改进的进程。质量管理最初应用在生产产品的过程中，起到对产品的耐用性、可靠性、安全性、维修性和经济性等方面的有效控制。目前，ISO（国际标准化组织）实施的9000系列质量管理标准，对服务产品也实施了有效管理。因而，图书馆作为一个服务机构实施质量管理是可以帮助提高管理水平的。

3 图书馆战略管理模式

根据当今较为先进的发达国家图书馆以及我国较为先进的图书馆的实践，我国的图书馆战略管理大致可以概括为如下几种类型：资源最优配置战略、图书馆服务优化战略和图书馆综合优势战略，其中每一种模式都可以分为具体的战略选择。图书馆战略实施主要是树立目标、制定政策、激励馆员。各部门制订自己的计划，使制定的战略得以执行。实施方案主要包括图书馆文化，构建组织结构，信息资源，制定各种活动方案，以便有计划地实施。

3.1 图书馆资源最优配置战略

"资源为主"是图书馆立足社会、满足社会需求的基本价值观。千百年来，从西方的亚历山大图书馆，到中国古代的藏书楼，乃至今日的各类图书馆，甚至在西方国家业已出现的所谓信息共享空间，收藏的多寡仍然是图书馆价值标志的基础。为此，在资源上的战略也呈现出图书馆管理理念的多样性。图书馆实施战略管理,有助于减少图书馆资源配置的盲目性和随意性、馆藏资源的合理化以及图书馆信息服务的开展。

3.1.1　珍藏战略

对某些图书馆来说,如果拥有一些珍本、善本、孤本之类的藏书,那么,它就可以成为"镇馆之宝"。有了镇馆之宝的图书馆,可以围绕这些藏书,规划自己的藏书体系,从而成为一些研究者向往的地方。这种战略适用于一些小的地方馆,资金不足,资源不足,但是却有着难得的历史文献,这无疑是该图书馆的立足之本。

3.1.2　全面化战略

对于某些馆来说,有着雄厚的资金,或者有国家、地区政府的支持,进行文献资源的全面收藏,以文献的全面性、完整性获得社会的承认。像各国的国家图书馆,就有全面收藏国内出版物的任务。这样的馆当然是具有战略意义的馆,是读者乐意光顾的社会文化机构之一,也是非常具有价值的图书馆。

3.1.3　特色化战略

对于大多数图书馆来说,珍藏和全面化战略并不是最好的选择,走特色化道路可能是一种捷径。尤其是一些所依附的母体本身就有一些特色,那么,这样的图书馆走特色化道路无疑是最合适的了。如专业特色明显的大学图书馆、具有显著文化特色的地方图书馆等。围绕特色形成的馆藏,一定要具有系统化,才能真正做到特色化。

3.1.4　数字化战略

现阶段,图书馆的馆藏是印刷型和数字型并行的时代,因而,一个完全数字化的图书馆无疑也是一种特色。再加上系统的网络服务体系,那么,数字化图书馆就可以成为一种竞争优势。

3.2　图书馆服务优化战略

图书馆有史以来,就是以能够提供服务、发挥馆藏作用而立足于社会的。社会需要图书馆,就在于它能够提供知识服务。所以,有了资源,更需要提供良好便捷的服务。图书馆服务可以作为各个图书馆发展的战略方向。图书馆要充分利用人力资源的开发,激励馆员的豪情,为实现自己的目标而努力工作。

3.2.1　学科馆员战略

学科馆员在图书馆的兴起,表明了图书馆服务在向纵深发展。学科馆员是以图书馆的资源为基础,结合知识管理的新理念,为学校的教研人员提供深层次专业化服务。由于学科馆员深入了解课程,与研究人员联系紧密,服务更加到位,图书馆的资源优势更能体现,从而使图书馆的战略地位得到进一步加强。

3.2.2　网络服务战略

互联网不仅改变了图书馆传统的资源形态、服务方式,也改变了图书馆的传统管理模式。随着网络的不断更新升级,新的概念、工具不断产生,每一次都会对图书馆产生震动,带动图书馆向纵深发展。如何利用好网络这种快捷方便的工具，是图书馆在网络时代的战略选择。

3.2.3 传统服务优化战略

今天仍然还是一个数字与传统共存的时代，图书馆的传统服务仍然有着它的特定用户群，人们尚不完全能够适应纯数字化服务。传统服务优化并没有退出历史舞台，它仍然可以作为某些图书馆在特定对象和特定时期的一种战略选择。如何优化传统服务，使传统服务网络时代仍能够发挥它应有的作用，也是我们不容忽视的方面。

3.2.4 特色服务战略

在很多公共图书馆，提供一种特色的服务。如盲人导读、送书上门、定点服务等。特色服务也是一种重要的服务方式，如干部学院为干部专门编制专题文献，戏剧学院建设传统戏剧服饰、舞台道具阅览室等，这些都属于特色服务。图书馆能够强化这种服务，作为一种战略目标来实现它，那么，这种特色就是一种战略了。

3.3 图书馆综合优势战略

除了具有某些特专、特色、特长或特大等显著特点的图书馆，很大一部分可能就是很普通的了。在既无特长又无业务特色可言的图书馆中，战略发展的模式仍可以走综合优势的道路。

3.3.1 馆藏和服务优化平衡战略

对于一些具有一定实力的大馆来说，虽然不能选择全面化战略，但能够在相对的馆藏优势中，寻求服务优化，求得平衡发展。如一些省级大馆，并无责任、业务能力和资金来保证它在馆藏方面的竞争优势，但是，它们仍可以通过各种优质服务来平衡图书馆的整体发展。一方面，它们并不放弃寻求馆藏上的优势地位，一旦有了资金，仍然是努力方向，但是，服务优势必须一直坚持不懈地去创建。

3.3.2 馆藏和服务特色平衡战略

在一些不属于超一流的高校图书馆里，馆藏建设战略一直是一个摇摆不定的难题。根据本校的专业学科特点，或者地区社会经济特点，开展结合馆藏的特色服务，试图通过特色服务来提升图书馆的综合竞争力。这种战略发展模式是根据自身特点和环境特点做出的选择。

3.3.3 馆藏和服务互补平衡战略

在一个资金有限、人才不足、母体特色不明显、读者需求很普通的图书馆，它的处境决定了它只能走平衡发展的道路。馆藏建设力求符合一般读者的需要，服务保证基本的需求，使图书馆能够正常地运作。它可以被遗忘，但是绝对不能被嫌弃。这是这种图书馆发展的基本战略。

第2节 国外一流研究型图书馆战略规划及其启示

随着信息社会的快速发展,读者和科研人员对图书馆的依赖程度越来越低,如果图书馆仍维持现状,停滞不前,必将被淘汰。只有以用户需求为驱动,向研究型图书馆方向发展,才会使读者重新依赖图书馆的资源与服务。该如何设计自身的发展战略规划呢?通过文献调研,本书认为,以下几所国外图书馆协会及一流大学图书馆的战略规划比较明确并具有代表性,值得国内大学图书馆借鉴(如表5-2-1)。从以上几所国外图书馆协会及一流大学图书馆战略规划,可以得出以下几点启示。

1 围绕"人"的建设和发展

"人"包括用户和馆员。首先树立"以用户为中心"的服务理念,用户的需求就是图书馆的服务方向。然后,建设高素质的馆员队伍,有意识、有能力地为用户提供高水平的资源与服务。

2 围绕"物"的建设和发展

"物"就是资源。一方面,在引进资源方面,不一定追求大而全,应注重特色;另一方面,应在资源整合方面下工夫,使用户不必大海捞针般地查找文献,而是有针对性地查找,节省了用户的时间。

3 围绕"事"的建设和发展

"事"就是服务,也就是高素质的馆员利用高质量的资源,为用户做什么事的问题。高校研究型图书馆不仅要作为教师和学生的图书借阅、资料查询等的服务载体,更要在提高整个学校科研水平上发挥先导性作用。应开展嵌入学科一线、融入科研过程的学科服务,切实成为科研人员的助手。只有这样,才能保证图书馆得以长期生存和发展。

4 我国一流大学图书馆建设模式探讨

我们将进一步对国内一流大学图书馆建设模式(如图5-2-1所示)进行探讨。

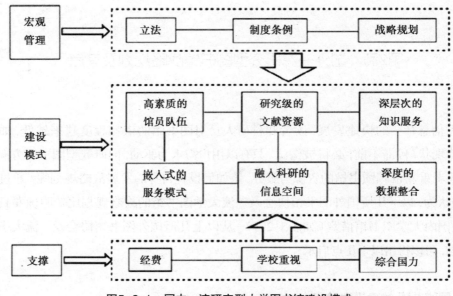

图5-2-1　国内一流研究型大学图书馆建设模式

4.1　图书馆馆员应具有相应的素质水平

一所图书馆办得好坏,从人力资源角度看,主要取决于馆员,馆员的水平即图书馆的水平。因此,世界一流大学图书馆的馆长把广招天下英才,促进高质量馆员队伍的建设作为重要任务。这些图书馆之所以能在大学图书馆中独占鳌头,是因为他们有一批一流的馆员,能够把基础理论研究与应用相结合,并且在其研究领域具有超前性。

一流大学图书馆馆员应具备以下素质。

(1)具有全球视野和创新开拓精神,在专业领域具有较深造诣和非常高的学术研究水平,在图情领域具有一定的影响力和知名度,能够引领图书馆界的新潮流、新动向。

(2)具有指导和培养图情领域研究生的水平和能力。

(3)紧跟世界图书馆发展前沿,对新科技的发展和应用具有足够的敏感性和学习吸纳能力。

(4)能够积极参与具有前瞻性的研究活动,并能将科研成果与图书馆的服务实践进行有机结合。

(5)能把自己的专业知识与本校师生的专业知识相融合,帮助各类用户实现其学习和科研任务。

4.2　进行全方位的、具有学科深度的信息资源建设

从馆藏内容来说,一流研究型大学图书馆的馆藏不仅要丰富全面,更要考虑到学科特色。门类齐全,还要兼顾学科深度。从馆藏资源的类型来说,一流大学图书馆馆藏资源资源的载体形式要多样化,尤其电子资源需顺应时代发展要求,满足不同读者的个性化需求,并将更多的网络开放存取资源纳入图书馆的检索平台。从馆藏的影响力来说,一流大学图书馆的馆藏资源应具有突出的特色,在高校中具有一定的权威性和影响力。从馆藏资源的功能来说,一流大学图书馆的馆藏资源不仅能够满足本校读者的需求,还可以在联盟资源共享服务

中承担服务馆的职能，为其他高校及社会提供文献资源服务。

4.3　建设集成知识服务的数字图书馆

目前，科研用户的需求逐步转向知识发现，因此，数字图书馆建设并不是单纯的资源数字化，而着重强调在提供数字资源的同时提供基于数字图书馆平台的知识挖掘、知识分析、知识组织服务。我们需要主动对文献数据进行知识层面的深度加工、分析，充分挖掘、揭示知识内容和知识关系，逐步将各种已有的文献数据库从检索工具转化为知识发现工具。此外，还要重视对资源的聚合，进行以知识为单元的整合和知识化组织，构建用户可以实时参与的、动态可操作、交互处理的知识平台，并支持跨文献、跨数据库的知识关联和知识发现。

4.4　建立嵌入式的学科服务模式

建立嵌入式的信息服务模式，应该从人员的嵌入、技术的嵌入和过程的嵌入3个方面入手。人员的嵌入，强调研究型图书馆的馆员要融入科研团队的基层，成为其科研项目的一员，及时全面了解科研需求，由此提供更具针对性的信息服务。技术的嵌入，表现为开发可用于用户桌面上的集成化检索存储工具。过程的嵌入，强调的是学科馆员从科研项目立项之初就进入项目组，从项目的调研、论证、立项到开展具体研究，提供全程的跟踪式服务。在每个过程中，为科研项目的运行提供技术和信息的支撑。

4.5　构建具有科研环境的信息共享空间

科学研究需要更多可以进行信息共享、交流和学习的空间。研究型、数字化图书馆应考虑对图书馆空间结构进行重组。将更多纸本文献集中到存储书库中，腾出更多空间规划成信息共享空间，包括电子化学习区、个人或群组交流学习空间。

4.6　具有科学数据的整合与保存能力

研究型图书馆对科学数据的管理可从如下两个方面入手。

（1）整合分布式数据。研究型图书馆需要对分布广泛的网络数据进行物理上的集中，建立相应的数据存储和处理中心，将相关联的数据进行整合、集成和链接，为个性化推送服务提供资源储备。

（2）长期保存数据。研究型图书馆应该担当起对数据进行长期保存的任务，研究其相应的法律责任、服务可靠性等，制定相应的数据资源长期保存策略，采取相应的措施，支持国际上开放获取信息资源的长期保存机制。

表5-2-1　几所国外图书馆机构战略规划

图书馆名称	规划名称	规划内容
Eumpeana（欧洲数字图书馆、博物馆与档案馆一体化组织）	Eumpeana2011—2015年战略规划	1.重点关注领域主要是用户访问不受时空限制 2.更新门户网站 3.将内容融入用户工作流 4.提高用户体验 5.扩展Web2.0工具和社交媒体项目的运用

续表

图书馆名称	规划名称	规划内容
美国大学和研究图书馆协会	美国大学和研究图书馆协会新发展计划	1.展现自己在提高高校产出中的积极贡献 2.图书馆馆员以新颖独特的协助方式,帮助学生完成课前预习、课堂听讲及课外实践等一系列学习活动 3.图书馆馆员积极促进向更具开放性的学术交流环境的转化 4.建立虚拟学习环境 5.加强科学数据管理
UCLA(美国加州大学洛杉机分校)	2012—2019年战略规划	1.加强和完善研究型馆藏 2.转变对科学研究的服务模式 3.专注于教学和学习服务 4.重新定义图书馆作为场所的概念
多伦多大学图书馆	多伦多大学图书馆2013—2018年优先战略纲要	在未来五年中,图书馆将对学者不断变化的需求做出反馈,成为创新实验室、合作孵化器,以及通向文化、科学知识和历史档案的门户。规划描绘了五个优先发展的方向: 1.强化馆藏 (1)从资源覆盖广度、深度和学术影响方面构建优质馆藏,从而提升国际声誉 (2)强化馆藏的可获取性与可发现性 (3)为今后的研究者保存印本、数字和各种媒介的馆藏 2.建设特色空间 (1)将主要资金投放于拓展和更新馆舍 (2)提供能够激发创造力并促进创造发明的物理空间 3.创新查询 (1)物理和数字空间都能够激发学习和知识创造,增强大学作为学习型社群的属性 (2)继续培养学者的终身信息素养 (3)成为研究人员的好伙伴,为其在需要时提供高质量信息 4.杰出服务 (1)致力于和高等教育群体一起研究提升学术影响 (2)与本地、本国和国际同行一道传递优质科研服务 (3)建立一种强大的用户参与文化 5.战略管理 (1)衡量我们为成功履行大学使命所做出的贡献 (2)寻求机会拓展新的融资渠道,以支持关键服务领域和新服务创新 (3)成为一个灵活的组织以不断地适应快速变化的信息环境和高等教育环境

第3节　国外一流数字图书馆未来战略规划

1　荷兰国家图书馆2015—2018年战略规划

荷兰国家数字图书馆面向用户并帮助用户连接到所有公共图书馆。从后台来看，来自不同领域的各类资源、各类资金流，以及在未来几年中不断变化着的利益相关者将开展更为紧密的合作；从前台来看，用户将受益于这些因素的共同作用。鉴于服务用户产生社会价值是荷兰国家图书馆的使命主旨，因而我们从用户的角度来制定战略目标。用户：

（1）能够便捷地通过图书馆获得任何所需信息；

（2）拥有利用荷兰出版物进行研究的平台；

（3）能够访问尽可能多的数字内容，并最大限度地自由访问所有资源；

（4）在任意客户端，都能体验到同一个图书馆的高效服务；

（5）被图书馆馆藏吸引并获得其提供的各类帮助；

（6）可以永久访问荷兰的图书、报纸、期刊以及国际科学出版物。

为此，荷兰国家图书馆是以其独立的公共价值、可靠性、可访问性、多元性和真实性的基础来开展服务的。

1.1　荷兰国家数字图书馆的用户

图书馆的目标群体和潜在用户形成了个金字塔形。国家数字图书馆可供全国近1700万人使用（金字塔第一层），其中400万人已经是公共图书馆的注册用户。接近200万的成年人（占成年人总数的15%）在使用本地的公共图书馆服务。在青少年中，这个比例更高，全国20岁或20岁以下的年轻人约占总人口的四分之一（425万）。近年来，青少年注册用户的数量已增加到了225万（超过年轻人口数的50%）。通过如"学校图书馆，从书本开始"等一些项目计划，荷兰国家数字图书馆得到了青少年群体的格外关注。那些存在阅读困难的人，通过公共图书馆的工作，得到了与常人一样的接触来自世界各地的知识、文化及教育的机会。

金字塔的第二层由目标用户群体构成，主要针对学术研究型用户。目前，荷兰国家图书馆已拥有约100万这类用户，包括独立研究人员——那些尚未与研究机构合作、非正式的历史研究人员——比如谱系研究者、地域历史学家及地方志研究人员；还有那些专业或非专业的，需要寻找权威（经过确认的）信息的群体。在独立研究人员中，涉及数以千计的人文学者，他们与研究机构有联系，但还没有从图书馆或商业服务提供者那里得到跨地域的、有针对性的服务。

金字塔的顶层是人数相对较少，但具有成长性的群体。他们是研究开发人员，他们需要使用大量的文本数据库，在过去几年中，荷兰国家图书馆已经与其他合作伙伴共建了这样的数据库。越来越多的人文科学研究者已经开始使用工具来提取信息和可视化数据，从而更有效地从大数据中掌握信息。荷兰国家图书馆正在积极支持这种形式的人文研究——数字人文研究。

用户金字塔各个层次之间的界限将越来越模糊，越来越多的用户开始使用那些原本并非针对他们所提供的内容。并不是每个人都会使用所有服务，但是每个人都有机会去使用所有服务。

从2015—2018年，每年将有2000万的访问者能够在荷兰国家数字图书馆提供的服务当中找到自己所需要的信息。

1.2 2015—2018年荷兰国家数字图书馆的战略目标

1.2.1 用户能够便捷地通过图书馆获得任何所需信息

如果说图书馆的社会价值体现在对其的使用，那么资源可见性是第一步。这需要通过构建国家图书馆目录来实现。它向用户提供了所有公共图书馆的馆藏信息，以及如何才能使用这些信息。目前，大多数信息通常还是印刷在纸上并收藏在实体图书馆中的，但是数字信息的量（电子书或数字化资料）正在增加。大部分资源是可以免费访问的，但有时也需要注册或付费。

第二步更为重要，即：不是让用户到信息这里来，而是让信息到用户那里去。相同的馆藏数据集，经由国家图书馆目录，辅以必要的索引信息，能够在任何位置搜索获得。由于Google是人们使用的最主要的搜索工具，或许可以在其搜索参数中提供："图书馆页面"选项，以提供图书馆内的相关信息，以及如何使用这些信息的完整清晰提示。

对于某些特定学科的信息搜索，他们认为关联数据能够大大增加图书馆馆藏的可检索性。大多数搜索参数都可以被缩减到四个中心问题点上："who，what，where和when"。在未来几年中，荷兰国家图书馆将链接到国内外的知识系统中（例如DBPedia、Freebase、VIAF—虚拟国际权威文件），努力为各类问题找到相应的信息答案。要实现以用户为导向的目标，背后需要落实大量工作。各图书馆所使用的系统，为了录入各类实体资料和数字化财产，都必须连接起来，为所有资源提供一个平台。这能促使图书馆或其他机构实现用户定制服务。到2018年，荷兰国家图书馆数字内容中的所有相关人名和地名都能作为关联（开放）数据被使用。

1.2.2 用户拥有利用荷兰出版物进行研究的平台

作为国家级图书馆，荷兰国家图书馆收集并管理所有曾在荷兰发表或关于荷兰的资料，包括手稿、印刷资源、数字资源。我们有责任在这个领域提供高质量的服务，包括保证所有资料信息的可访问性，以及对外揭示非凡的文学作品。

在过去短短几年中，荷兰国家图书馆以及全国范围内其他机构发表的文献资料已经进行了数字化处理并可通过网站访问文字和图像内容。一部分项目还需要花费数年时间来完成。

在经过大量繁复工作之后,我们即将进入统一可检索化的阶段。与阿姆斯特丹大学图书馆、莱顿大学图书馆、乌特勒支大学图书馆、格罗宁根大学图书馆及Meertens研究院共同开发的Delpher就是首个成果。Delpher为用户提供了一站式找到各种数字文本馆藏的机会,并且比那些综合、独立的网站拥有更多信息(报纸、期刊、图书及其他资料)。在未来几年内,Delpher将作进一步开发,包括(检索)功能和内容的开发。为了使尽可能多的荷兰图书、报纸和期刊数字化并可被检索,我们将在现有的网络中增加新的合作伙伴。

荷兰国家图书馆的目标是在2018年前实现在Delpher上能够检索50个荷兰遗产机构的数字化内容。

我们不仅为用户提供数字资源,同时也支持学者有效地检索资源。我们希望将门户网站发展为荷兰出版物研究平台,使我们能够定位自己在研究基础设施网络中的位置(如CLARIAH, DARIAH和Nederlab等荷兰大型研究基础设施)。除了最大程度的资源收集,荷兰国家图书馆还必须开展资源宣传和说明,通过虚拟图书和网络浏览的数字化及纸质形式将资源呈现出来。除了我们自行举办的展览——包括与Meermanno博物馆合作以外,我们还会将某些馆藏出借给第三方,供其在博览会上展出我们丰富的文化遗产。实物藏品的保存仍然是非常重要的,即使当它们以数字形式存在时也必须重视保存工作。对于图书历史研究来说,图书以其出版时的形式存在是很重要的,对于整个社会来说也是如此。为用户展现印刷和手稿等文化遗产,让用户体验具有特殊价值的文献所带来的历史感受。

1.2.3　用户能够访问尽可能多的数字内容,并最大限度地自由访问所有资源

数字化是不断增长的使用标准,这正是荷兰国家图书馆为何积极拓展有关研究、阅读、学习和信息传播等方面的各类数字化内容的原因。同时,减少限制也可能提高信息的可访问性。信息的自由使用往往受到现实、法律和金融方面的限制,我们正努力减少这些限制。我们的基本原则是尽力使更多信息免费获取;当然,这仍要求用户是以图书馆注册用户身份和/或采用有偿支付模式来访问信息。此外,荷兰国家图书馆将与其他国家、国际图书馆组织及遗产机构开展协作,共同解决著作权方面的问题。荷兰国家图书馆将扩大各领域的服务范围。在学术领域,我们专注于提供技术和金融方面的决策信息,主要针对研究人员,同时也为大学以外的个人和组织及研究机构服务。鼓励发展知识型社会并加大学术研究成果的影响是非常重要的。因此,荷兰国家图书馆把倡导和支持学术信息开放作为重要工作之一。若这种高标准的开放获取不能实现,那么我们将寻找其他的方法来扩展研究信息的访问渠道。

在文化遗产领域,荷兰国家图书馆非常重视将所有荷兰出版物进行数字化。在上一个政策周期,我们与合作伙伴将10%荷兰出版的图书、报纸、期刊进行了数字化。数字化过程已经成为标准组织方法的一部分,必然会继续发展下去。为了实现这一目标,我们加强了与合作伙伴的协作。从2015年起,荷兰国家图书馆将负责荷兰文学数字图书馆(DBNL)的管理和可持续发展。荷兰语联盟、佛兰德遗产图书馆和荷兰国家图书馆已缔结合作协议,将以忠实反映信息资源为目标,通过整合不同形式的数字化内容而不断发展壮大。对于非商业数字化服

务,我们将继续与投资方和/或版权机构进行谈判,目前已与对方签订了若干项关于报纸、期刊和图书开放性的子协议。我们希望与他人不断建立合作关系,并公平公正地对待合作网络中的各方角色(作者、出版商、图书馆和用户),积极填补数字鸿沟。

到2018年,该图书馆将对90%荷兰出版的图书、期刊和1940年前的报纸数字化。

在公共图书馆领域,我们专注于电子内容的可用性。于2014年推出的电子书平台在荷兰当年的电子书销售中表现突出。但地方图书馆电子书的可用性并不如纸质书。出版商和作者之间的协定对扩大数字产品的开放范围至关重要。地方公共图书馆必须自行决定用于为公众采购电子书、电子音乐等其他形式电子内容的预算细节。国家图书馆馆藏发展规划阐明了数字内容采购的主要特征。该规划本质上鼓励均衡、高效的图书收藏,并监督公共图书馆内纸质和数字内容的协调发展。本领域的另一项重要任务是将图书转换为合适的数字阅读格式。我们希望进一步增加已转换成合适的阅读格式的图书数量。到2018年,我们将开放数字市场中至少50%的内容。被转换成合适的数字阅读格式的图书数量会在2018年底增长至25%,达到每年2000册,到2018年底,50%以上的注册用户将读到已转换成合适阅读格式的电子图书。

1.2.4　用户在任意客户端,都能体验到同一个图书馆的高效服务

对于荷兰公民来说,图书馆只有一个,并且这个图书馆并不只是一家机构或一座建筑,而是人们能够实现所有可能性的场所和渠道。

用户可以通过同一个图书馆体验实体和数字资源。有些倾向于实体资源的用户,不爱使用数字服务,有些倾向于数字资源的用户却不爱使用实体服务,另外还有些用户两种服务都使用,他们通过同一个图书馆便都能得到自己想要的服务体验。我们将致力于营造一种协同的数字"个人图书馆"环境。

为达成这一目标,就要求所有图书馆设施互相协调配合。因此,荷兰国家图书馆的最终目标就是要让所有公共图书馆都参与到网络中来,并通过一种或多种方式体现其公共价值。

1.2.5　用户被图书馆馆藏吸引并获得其提供的各类帮助

阅读决定一切。当今的知识社会,80%的工作都与读写有关,如果要活跃于社会之中,良好的读写能力至关重要。促进阅读以及提升阅读的乐趣,是图书馆系统联盟中国家数字图书馆的核心活动。我们通过提供服务,消除半文盲并促使人们获得更好地发现信息价值的能力。

图书馆不仅向用户提供信息,而且帮助他们从图书馆中筛选所需信息。对于国家数字图书馆的所有用户而言,从普通大众到学术团体,提供的服务都是平等的。我们将在图书馆范围内,为所有服务群体整合并提供由国家资助的各类公共数字活动。

1.2.6　用户可以永久访问荷兰的图书、报纸、期刊以及国际科学出版物

作为一座历史久远的图书馆,荷兰国家图书馆有责任收藏大量的实体资源;并自20世纪90年代开始, 不断增加数字资源的收藏。作为实体资源储存功能的延伸,荷兰国家图书馆也

收藏电子版的荷兰图书、报纸和期刊。我们还希望能够收藏一部分有代表性的荷兰网络信息（网络文档）。但目前荷兰电子书的数量增长尚不及预期，这也是我们仍在收藏大量纸质资源的原因。如果可能，我们的目标是逐步淘汰纸质馆藏，选择更多数字馆藏。在接下来几年里，我们会收紧数字保存领域的政策。如果出版商出于某种原因无法提供电子书，那么信息产品的延续性仍将得到保障。未来，必须保障学术团体和普通大众能够永久访问国家数字图书馆。

2 美国公共数字图书馆2015—2017年战略规划

2015年1月，美国公共数字图书馆（DPLA）发布2015—2017年战略规划，提出了未来3年内的战略目标、核心价值和主要任务。

2.1 战略目标

完成全美范围内服务中心集成网络建设，让各类机构、资源类型、资源主题得到适当呈现；全力建成技术平台使其提供多样化服务；开展DPLA推广计划，使其资源得到更广泛应用。DPLA目前主要由两个部门组成，一个关注内容，一个关注技术。

2.1.1 内容

首要完成的战略优先项：在全美范围内建设服务中心网络，使每项希望加入DPLA的馆藏资源均可以进入其中；使资源更加多元化，让各类机构、资源类型、地理区域及资源主题得到适当的呈现。

其次要完成的战略优先项：继续增加内容中心。为尚未纳入DPLA框架的特殊类型，如电子书、视听资源和研究型资源，建立专项。通过改进元数据方案和关联数据以及更好、更多的简化版声明来加强元数据。DPLA将在接下来的三年内继续快速扩张。目前主要遇到的瓶颈是缺少全方位覆盖的中心集成网络。

2.1.2 技术

首要完成战略优先项：保证DPLA的技术基础设施在未来不会过时，将其从适合发布部署的级别升级成更加严格、灵活和可拓展的体系结构；与国内外合作伙伴共同建立一个可持续的、创新的、强大的代码库，用以收集、储存和强化元数据；为服务中心开发一个普适的元数据整合系统；确保可以为所有内容编制索引，包括全文及元数据；简化收集过程，以便于馆藏最大化并规范化来自合作伙伴的新内容。

其次要完成战略优先项：按照内容部门的要求，发布网站的二级区域，可用于支撑特殊的项目类型，如电子书、研究型资源和时效媒体；准备后备主机用于保存托管元数据外的一些数字内容；内容部门将在自动化、关联开放数据添加及其他元数据增强等方面与元数据专家开展合作。

2.2 核心价值

最大限度开放可共享的文化遗产,大力推崇公共性理念,重视与多元机构和个人的合作,以及与公共图书馆一样,为公众提供免费、民主的知识获取。这些价值通过以下三个元素实现:一扇通往发现的门户,特点是拥有从全国范围内收集来的数百万资源项目及涵盖全球资源;一个平台,读者不仅可以通过网站得到服务,同时还可以通过创新APP和其他网站获取相应服务;为21世纪提供一个阅读和研究的公共选择,使美国延续其可民主获取知识的传统。

2.3 主要任务

加强推广、强调用户教育、增加资金来源以及扩大发展规模。

2.3.1 推广与教育

首先完成的战略优先项:通过广泛宣传以及对那些可以从DPLA馆藏中获益的用户和社团开展有针对性的推广,来提升DPLA门户和平台的使用率。使用各种方法将DPLA广泛应用到从幼儿园到大学的课堂上。

其次要完成的战略优先项:增加有关国家和地区重大事件及主题的活动;始终保持社区代表项目的活力;通过搜索引擎、社交媒体和传统媒体,更加关注优先资源的发现;将DPLA的集会活动变成常规且具有影响力的大型项目。

在上线的第一年,DPLA获得大量关注,其门户和平台的使用量也很高。现在已拥有超过100万的在线用户,API点击量有900万之多。DPLA需要在接下去的3年内在多个领域有所行动。

强大且持续增长的社区以及社区组织的现场活动,是支撑DPLA互动性价值的重要基石。DPLA是一个美国国内甚至国际范围内的大规模合作项目,其致力于维护大众及组织机构的多样化参与方式和话语权。DPLA将主要通过搜索引擎和社交媒体来增加与大众连接的数字化方式。但同时要让更多传统媒体加入,包括大众媒体,并使其在市场中承担一定的角色。最后但比较重要的一点是,DPLA将努力连接教育者和学生。

（1）向现场延伸

社区代表:DPLA的社区代表项目取得了巨大成功,来自各行各业的人向DPLA提供各领域资源。这些代表在图书馆、博物馆、科技企业以及学校开展了一系列公益活动,并为DPLA的内容和技术创造了众多精彩和实用的指导性资源。未来几年内,DPLA不断加大对该项目的重视程度,不断更新招募人员以满足多元化和地域化需求。此外,社区代表还作为内部观察团向DPLA提供关于内容、功能等方面的信息,帮助我们更好地制定规划概要。

DPLA集会:集会主要面向DPLA社区会员（包括图书馆员、档案管理员、馆长及另外一些文化遗产教授）、公众、教育者、学生以及各类对该项目感兴趣的人,让大家在此交换知识、想法,享受乐趣。DPLA集会将从2015年开始在全美各地巡回举办,协助各地区展示其具有地方特色的资源及项目,组织方将展示地DPLA和当地博物馆、图书馆、历史机构及一些文化遗产机构中比较著名的藏品。

（2）培训及编程马拉松

DPLA及其社区团体正日益增强自身作为数字图书馆和博物馆的创新知识库功能，并提升运营复杂合作型组织（如服务中心）的经验。DPLA能够利用这些经验和知识来为图书馆、档案馆、博物馆的专家、技术人员、软件开发者及其他一些在这类机构工作或热衷于此的人提供培训。

DPLA与公共图书馆的合作项目已经形成一个很好的模式，并接收了Bill & Melinda Gates基金会的支持。该项目已在4个州拥有大量的公共图书馆员工作间，并正在开发可供广泛运用的数字培训课程。同时，DPLA员工和社区代表举办了数场编程马拉松活动，开发出许多创意软件用以数据处理及收集。最近，DPLA又发布了一系列关于如何举办编程马拉松的文件以及其他一些预计今年会举行的活动，这些活动将促进DPLA的使用。

（3）检索及媒体扩展

数字化将连接更多人，它同样在DPLA的推广延伸计划中扮演着相当重要的角色。现在，DPLA已经通过搜索引擎接收到50%的搜索通信量，但一些搜索引擎涉及的数据并没有那些使用了很久且高度完善的引擎准确。DPLA已采取措施确保收集到的内容通过搜索引擎编入系统，但还需要做一些优化使馆藏得到更好的呈现。

社交媒体是一个有效的扩展工具，通过Twitter、Facebook及Tumblr等，DPLA每天发布的一些推荐特殊资源的文章极受欢迎。二战海报在图片分享网站Imgur上的点击率超过了25万。与新闻媒体联系可以提高推广的成功概率，因此一个协同的新闻媒体战略，包括定期延展和共享联系人名单，将会特别有用。DPLA应该瞄准（并非通过垃圾邮件或无效电话）那些可以与别人分享信息的人建立长期合作关系，例如州和郡的社会研究协调人员，并特别关注州内及当地的公共图书馆员、大学师生、中学老师、家谱和家族历史研究团体、历史爱好者和技术组织及协会。

（4）教育

DPLA需要做更多事来适应并强调其在用户教育方面的价值。DPLA的资助机构Mrs. Giles Whiting基金会将参与一系列重要研究并重视与教育工作者的合作。在未来3年，将共同努力了解教育工作者的需求，关注怎样为其重要资源建立合适的体系框架，以便让学生及教师发现并有效地使用。DPLA已经开始关注如何让资源通过摘要和目录被教师使用；还必须调查关于学习的州级标准以及通用核心分类法来明确这些方法是否对DPLA的网站有帮助。DPLA努力的核心是通过更多、更好的拓展和连接来为任何机构组织提供优质的信息分享。

DPLA网页最受欢迎的部分是其资源展示板块。该板块涵盖美国历史及文化的重要主题。但目前展示的只是一小部分，因此还有很大的成长空间来扩展其他重要内容。这将作为DPLA教育战略的一部分，而且可以与数字化管理的相关课程联系在一起，或者作为执行具体战略的初始资源。DPLA要确定资源展示战略中需要优先完成的项目范围，包括主题范围（如历史、科学技术、文学、文化等），并重点关注哪些主题资源最受欢迎，以及谁在使用它们、如何发现他们，从而在馆藏建设过程中进一步完善发展战略。

（5）评估宣传推广方法

对宣传推广的方法开展评估是非常复杂的，这需要依靠一系列专业的评定方式。DPLA希望未来3年的网页浏览量能够显著增加，其将追踪在当地传统媒体、博客、社交媒体、图书馆、教师论坛及用户邮件中是否含有针对DPLA的报道，并且尝试将这些报道与具体的宣传推广阶段和方法联系起来。不仅如此，DPLA的电子邮件推送项目可以通过打开阅读、分享以及地区间转发次数等指标来进行评估，并能通过邮件清单程序来评价相关推广是否成功。

对于一些来自于个人家族研究领域、学校开展的创业项目、馆藏新艺术再利用等优质的评价结论，DPLA会更好地利用社区代表平台及网络来反馈这些数据。成功利用及再利用地DPLA馆藏资源的实际案例标志着宣传推广是成功的，尤其是那些通过开放可用的元数据和内容来改善无法使用DPLA的人们生活的方案，而不是大范围的、大量的点击率。

（6）资金来源及可持续发展战略

通过各种收入来源，包括公共和私人赞助、核心业务成本回收以及企业财团或会员的支持，实现到2017财年年底的可持续发展；在保持组织精简的同时，使员工数量随着资金和项目的增长而增长。

DPLA在建成初期得到很多基金公司的慷慨资助。2014财年，DPLA共计获得了250万美元的补贴。为了让DPLA的目标对公众和国内外产生更深远的影响，在初期比较薄弱的战略规划阶段，DPLA希望得到更多维持可持续发展的资金支持。

未来3年，DPLA必须通过增加资助和扩大收入来源来强化财政基础。DPLA会制定一个长期发展目标，通过多元化资助的模式来支持各项新举措；通过基金会、合作企业和个人慈善所提供的赞助来保证核心业务；通过各种活动的收入来实现成本回收；通过会员或赞助模式帮助大型社区或企业财团开展工作。

目前，DPLA已经开始采集关于收入来源的数据，并时刻关注其重要合作伙伴，同时，新任命的商业发展部主任将带领DPLA在未来几年内朝着上述目标不断努力。

DPLA现已得到博物馆及图书馆服务协会和国家人文基金会的大力援助，并得到联邦政府的额外补助，包括全国人文学科捐赠基金会和图书馆服务协会办事处的资金援助。但就目前来看，DPLA是唯一一家非政府全额资助的国家数字图书馆。

DPLA发展的可持续性主要取决于组织的发展规模。目前有11名全职员工，包括一名执行董事、一名主任、一名内容主任助理、一名数据服务协调员、一名技术主管、两名技术专家、一名元数据平台架构师、一名业务拓展主任、一名项目经理和一名项目协调员。而包括财务和会计工作等在内的后台操作全部外包给其他公司。从2015财年开始，DPLA将雇佣一个兼职财务经理来制订更多实质性财务计划，开展预算编制及其他一些比较重要的相关业务。

从长远看，DPLA明显需要在技术和内容上做一些延伸。在执行本规划时，需增加3~4个全职雇员，而这也取决于后续资金的多寡。对于内容创建部门，全职雇员需要负责进一步的元数据管理和优化处理以及质量控制。技术部门的全职雇员需要进行基础架构、API、web应用以及UI/UX（用户界面/用户体验）内幕开发。同时，在本规划实施期间，有必要增加一名宣传推广协调员。

2014财年，DPLA的净收入约为150万美元，在雇员人数增加之后，2015财年的净收入会攀升至200万美元。鉴于组织现有规模以及未来预期的扩张趋势，预计至2017年年底，年度净收入将达到300万~350万美元。

第6章 数字图书馆服务的
用户管理

在数字信息资源快速增长，数字化技术、数字化信息资源的采集、组织与检索技术以及数字图书馆建设技术日益成熟的今天，如何使数字图书馆在资源共享、知识产权保护和系统运行效率之间找到一个适宜的结合点，并使数字图书馆的信息服务在满足一般用户普遍需求的基础上，能面向用户多元化、多层次的需求，提供主动的个性化、智能化信息服务，已经成为数字图书馆发展建设必须解决的重要问题。

第1节 数字图书馆用户关系管理的特点

数字图书馆用户的基本特征是类型多、范围广、需求变化大，目前又以团体用户为主，集体统一购买某方面资源的使用权。在网络环境下，由于数字图书馆用户不受地域和空间的限制，可以较为全面地得到与需求相关的信息，因而具有更大的自由度。数字图书馆的用户关系管理具有如下的一些特点。

1 数字图书馆用户关系管理体现的是一种新型管理理念

数字图书馆用户关系管理的核心思想是将用户关系作为一种重要的资源，对用户的需求进行深入分析，通过完善服务来满足用户的需求。它将注意力集中于用户发展，以便使潜在用户变成现实用户、现实用户变成忠诚用户，同时又通过满足用户的需求，与用户建立长期稳定的关系，从而不断拓展产品或服务的范围。数字图书馆用户关系管理是从"内视型"向"外视型"的视角转变，过去数字图书馆管理的着眼点在后台即资源建设，而对前台即直接面对用户服务等方面注意不够。随着数字图书馆服务的发展，完全依靠"内视型"管理模式难以适应新的发展要求，必须转变为以"外视型"的观念去研究和发展用户。

2　数字图书馆用户关系管理是一种新的管理机制

数字图书馆用户关系管理,旨在改善数字图书馆与用户之间的关系。它通过对用户的深入调查和分析研究,掌握用户全面或个性化的资料,并强化跟踪服务,建立和维护一系列制度,吸引和保持更多的用户,从而提高服务质量。另一方面则通过有关用户的信息共享,以用户的需要为出发点构建数字图书馆系统,完善对用户服务的形式,进而培养用户对数字图书馆系统的依赖关系。因此,数字图书馆用户关系是一种重在改善组织与用户之间关系的新型管理机制。

3　数字图书馆用户关系管理是一种管理战略

用户关系管理目的在于发现、了解、预测和管理现有或潜在的用户。数字图书馆用户关系管理通过搜集、跟踪和分析用户的有关信息,观察和研究用户的行为,使用户关系及时得到优化,有针对性地发展和管理用户关系,为用户提供相应的产品或服务,以实现用户价值最大化和数字图书馆收益最大化之间的平衡。数字图书馆用户关系管理涉及许多方面,是对数字图书馆与用户之间发生的各种关系进行全面管理,而不是数字图书馆某一方面或某一阶段的短期行为,是围绕用户的有关行为而进行有效管理的一种长期战略。

4　数字图书馆用户关系管理是一种现代管理技术

数字图书馆用户关系管理借助数据仓库、数据挖掘、知识发现、专家系统和人工智能等多种现代信息技术手段,建立一个能搜集、追踪和分析用户信息的系统,为数字图书馆用户服务和决策支持等提供一个自动化解决方案,实现数字图书馆由传统的人工管理模式向现代化管理模式的转变。实际上,目前有些数字图书馆系统本身就具有用户数据的自动收集、统计、分析功能。数字图书馆用户关系管理的一些新技术,如数据仓库技术、数据挖掘技术和知识发现技术等,有效地使数字图书馆用户数据的获取、模式发现、数据的积累、传播和共享更为快捷有效。

第2节　数字图书馆用户研究和关系管理的意义

数字图书馆用户研究和关系管理的意义有以下几个方面。

1 是以用户为中心的管理模式的需要

数字图书馆建设的重点包括面向资源或产品、面向信息的传播交流方式和面向用户服务等三种形式。用户关系管理是从以产品或资源为中心的模式向以用户为中心的模式转变。随着现代管理技术的发展,资源和服务的同质化趋势越来越明显,因此通过产品或服务差别来创造竞争优势也就变得越来越困难。用户关系管理的根本目的就是通过各种渠道挖掘有关用户的相关信息,对用户信息进行分析和预测,以提供有针对性的服务。用户关系管理以用户为中心,强调以人为本的理念,通过将信息资源、业务流程与专业技术等进行有效的整合,并强化动态和个性化服务,以更低成本、更高效率满足用户的需求。

2 是个性化服务管理的需要

随着信息在社会中的作用增强,人们对信息的需求增加,信息需求更趋于个性化。数字图书馆用户服务的个性化是网络化发展的客观要求和发展趋势。个性化服务是许多用户对数字图书馆服务的基本要求,个性化服务水平体现了数字图书馆的服务质量。数字图书馆的特点也易于实现个性化服务,数字图书馆用户关系管理在收集挖掘用户信息的基础上,通过分析和预测用户的行为来为用户提供个性化的定制服务。除了管理用户的基本信息外,数字图书馆用户关系管理还区别对待不同的用户,掌握和引导现有用户或潜在用户,促使其选择利用数字图书馆有关的产品或服务。

3 是数字化管理的需要

由于采用了信息技术,数字图书馆提高了信息处理自动化的程度,实现了更大范围内的信息共享。用户关系管理系统能够自动收集和统计用户的大量信息,并进行多维的特征分析;能够处理复杂的数据和支持对用户行为的研究;将用户关系管理系统与数据仓库、数据分析、网络信息挖掘等技术相结合,可以发现有价值的用户。数字化用户关系管理通过建立一套完善的用户信息资源管理系统,通过对用户信息资源的整合和共享,从而吸引更多的用户,为用户提供更快速更有针对性的优质服务,提高用户对服务的满意度。用户关系管理系统通过对用户的分类和分析,掌握用户的偏好、愿望和需求等方面情况,然后制定管理策略,使服务更为有效。

4　可以充分利用数字图书馆用户资源

数字图书馆的用户资源是一项重要资源。任何一个机构要维持自己的生存发展,必须拥有一定的资源,并对有限的资源进行合理配置,以达到最佳的使用效果。每个单位所拥有的资源在数量、质量上都不尽相同,但都是有限的,这就要求充分有效地利用有限的资源,使之发挥最大的效用。用户关系管理认为用户资源是一种重要资源。用户资源对组织目标的实现具有很大的影响,用户的选择决定着一个组织的方向,因此,用户资源已成为组织发展的重要资源之一。用户关系管理系统对用户信息进行整合管理体现出将用户作为一种资源的管理思想,把用户资源纳入到管理中来,实现了用户服务的协同管理。通过用户关系管理系统与用户保持沟通,针对特定的用户进行专门化服务,实现用户资源的增值。

5　可以提高数字图书馆的竞争力

随着数字图书馆的进一步发展,数字图书馆之间的竞争会越来越激烈。目前有些数字图书馆的管理体制已是经营实体,国内外数字图书馆系统也开始展开对用户的争夺。用户关系管理利用先进的信技息技术,正确分析用户的需求,以最快的速度响应和满足用户的需求,从而能够在最大范围内吸引更多的用户。良好的用户关系管理不仅挽留现有的用户,而且还可挽回已经失去的用户,同时争取更多的用户。用户关系管理的目的是实现用户价值的最大化,不同的用户具有不同的关系价值,用户关系管理的实施让用户和潜在用户感到其受到重视,成为数字图书馆服务的使用者和支持者。因此,用户关系管理的实施有利于形成竞争优势,进而增强竞争力。

第3节　数字图书馆用户管理的现行模式

目前,数字图书馆用户管理的基本模式大体上有两种:

第一,IP验证加防火墙隔离的管理方式

所谓IP验证加防火墙隔离的方式,是指通过采用IP层加密技术来验证登录网站的计算机IP地址是否合法和用防火墙技术将Intranet与Internet隔开的方法,从而来保证信息安全和商用信息资源的知识产权。这种方式的优点是方便、简单,系统运行效率高,能有效解决商用信息资源的知识产权保护问题,缺点是受IP范围的限制,给一些IP范围以外的用户和图书馆的正式用户在IP限制的范围以外使用信息资源造成了障碍,不能最大限度地挖掘数字图书馆信息资源的利用潜力。

第二，用户认证加访问授权方式

用户认证是系统给每一个合法用户提供一个唯一的用户标识符，并提供一种验证手段来确认登录用户的合法性的技术。验证的手段一般有口令、密码、签名、指纹等等，其中口令认证是最常用的手段。访问授权是指用户的身份通过认证后，系统确定该用户可以访问网站的哪些资源以及可以通过何种方式进行访问操作的技术。系统一般是通过在数字化资源上附加访问控制表来处理访问授权问题的。用户认证机制最大的优点就是可以使数字图书馆网站的用户超越其Intranet网络的物理范围的限制，在Internet空间访问和获取数字图书馆的信息资源，从而较好地协调数字图书馆信息安全、知识产权与用户服务之间的关系。

从上述两种用户管理的基本模式中可以看出，对于数字图书馆来说，用户管理基本上是依靠Web服务器来完成。也就是说，Web服务器就是用户管理的唯一屏障，只要突破这一层障碍，数字化资源几乎就可以不受约束地得到访问。这显然不是用户管理的最终目的。

为此，在用户与Web服务器之间建立一个中间层，即用户管理服务器。由它来完成用户身份的认证和用户的增删等工作，则整个数字图书馆系统在用户管理方面的安全性将大大增强，从而也减轻了Web服务器的负担。数字图书馆的用户管理模型如图6-3-1所示。

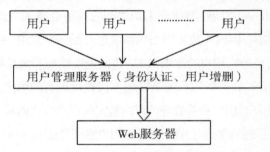

图6-3-1　数字图书馆的用户管理模式

在这个模型中，增加了一个专门用于用户管理的服务器，来实现用户管理中的各种功能，包括用户身份的认证、用户公钥私钥对的分发、用户数字证书的生成、用户的增加删除等。用户在与Web服务器进行查询之前，必须要先与中间层即用户管理服务器进行身份认证、合法性检查等工作，在检查、认证获得通过后，才能进行下一步的查询操作。

对于Web服务器而言，由于直接面对的对象并不是用户而是用户管理服务器，Web服务器的安全压力也会得到一定程度的减轻。而且，由于整个数据的传输、交换过程都可以得到用户管理服务器的支持，数据的安全性也可以得到保障。

这一模型的实现，增加了用户身份认证的准确性。由于用户的增加和删除、用户数字证书的生成与分发都是在用户管理服务器上来进行的，所以用户的合法性检查及认证过程可以得到用户管理服务器很好的控制，这样可以从最大限度上保证合法用户的利益。从而可以限制非法用户对系统的访问。

这一模型同时缓解了Web服务器的压力。首先可以缓解Web服务器在用户管理方面的压力。其次，也可以缓解web服务器在数据传输等方面的安全压力。

另外，对数字图书馆而言，在实现这一模型时，并不需要进行太多的硬件投入，只需要增加一台专门的服务器，便可以从整体上提高系统的安全性，最大限度地保障作者、图书馆及用户的合法权益。

第4节 数字图书馆用户的身份认证

1 身份认证过程

（1）CA→U：user_id, certificate（PK_u, SK_u）

其中CA代表数字图书馆的用户管理服务器；U代表用户；CA→U表示由用户管理服务器向用户发送信息；user_id是该用户的标识号；certificate（PK_u, SK_u）是包含了用户公开密钥和私钥的数字证书。

（2）U→CA：use_id, certificate（PK_{ij}）, r^u

其中use_id是该用户的标识号；certificate（PK_{ij}）是包含了用户公开密钥PK_{ij}的用户的证书，r^u表示用户选取的一个随机数，以明文方式传送。

（3）CA→U：certificate（PK_c）, SKc（r^u）, PKu（r^c）

其中certificate（PK_c）是用户管理服务器的证书，PKu（r^c）是由用户管理服务器生成并用用户公开密钥加密的另一个随机数，SK_c（r^u）表示用用户管理服务器的私有密钥对信息加密。

（4）U→CA：PK_c（SK_u（r^c））

整个认证过程如图6-4-2所示。

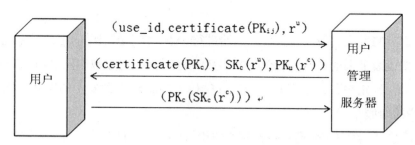

（use_id, certificate（PK_{ij}）, r^u）

（certificate（PK_c）, SK_c（r^u）, PK_u（r^c））

（PK_c（SK_c（r^c）））↵

用户

用户管理服务器

图6-4-2 身份认证过程

2 认证过程说明

（1）由数字图书馆具有用户管理功能的服务器给每个合法用户分发数字证书。

（2）当用户与用户管理服务器建立连接时，向用户管理服务器发送认证请求信息。

（3）在用户管理服务器接收到信息后，采用用户管理的公开密钥验证证书的合法性，同时获得包括在证书中的请求登录用户的公开密钥, 然后由用户管理服务器采用用户的公开密钥加密一个随机数, 返回给用户。

(4) 在用户收到用户管理服务器的回答后, 首先验证证书的真伪。并得到用户管理服务器的公开密钥, 用此公开密钥验证经用户管理服务器加密的信息, 如果能得到自己发出的 r^u, 说明对方是用户管理服务器, 因为只有用户管理服务器才能用它的私有密钥加密, 并且, 由于 r^u 是用户选择的随机数, 所以攻击者不可能通过冒充先前截获的信息来达到目的。用户再用自己的私有密钥解密 $PK_u(r^c)$, 得到 r^c, 最后用户发出返回信息。

(5) 在用户管理服务器收到信息后, 用自己的私有密钥解开信息, 得到 $SK_u(r^c)$; 再用用户的公开密钥解密 $SK_u(r^c)$, 如果能得到自己发出的随机数 r^c, 说明对方是合法用户。

3　认证过程的优点

(1) 本认证过程具有不可否认性。这样, 就可以完整地保护合法用户, 最大限度地保障合法用户的利益不受侵犯。

(2) 本认证过程具有健壮性。即本认证过程通过生成2个大随机数, 可以保证传递的信息不可篡改, 防止受到外来攻击者的冒名顶替。

这样, 通过这一认证过程, 用户的合法身份就可以得到数字图书馆管理系统的认证, 进而访问数字图书馆的数字化资源。

第5节　数字图书馆用户的增加和删除

用户密钥对的生成一般可以在服务器端进行。对于数字图书馆的用户群来说, 他们并不关心密钥的生成及证书的认证等后台的技术性问题, 所以, 对于数字图书馆的管理者而言, 更实际的做法就是先在服务器端生成, 然后将相关的信息以某种安全的途径告知用户。

1　用户的增加

(1) 身份验证。图书馆管理员收集用户的相关信息并验证其真实性, 比如姓名、电话、电子邮件以及其他纸质文档(护照、营业执照、单位证明等)。

(2) 密钥生成。由用户管理服务器根据相关安全策略和密钥管理策略, 通过密钥生成软件为用户生成一个密钥对。

(3) 利用管理员收集到的用户相关信息, 以及生成的密钥对在用户管理服务器为用户完成证书的生成及注册, 然后将用户的私钥及数字证书通过电子邮件或者其他方式告诉用户。

(4) 用户通过收取邮件或者从服务器网站上下载其私钥及数字证书。

2　用户的删除

当数字图书馆用户的身份发生变更，或者注册证书时的日期到期，都可能引发用户的删除问题。

（1）在经过一定的判断或者接收用户的停用请求后，从服务器发给用户一个证书撤销的原因说明。

（2）将该用户的证书从证书库中删除，移入证书撤销表中。

（3）该用户的状态从有效状态置为无效状态。

为了防止以后工作量的重复及增加系统的开销，用户的删除不必要每次都做得非常彻底，这样在将用户从无效状态向有效状态的转化时可以大大缩短工作的进程。另外，可以根据用户的相关信息做出一个初步判断，以证实用户删除的彻底性。

为了避免用户信息库及证书库的无用数据太多，服务器可以定期地执行系统清理工作，将长期不用的证书及用户相关信息剔除。

第7章　数字图书馆资源管理

第1节　数字图书馆资源的配置、采集与编目

1　信息资源的种类

（1）按载体材料和存储技术可分为　①印刷型信息资源：以纸质材料为载体，采用各种印刷技术把文字图像记录在纸上，便于阅读流通，存储密度低，加工难以自动化；②缩微型信息资源：以感光材料为载体，利用光学缩微技术将文字图像记录在感光材料上，存储密度高，便于收藏阅读，设备投资高；③声像型信息资源：以磁性和光学材料为载体，磁录光录技术将声音和图像记录，密度高，内容直观，表达力强，易于接受，需阅读设备；④数字化信息资源：计算机和存储技术，文字图像音视频转为数字化信息，磁光盘和网络载体等，密度高、读取高速、远距传输。

（2）按加工深度划分　①零次信息：成为文献前的信息存在状态即进行中的研究，值可能比已发表文献高，可填补某些高新技术领域文献空白；②一次信息：本人研究工作或成果为依据撰写制作发布。提供新的知识，直接借鉴参考使用价值，检索利用的主要对象；③二次信息：对一次信息整理加工提炼和压缩之后得到的信息，便于管理大量分散无序的一次信息的工具性信息又称二手资料。提供一次信息的线索节省查找时间；④三次信息：根据一定目的和需求，大量利用有关一二次信息和其他三次信息基础上，对有关信息知识综合分析提取，重组概括形成，是对现有信息知识的再创作、再创造，使其进一步增值，有综合性参考价值高、系统性好的特点。

2　信息资源的特点

随着计算机网络技术、数据库技术和多媒体技术的发展，人们不断赋予图书馆新的

含义，并产生了许多相关的新名词：电子图书馆（Electronic Library）、虚拟图书馆（Virtual Library）、虚拟现实图书馆（Virtual Reality Library）、无墙图书馆（No Wall Library）和全球图书馆（Global Library）、智能图书馆、智慧图书馆、移动图书馆。这些不同名称，只是人们为了从不同的角度描述DL（数字图书馆）的特征，不断将各种高科技应用到DL所产生的概念。数字图书馆作为现代信息技术环境下产生的新型图书馆，伴Internet和Web技术迅速壮大与成熟，图书馆信息资源的数字化、网络化是满足越来越多的图书馆用户渴望通过网络获取他们所需的知识信息的必然要求。它是组织数字化信息及其技术进入图书馆并提供有效服务的一种新型信息服务方式。几乎图书馆所有载体的信息都以数字化形式存取和管理，通过诸如Internet国际互联网等计算机网络上网服务，供读者随时随地查询。在网络环境下，信息组织的对象逐渐多样化，其范围也随之扩大，包括图形、图像、声音和视频信息等，信息组织已不再停留在对文献特征的描述，而是深入到知识单元、信息单元。数字化图书馆的信息资源具有独有的特点和功能。

2.1　信息资源数字化

这是数字图书馆的最基本特征，也是与传统图书馆的最大区别。信息存储的主要形式是从以纸张为载体的印刷型文献变成了数字化电磁信号，压缩了存储空间，改进了组织形式。数字是信息载体，信息依附于数字而存在，离开了信息资源的数字化，数字图书馆就成了无源之水。这也是图书馆信息资源数字化建设的最大难题，按学校一般藏书量计算，就算用最快的扫描仪，也是一个天文数字。一般可分两步走：第一步，两种文档并存，搞好电子目录和电子检索工作，为全面实现数字化做好前期准备。第二步，全面实现图书资料数字化。数字图书馆要求提供的数字化信息包括：文字、图形、图像、动态图像、数字声音、数字视频和超媒体资源，人们可以利用信息技术对其进行制作、加工、传输、转换和二次开发。这些信息资源种类繁多，只有对它们进行科学的组织，才能最大限度地提高信息的利用率。目前的数字化图书馆主要采取以下3种组织方法，一是文本方式：它用于对非结构化的文本信息进行组织和处理；二是超文本方式：这种方法将网上相关的信息有机地连接在一起，组成网状结构，用户可以从任一节点开始，从不同的角度浏览信息；三是主页方式：这是将某对象的信息集中在一起，全面介绍。因特网则采用这种方式。

2.2　信息传递网络化

数字图书馆通过由宽带网组成的因特网和万维网将世界各国的图书馆和成千上万个计算机联为一体，网上检索信息资源，并向网络输送信息，打破了纸印文献的局域性和局限性，可以跨时空检索，极大地缩短了信号传递的时间以及信息提供者和使用者的距离，从而加快了信息交流与反馈的速度。检索功能齐全，能提供题名、著者、主题词、关键词、号码、年代、出处等多种检索途径。这种数字化的信息以机读数据的形式存在，既可在计算机内高速处理，又可借助通信网络进行远距离传播，不受时间、空间限制。

2.3 信息利用共享化

信息资源具有通用性、开放性和标准化的数据结构。在信息网络环境下,可供多个用户使用,共享信息资源。由于有了数字化和网络化的坚实基础,信息利用共享体现出跨地域、行业资源无限与服务无限的特征。"馆藏"资源已不再是"私有",而是面向世界,任何人得到的服务都是"虚拟馆"的服务,原先的信息围墙将被逐渐拆除。

2.4 信息提供知识化

信息资源内容丰富,类型多样,输出方式灵活。数字图书馆将图书、期刊、声像资料、数据库、网页等各类信息载体与信息来源在知识单元的基础上有机组织并链接起来,以动态分布式的方式为用户提供服务。与传统图书馆相比,数字图书馆已经并将实现由文献的提供向知识的提供转变。数字图书馆信息提供的知识化,将为读者建立起 "知识宝库",而图书馆员也将成为知识导航员。随着信息加工的知识化、智能化和建立起完备的检索系统将由信息提供的多次满足转变为信息提供的一次满足。

2.5 以用户为主的信息资源服务模式

通过计算机网络,用户只需坐在办公室或家里的终端前,就可以对远程的数据库进行联机浏览、检索。当用户在查找过程中遇到困难时,图书馆员通过数字图书馆可向用户提供多种形式的方便灵活的服务,体现了双方更加密切的合作性和交流性。

3 信息资源采集的方式

3.1 购买方式与非购买方式

(1)常规购买方式:如订购、预订、赊购。

(2)常规非购买方式:如呈缴、捐赠、无偿调拨、无偿征集等。

(3)其他方式(包括混合方式、中间方式、特殊方式):如购买使用权(租借)、竞拍,交换,附购性呈缴、有偿调拨、有偿征集,复制、自行制作。如果考虑到"其他方式"中的下位类不好准确界定,建议采用N分法,在常规购买方式、常规非购买方式之后并列枚举具体方式,即:A.常规购买方式;B.常规非购买方式;C.交换方式;D.租借(购买使用权)方式;E.竞拍方式……

3.2 两组并列性的采购方式

在购买方式和非购买方式(常规购买方式、常规非购买方式、其他方式)之外,是否还存在着其他与之具有并列性的采购方式分类呢?回答应该是肯定的。在目前的现状下以及可以预期的相当长的时间内,将图书馆文献采购方式同时再区分为集团采购与独家采购,纳入政府招标采购与自购,无论在理论上还是在实践上都是有意义、有价值的。

从逻辑上讲,这两种方式都属于具有严格排他性的二分法(即非此即彼);从采购对象上讲,二者均主要基于有偿性的文献购置范畴,属于对文献购买方式(常规方式与非常规方式）的不同角度的重新分类。

4 信息资源的编目

信息资源的编目包括传统文献编目和网络资源编目两种形式。

网络资源的编目就是描述、标引网络资源的内容和形式特征，指引用户如何使用网络资源，网络信息资源所独具的特点，亦就是其编目的难点，所以网络资源编目工作面临着前所未有的困境。网络资源编目的标准和规范如下。

4.1 网络信息资源的MARC格式编目

4.1.1 MARC格式编目的优点

（1）MARC格式是目前系统最完善、结构最复杂、表示最严谨的元数据格式，它的标准化程度高，兼容性强。

（2）在MARC产生的几十年时间里，MARC一直处于不断发展完善的过程之中，为了适应环境及发展的需要，MARC经过多次修改，调整补充了多个字段。

（3）MARC严格遵循AACR2的有关规定，尤其在选取原则上，能确保其数据元素组成具有统一性，有利于数据交换。因此，增加反映网络资源信息MARC字段，完善软件功能，同样可以获取如传统编目MARC格式的声誉，而且用MARC格式著录的网络资料信息将比Dublin Core描述的信息更加准确和易为人们所信赖。

（4）在相当长的一段时期里，MARC和AACR2一直是书目数据描述领域的主流工具，从世界范围来看，当前绝大部分的书目记录都是依据上述方式进行编制的，无论是从数据描述的丰富性，还是从数据检索的查准率来看，MARC和AACR2都是名列前茅的。面对网络资源的冲击，图书馆最直接采取的方法就是使用传统的MARC对网络资源进行著录。

4.1.2 MARC格式的局限性

（1）格式过于复杂、专业性太强。MARC繁琐的著录规则、标准以及数量众多的字段、子字段限制了编目的简易、通俗和效率。

（2）MARC的编目成本较高，且速度慢。

（3）MARC需要在专门的软件系统中使用，而且不太适应互联网的环境。

（4）MARC是被结构化的特殊体系的著录格式，只有经过专业训练的图书馆专业人员才能做文献著录工作。

（5）856字段需要维护，以确保其所提供信息资源的准确性。

4.2 网络信息资源的元数据编目

由于MARC格式在网络资源的整理等方面存在着一定的缺陷，这就需要创建新的数据模式来弥补它的不足，元数据的概念就是为了描述和组织网络信息资源的需要而被提出来的。于是，建立一个更简单的元数据模型和构架，并且能在网络中为各种用户所接受的标准化元数据元素集就显得非常重要,都柏林核心(Dublin Core,简称DC) 就是为满足这种需要而产生的。作为学科间资源描述的首选者,都柏林核心已得到国际间的广泛认同,是目前世界上使用最广泛的元数据格式。

都柏林核心作为一种新的元数据模式,备受研究者的关注,很多文章都运用了较大篇幅分别介绍了DC元数据的发展历程;三大类十五个数据元素和限定词;都柏林核心的特色和设计原则等。都柏林核心之所以能够成为网络信息资源的著录标准,是由其自身的优越性决定的。都柏林核心的特色在于:简单明了,能够同时为非编目人员以及资源描述专家所用;语义互用性,有助于统一其他内容标准并且普遍为人们所了解的描述符集合;国际认同,得益于世界20多个国家的参与和推动;可扩展性,适用于更丰富的资源标准内部的结构和更详细描述的语义编码;全面性,它概括了网络信息资源的主要特征,涵盖了资源的重要检索点、辅助检索点及有价值的说明性信息;兼容性强,DC通过内嵌在HTML 语言中来实现其对Web 资源的描述,而HTML现已成为一种通用的超文本标记语言,各种通用浏览器都支持对它的解释。

都柏林核心虽然是专门针对网络资源而制定的一种著录格式,但由于其还处在发展阶段,因此不可避免地存在一些问题。著录项目定义上的模糊;检准率与检全率; 限定与控制的运用;互通性;格式的稳定性;应用软件。

4.3 MARC格式与DC元数据的映射研究

目前,国际和国内的图书馆的编目工作基本上都遵循MARC 格式,而且大部分图书馆都存有数以万计的MARC 格式的书目数据,如何将图书馆资源网络信息资源融于同一系统之中,使Dublin Core元数据与MARC格式书目数据相互转换,实现DC与MARC的映射,这也是网络信息资源编目研究的一个热点问题。由于DC 与MARC 并不兼容,给相互操作带来了相当大的困难。因此,必须建立DC与MARC元数据的映射,将MARC格式下的元数据一一映射到DC 格式中,从而在DC 元数据框架中实现互操作。从理论上说,从DC 到MARC 甚至其他元数据格式的映射并不是件很困难的事情,任何一种结构化的数据都能转换成另一种数据结构,解决DC到MARC的映射问题,也就解决了元数据互操作问题中的核心部分。

MARC 互换的首要问题是建立二者的映射表。多位学者都以列表的形式介绍了都柏林核心与MARC 数据单元的对照,从映射表中可以看出,DC 与MARC 之间的对应关系有一对一映射、一对多映射、多对一映射和无对应映射4 种。然而,随着DC元数据描述细节的日渐完善,DC 元数据元素在现行的MARC 格式中可能找不到对应部分,也就是说,在很多方面,DC 已经超越MARC。因此,这种转换不可避免地会造成一定程度的数据损失,这是在建立DC 与MARC 映射过程中的一大难题。

网络时代的图书馆强调信息资源的整合和检索的无缝性,然而,信息的整合并不意味着是各种资源的简单集合,而是强调利用各种技术对各种资源进行有效的整合,使多种资源形成一个有机的整体。不断研究MARC和DC之间的映射,就可以使传统资源与网络资源有机地结合在一起,向用户提供统一、全面的检索平台,克服数字化资源与纸质文献资源彼此分隔的弊病。

5　编目业务外包

图书馆编目业务外包,就是图书馆把编目工作以合约方式委托给馆外从事编目的专业机构(如书商),完成编目数据加工的服务业务。编目业务外包的内容包括两方面:一是图书文献载体的物理加工,包括贴磁条、加盖馆藏章、贴条形码、贴书标等;另一方面是文献内容的加工,即通常所说的编目加工,包括文献分类、标引、主题分析、文献著录、馆藏记录等。20世纪90年代以来,随着自动化、信息化、网络化进程的不断加快,国外图书馆编目外包活动进入了一个新的发展时期。图书馆编目业务外包能够起到降低图书馆运作成本、节约人力、加快文献信息传播速度的作用,解决图书馆面对新技术、新形式的信息资源所造成的在人力技术方面上的不足的问题,使图书馆更好地集中馆内有限力量完成以读者为中心的各项工作。

6　编目工作发展趋势

随着网络技术的发展,图书馆文献编目的环境、内涵、外延和职业要求发生了一系列的变化:

6.1　网络条件下编目环境的拓变

6.1.1　产生了新的岗位生长点

数字化资源迅速发展,其内容广泛、传递速度快和使用方便等特点,使大量读者不再局限于纸质载体的使用而偏好网络资源。随着获取信息途径的增多,网络、电视等已成为人们获取信息的主要途径。为适应读者利用文献特点的变化,各图书馆对馆藏结构做出了相应的调整,电子期刊、电子书、免费网络资源等都已成为馆藏的重要内容。因此,有序地组织和整合这些资源成为拓展编目业务的新内容。

6.1.2　传统工作内容萎缩

继2003年CALIS(China Academic Library & Information System,中国高等教育文献保障系统)联机合作编目中心、国家图书馆编目中心和上海图书馆联机编目中心建立以后,随着计算机网络条件下国内联机合作编目的蓬勃发展,各地区相继建立了联机合作编目中心。这些中心为全国各类图书馆共享书目数据奠定了基础。大量的可套录数据不仅加快了文献编目的速度,降低了大部分文献编目的技术难度,提高了编目工作的效率,同时也促进了传统编目工作流程的改革,进而导致了传统编目工作内容的萎缩和部分工作岗位的消失。

联机合作编目具有执行标准统一、数据质量高、制作数据速度快等优点,在为各图书馆奠定共享书目数据基础的同时,也为书商套录书目数据、实现图书编目外包创造了条件。尽管各图书馆实现图书外包的做法不一,但是无论实现编目工作部分外包还是全部外包,都可以使图书馆节省大量的劳动力。因此,编目外包推动了传统编目工作向新的知识组织和整合领域拓展,促进了具有文献组织技能的部分人员向其他信息资源组织岗位流动和转移。

综上所述,一方面联合编目和编目外包导致了传统编目工作内容的萎缩和转型,甚至在个别图书馆中不仅失去了昔日的权威地位,而且还面临着消亡的危险。另一方面,面对虚拟信息资源采购和收集数量的剧增,如何对它们进行有效的组织,以提高读者了解、检索、辨识和获取这些信息资源的方便程度,对现代编目人员提出了极大的挑战。因此,网络环境下编目工作的挑战和机遇并存,我们应该从知识组织和图书馆知识管理的角度重新认识编目工作的内涵,在传统文献编目的基础上拓展工作的内容和形式,使编目工作在知识组织领域突现出新的活力。

6.2 编目工作内涵的变化

6.2.1 编目岗位名称的变化

网络条件下,编目人员的角色出现了越来越多新的称谓,如"电子/数字资源馆员"、"元数据馆员"、"元数据分析员"、"印刷型/数字型编目员"、"MARC数据库管理员"、"信息馆员"等。这说明在网络环境与数字化技术的冲击下,编目员的职能范围得到了进一步的拓展。无疑,图书馆编目人员具有组织管理印刷型文献信息的丰富经验,他们在收集、分析和整理信息资源方面具有的专业素养,对电子资源和其他文献类型的整合、有序化将大有裨益。随着元数据(Mata-data)格式的完善和标准的推出,编目人员在整合和处理网络资源中将扮演关键角色。

6.2.2 编目理念的拓展

编目理念上,应具备创新意识,在新技术的协助下,设计出符合时代潮流与读者需求的目录,让编目员对读者的信息需求做出更直接的贡献,如:增加目录选择及辨识的功能,让读者可以在查询目录时,除了题名之外也能看到资料的目次、著者的生平甚至是书评,并通过在相关文献之间建立关联来提高文献聚集的功能;把单一图书馆的资源与虚拟图书馆的资源实现超链接,以提高聚合读者需求的功能,由文献的揭示深入到知识层面的揭示,即深入到揭示文献的章节及单篇文章,进而提高文献的检索功能。概言之,文献编目实现由文献组织向知识组织层面的转移,是实现目录揭示、识别、聚合和获取功能的重要方面。编目理念的变化对书目数据制作的质量提出了更高的要求,使编目工作更具挑战性。

6.2.3 编目对象的多元化

无论是实施联机合作编目还是编目外包,编目的对象都仅仅局限于传统的印刷型图书和期刊。然而,目前图书馆收藏的文献对象已经远远超越传统文献的范围,呈现多种载体、多种类型并存的局面,其中包括电子图书、电子期刊、网络资源、缩微资料、光盘、磁盘等多种信息资源。

6.2.4 编目分工精细化

在联机合作编目条件下,通常90%以上的书目数据可以通过套录获取,而需作原始编目的数据占的份额很低,这使追求更高的工作效率和合理使用人力资源成为可能。因此,可以将原来以文种、流程设置工作岗位的原则,改为以原编、套录、总校和加工等按工作性质设置岗位的原则。采用这种分工模式不仅提高了编目工作的效率,同时也提高了编目工作的质量。而且可以将高级编目人员从技术含量低的重复劳动中解脱出来,让他们更多地从事提高书目质量、改善OPAC(Online Public Access Catalogue,联机公共目录查询系统)检索界面等对提高读者检索利用文献有意义的工作。此外,合作编目腾出的人力资源还可以从事网络资源编目和特种文献编目的相关工作。

6.3　编目工作外延的扩大

随着文献编目工作环境的拓变、内涵的变化,编目人员完全可以从传统的高强度的重复劳动中解脱出来,利用已有的专业技能,从事下列一些传统编目以外的工作,以便更好地为读者服务。

6.3.1　加入咨询和导读队伍

编目员对用户需求的了解、对藏书的分类布局和组织体系的熟悉程度是其他馆员无法比拟的,因此可以分担一定的参考咨询工作,走到公众服务的第一线。

6.3.2　加入自动化管理的建设队伍

图书馆自动化管理是一项工程浩大的任务,需要制定规范的工作条例以及投入大量的人力资源,编目员可以利用丰富的专业知识和娴熟的操作技能在其中担当组织、培训与管理等重要角色。

6.3.3　加入数字图书馆建设的队伍

编目员有得天独厚的技术背景,具备接受新事物的能力,了解用户需求,所以能参与开发和推广信息软件,制作和维护网页,成为数字图书馆建设的主力军。

6.3.4　担任"特色数据库馆员"、"信息馆员"

未来的社会是信息社会、知识社会,人们更需要的是深入文献实体的知识单元或信息单元。编目人员由文献组织者发展为知识组织者,编目工作不再停留于文献外表特征的描述,如题名、责任者、出版者、载体形态等信息,而转向加快二次文献数据库的建设开发馆藏资源,建设有本馆特色的数据库。

第2节　数字图书馆资源流通阅览与管理

1　数字图书馆流通阅览工作的特点

在网络环境下,图书馆的服务方式已经有了很大的变化,虽然传统的服务方式还存在,但是新型的服务方式受到更多读者的追捧,个性化服务更是图书馆工作中重点研究和探讨的话题之一。

数字图书馆的个性化服务是从信息提供者的角度为用户量身定制的信息服务,而用户体验则是用户利用这种服务的经历与感受。由于信息提供者和用户在认识方面存在偏差,所以,信息提供者只有通过与用户的交互,了解用户在使用个性化服务中的体验与感受,才能为用户提供更加切合用户实际的和更加高效的个性化服务。可以说,用户体验与数字图书馆个性化服务同出一辙,是目标与手段的关系,让用户获得愉快的体验是目标,而数字图书馆提供的个性化服务则是实现这一目标的手段。

流通阅览个性化信息服务的特点:

第一,信息服务内容丰富多彩

计算机技术、多媒体技术以及网络通讯技术的迅猛发展与综合利用,使得人类进入信息时代。网络信息的快速增长、信息形式的多种多样以及信息传播的发展,从而使图书馆的信息服务发生很大的变化。图书馆的网络数据库,电子资源、科技查询资源等大量的信息,读者希望不仅要为自己提供更加准确的信息,而且能够按照自己指定的方式进行服务,例如提供印刷版、电子版、网络版或者是电子邮件等服务要求,读者对服务的时间和地点也有一定的要求。

第二,与读者沟通更方便

一般来说,个性化信息服务都要求构建一个友好的读者信息服务平台。这个服务系统不仅要求方便读者使用,而且可以方便读者描述自己的需求,方便他们反馈服务结果的评价,可以跟踪了解读者的兴趣与要求,以便改进服务内容与方式,提供更合适的个性化信息服务。

第三,服务更加注重时效性

个性化服务能够保证信息的时效性,并且能够主动将符合读者特点与需求的信息及时推送给读者,而且可以为读者提供最符合的信息资源,排除不相关信息的干扰,极大地节约了用户从信息海洋中搜寻的时间。在用户创建用户名和密码后,可以在任何地方通过互联网浏览器登录个性化系统查找所需要的文献资源。

2 数字图书馆流通阅览服务与创新

2.1 改进服务意识

流通工作不能单纯停留在以前的被动服务工作状态,应该要拓展流通部门的服务范围,深化服务内容,变被动服务为主动服务,积极开展个性化服务。在网络条件下,图书馆的工作人员要树立"读者第一,服务至上"的思想观念,改善服务态度,掌握好服务技巧,急读者所急,想读者所想,摆正自己与读者的服务与被服务的位置。例如对馆员采取请进来走出去的方式进行培训,组织到先进馆学习取经;开展网络调查,倾听读者心声等,以灌输和接受先进的服务理念,让馆员在潜移默化中改变陈旧落后的服务意识。

2.2　改革服务手段

传统的流通阅览服务手段比较单一,而网络条件下图书馆的个性化服务内容已经得到了更进一步的深入。流通阅览工作可以做到如下一些深入的改革。在借阅服务方面,可以做到预约、催还、网上续借等功能。例如建立邮箱服务,可以在系统上建立个性化服务邮箱,读者可通过该邮箱了解图书馆的藏书类别、藏书数量、新书信息等,可通过服务邮箱帮读者预定已经借出的图书,做到预约图书到馆提示,急需预约图书到期催还提示,所需新书到馆提示等服务;还可以为读者提供图书催还,网上续借等服务,还可利用通讯网络,开展短信/微信新书预告和借书提示与催还等服务。在流通统计工作方面,也可以做好流通阅览的统计,分析读者的需求,与读者建立互动。可以将读者的需求图书和新书入库后的借阅信息进行分析后,反馈给采访部门,使得购书计划可以得到优化调整,从而优化馆藏结构,真正做到藏为所用。还可以统计图书借阅排行榜,放到图书馆主页上,给其他读者提供阅读提示。

2.3　My Library的应用

很多图书馆的系统都有My Library功能,My Library最能表现图书馆的个性化服务。My Library的理念来自于Connell大学的开创性贡献。研究人员发现用户需要更多的个人空间,需要定制重要资源。所谓My Library,是以用户为核心,以个性化选择为界面的图书馆信息资源搜集方式,是根据用户个性特征进行的图书馆信息服务。用户可以在数字图书馆申请取得一定空间,依据自己的兴趣爱好和专业领域建立服务定制,系统根据用户特征的不同而提供不同的服务项目和服务结果,帮助用户获得与其特征描述相一致的数字化资源。个人图书馆是一种图书馆个性化服务模式系统,是一个完全个性化的私人信息空间。在个人图书馆里,一方面用户通过系统界面、资源集合、检索工具、系统服务等的定制来创建愉悦的个性化界面以及对图书馆及网络资源与服务的便捷的链接;另一方面,系统通过提供个性化的信息编辑工具来创建、组织、加工和维护用户的个性化信息(个性化论文、读书笔记等),构筑网络信息时代的"私人藏书楼"。

2.4　OPAC检索系统的改进

OPAC检索系统可以说是流通阅览部的门面,很多读者进入图书馆查阅资料,都是先检索好索取号再到书库找书。现在国内图书馆使用的图书馆系统,都比较旧,虽然检索机更新很快,屏幕是液晶的,可是OPAC的用户界面没更新过,显得不够人性化。OPAC检索界面一般都是一成不变的几个项目可供检索,例如:题名、责任者、主题词、分类号等,不支持组合检索,没有相关词建议,回复信息经常是"没有满足条件的记录"。有专家认为,理想的OPAC系统应该具有用户友好的界面,提倡用户参与和学术合作。它应该具有以下几个功能:提供组合检索,相关词检索以及纠错提醒的功能。检索结果的排列应该有多种选择(按年代,字顺等)。用户可以编写标签和书评。可以根据系别、喜好建立群,通过群实现学业或学术交流。根据借还统计设立最受欢迎书籍或数据库排行榜。提供根据用户喜好的个人推荐书目。也有专家推荐书目。对于无馆藏的文献资源,提供数据库提示,网上书店的提示和馆际互借链接,达到文献资源和服务体系的无缝接合。

2.5 图书馆2.0的兴起

图书馆2.0这个概念自提出起,争论声不绝于耳。在争论过程中,图书馆2.0的内涵也在不断深化,图书馆2.0不仅仅是在图书馆服务中应用Web2.0技术,而是成为新一代图书馆的代名词。图书馆面临严峻挑战已经是老生常谈,图书馆2.0是图书馆界应对挑战的一个反应。近年来,信息技术的发展对图书馆而言可谓冲击和机遇并存。冲击在于新的信息服务模式震撼了图书馆的传统服务领域,并导致了这些服务模式的根本改变。这种新的服务模式显然会对图书馆服务产生影响。原先的图书馆服务是一个标准化的服务构架,图书馆用户只能被动地接受服务。如他们只能来到图书馆的OPAC上查书,到数据库服务商提供的网站上查找文章等等。而到了图书馆2.0时代,图书馆采用了Web2.0的服务构架,不是提供单一的服务模式,而是提供了一个服务构架,即将各种图书馆服务打包成一个个服务模块,而图书馆服务内容则由图书馆用户自行整合图书馆2.0的核心是用户参与,以前我们过多地将用户参与理解为用户的信息(内容)层面参与,而忽视用户参与整合服务内容。例如,图书馆可以采用博客服务商的服务模式,将图书馆主页变成一个信息服务提供者,用户在这个网页,注册一个用户,可以像建立自己的博客那样建立自己的图书馆。每个用户的图书馆都不是一样的,是按照自己的偏好建立起来的。就如同自己的博客那样。用户可以在自己的图书馆里整合各种图书馆服务,也可以添加自己的信息内容,建立自己的读者联系群落,成为一个个人的信息空间。

3 数字图书馆流通阅览人力资源管理

随着信息化进程的加快,互联网的广泛应用,现代化信息服务全面进入了高校图书馆领域。在开展原有图书馆业务,即对文献信息加工整理的基础上,以信息技术为先导,进行了传统图书馆馆藏的数字化转换、大型数字化资源的引进、网络信息资源的挖掘和组织、信息资源的整合,并利用先进的信息技术、管理模式来提高信息利用率缩短用户的响应时间。社会信息化对图书馆的挑战真正来临,对图书馆事业的人力资源提出了更高的要求。

3.1 图书馆人力资源管理现状

许多图书馆对人员管理基本上还停留于传统的人事管理,对人力资源管理的重要性缺乏认识,观念滞后于时代发展要求,所以就出现了很多可以避免但又发生了的现象,最具代表性的就是以下几种情况。

3.1.1 图书馆工作者在文化程度上整体偏低

很多图书馆在引进研究生、博士生或者一些高级人才时,若是他们的家属学历较低,绝大部分都是将家属安排在图书馆;此外,凡是学院或其他部门认为办事或者教学能力不太强的教职工,也都将之安置于图书馆。这样一来,图书馆工作者在很大程度上既自我鄙视又受外界藐视，工作积极性受到严重挫伤。这都导致图书馆在人才配备上存在畸形，人为阻碍了图书馆人力资源的科学管理，使得各项工作的开展处于被动和停滞不前的状态。基于此，合理构建人才队伍是图书馆在人力资源管理中一个重要问题。

3.1.2　图书馆工作者在工作上具有惰性

由于有相当一部分图书馆工作者所学专业与工作对口程度不高，加之很多图书馆激励机制不够健全，一部分图书馆工作者工作热情不够甚至缺乏，更谈不上对业务的钻研、工作的创新，呈现一种惰性。如有些人只是按时上班，在工作中既不动脑也不动手，挨到下班时间就下班；还有些人在工作中动嘴多，动手少，动心就更少了。诸如此类的现象，使得图书馆各项工作的开展始终在被动中进行，毫无创新可言。

3.1.3　图书馆工作者在思想上具有不稳定性

图书馆相对于高校其他部门或二级学院来说，工作人员的社会地位较低，工资待遇较差，而工作又很繁琐。这就使得很大一部分具有较高文化程度或者较高职称的技术人才，在工作上不安心，更换部门的现象屡见不鲜。而其他文化程度不高或者职称较低的人员同样会有这种想法，工作甚至更加不安心。

3.2　图书馆人力资源管理方法

3.2.1　采用职业化的能力评价机制，依据岗位职责对全馆员工分层分类进行评价

职业能力应是馆员学历、科研、工作能力三者相结合的综合体现。管理者制定评价标准时应依据各馆具体情况制定合理的配比，再逐一进行量化分解。在评价过程中把学历评价量化分解为专科、本科、研究生（在读）、博士（在读）、博士后（在读）；而工作能力量化评价方法是，首先将图书馆整个工作职能分解到各个部门，再由部门细化到每一个岗位，接着将岗位职责细化到每一位馆员日常的工作任务中，最后实现工作任务的逐层分类、逐级细化，确保事事有人做、权责分明。具体来说，可以采用将图书馆工作按照工作流程分类的办法，即工作分为办公室、流通部、阅览部、文献资源建设部、参考咨询部、网络服务部等几大类，再将部门工作职责细分为采访人员、编目人员、典藏人员，然后细化到各个岗位的工作职责、工作范围、所需学历专业、具备的技能等等，把科研能力评价量化分解为除日常工作之外还需要具备的各项专业能力和科研能力。这样才能应对图书馆现代化、信息化、数字化的转变，科学、有效、快捷地进行图书馆信息服务工作，实现对知识内容性的加工整理，包括论文或科研成果、外语、计算机知识等。在评价过程中还要充分考虑个性特征，包括馆员的性格、爱好、职业道德、人生观、价值观、性别、年龄等等。在具体开展评价工作时，要根据实际情况酌情考虑图书馆及相关馆员的实际情况，评价体系与标准的制定应该成立专项小组具体负责，必须由本馆领导、人力资源专家、图书馆专业专家等各方人才参与制定，并要通过大量的数据统计、问卷调查分析工作，以科学的结论作为评价基础。

根据评价结果，我们可以确定图书馆发展方向，结合能力评价体系，针对本馆实际情况制定招聘计划；实际工作中，评价指标可以作为图书馆馆员的工作准则，同时为馆员培训和继

续教育提供课程科目设定及考试依据。考核评价体系提供图书馆馆员能力测评的内容,能够在馆员职业发展时提供依据,给馆员多重职业发展选择。

3.2.2 改革图书馆馆员任用机制

图书馆领导者应树立"人才第一"的用人理念,将合理利用人才作为提高图书馆核心竞争力的关键。图书馆的工作已经不再停留在简单的图书借还、加工整理上架等基础管理性工作,馆员应具备一定的图书馆专业背景,丰富的实践经验和较高的理论水平和科研能力。优秀人才更看重能够发挥自己才能的岗位和知人善任的领导。所以馆领导要以能委任,给人才一定的发展空间,做到业务层次结构与人才能力结构有机结合。以职业化能力评价给出的评定作为参考来配置岗位。做到人尽其才,才尽其用。在任用机制改革中也要注意动态配置,防止人才流失。根据人才学的理论,人才不仅有能质的差异还有能级的不同,同一能级的人才应按能力在其所在人才结构中进行定位。按人才价值工程原理,人才能级与其所在职位具有的能级应该相互对应,若前者大于后者,应上升更高层次,若前者小于后者,令其提高自身能级或进行必要的岗位调整。所以图书馆岗位层次结构应该与人才能力结构有机组合,建立一种稳定、动态的图书馆队伍,以应对图书馆发展与变化。

3.2.3 加强图书馆馆员能力开发,积极开展继续教育

从整体上讲,图书馆要有一支梯次衔接、专业配套、结构合理、富有生机的图书馆馆员队伍。这支队伍应在层次结构、知识结构、职能结构等方面比较适宜。要想图书馆良性发展,就需要图书馆每个成员发挥能力共同奋斗。馆员能力开发应由图书馆牵头,以继续教育培训为主、业余时间自主学习为辅。首先采用多样化继续教育培训形式,既有补充性质的培训班,又有提高性质的研究班;既有针对工作环节的专题培训班,又有更新内容的短期培训班;既有围绕某一新技术新标准的学习班,又有系统学习业务的进修班。图书馆馆员的教育与培训要形成终身教育体制,坚持在职、脱岗、交流等多种培训形式。在培训中鼓励每个馆员成为终身学习者,了解那些抑制馆员学习的因素,知道如何激励馆员学习。图书馆馆员还应当自主地将个人长期发展目标与短期发展目标相结合,依据个人的实际情况,制定既能满足目前工作需要又能促进馆员自身能力长期发展的职业生涯规划。认识自身的价值,自主学习并使其增值,增强职业竞争力。图书馆也可以定期对馆员的职业规划进行评估,把握馆员的职业定位和方向, 使馆员的发展目标与图书馆的发展目标趋于一致。

3.2.4 改革和健全图书馆馆员考核评价机制

以职业化能力评价为依据,结合馆员工作情况,以工作实绩、工作技能、职业道德、科研能力为考核指标,多角度考核馆员。工作实绩考核主要针对工作的数量和质量,工作技能考核主要包括岗位技能和学习能力,职业道德考核主要包括出勤、协作、沟通、积极性、主动性、接受批评的态度、工作改进的速度、品德、政治倾向、品德修养,科研能力考核主要包括资格证书的取得、学位的获得、信息的敏感度、信息的搜集能力及科研成果。

第3节 数字图书馆资源的组织与管理

1 数字图书馆资源的评价

1.1 数字图书馆信息资源绩效评价体系构建的意义

数字图书馆建设工作的重要一环是数字图书馆信息资源绩效评价,这是其自我完善的一个具体措施,建立数字图书馆信息资源绩效评价体系具有重要意义:一是可以使各数字图书馆对自身拥有的信息资源量、服务方式方法、信息利用手段等有一个正确认知和全面掌控,据此制定行之有效的整改举措,以促进数字图书馆不断向前稳步发展;二是数字图书馆信息资源绩效评价可以使各数字图书馆通过总结成功经验和失败教训,来加强馆内信息资源的优化设置和有效利用,在最大范围内尽可能发挥出数字图书馆的全部功能,为用户带来更为个性、贴心的满意服务;三是数字图书馆信息资源绩效评价可以使各数字图书馆比较直观、深刻地了解其影响因素和影响程度,为评价体系的构建提供重要依据。

1.2 存在的问题

我国数字图书馆信息资源的绩效评价目前处于探讨这一初级阶段,科学、普遍、可操作性强的整体规范尚未形成,其评价体系还只是一个大致雏形。目前已有的指标体系可以说各有所长,也各有不足,其绩效评价存在以下缺点:一是评价指标仍然侧重于单个或单种数字资源(如数据库)等的评价,未包含成本等方面的评价内容。评价内容简单,不够具体全面;二是评价指标仍然把定性指标和定量指标区分为主、辅两个层次;三是指标的合理性和前瞻性不强,指标的设计还存在不合理的地方,对数字图书馆的发展前景缺乏大致预测。上述缺陷的存在说明现有的数字图书馆信息资源绩效评价指标已不能适应新时期数字图书馆发展的需要,目前尚没有形成统一的简单易行的数字图书馆信息资源整体绩效评估指标体系和方法。

1.3 评价体系的构建

1.3.1 构建的原则

在构建数字图书馆绩效评价指标体系过程中,应遵循以下几方面的原则。

(1)科学性与合理性相结合的原则

科学性原则是评价体系构建应遵的最基本原则,要在综合分析信息资源的基本构成、系统平衡影响因素的基础上,对评价标准进行明确定位。同时还要结合其合理性对评价指标进行有效筛选,保证指标选择与层次划分具备逻辑性,做到结构合理,层次分明。

(2)独立性与整体性相结合的原则

独立性原则是指各指标要内涵明确清晰,尽量避免指标交叉、重复设置,以免出现"评价失真"现象。但评价体系作为一个有机整体,其指标之间还需要有逻辑关系,具备相关性能够相互补充、支撑,以形成一个系统、完整的有机体系。

(3)全面性与代表性相结合的原则

全面性原则是指评价体系要尽可能系统反映全部的评价内容,在不同层次上采取不同的评价指标,做到不遗漏主要因素,但并非多多益善,而是要抓住主要因素,突出重点,选取有代表性的评价指标,做到客观实际,便于比较。

(4)定性分析与定量分析相结合的原则

根据评价指标的显性、隐性两种特征,可分别采取定性或定量分析。如数字资源数量等指标可以获取相关数据,是显性指标,所涉及的数据资料易于收集,便于统计处理,可用定量分析法进行研究,其评价结果也可以量化表示。如馆员信息素养等指标获取不到相关数据,是隐性指标,可用定性分析法进行研究,通过一定的方法和途径对相关内容进行有效处理,尽量使其评价指标具备可比性。两者结合可以实现科学、全面评价。

1.3.2 评价体系的构建

依据数字图书馆"资源""技术""用户"和"项目运营管理"四要素,将其提取为4个一级评价指标、16个二级评价指标,以此对数字图书馆各维度效果进行全面评估(见图7-3-1)。

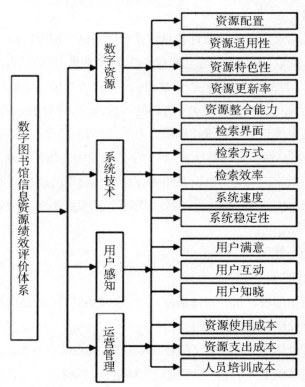

图7-3-1 数字图书馆信息资源绩效评价体系结构图

（1）一级指标"数字资源"。"数字资源"由数字图书馆"内容层面"确定。数字信息资源是全面还是片面，正确还是错误，是否具备权威性和时效性等，都是对数字图书馆信息资源绩效衡量的重要依据。"数字资源"细分为"资源配置""资源适用性""资源特色性""资源更新性"和"资源整合能力"五个二级指标（见表7-3-1）。

表7-3-1　一级指标"数字资源"构成表

二级指标	评价要点
资源配置	主要包括"资源数量"和"资源质量"，"资源数量"评价购买各个类型数据库的数量，"资源质量"评价已购数据及其他数字信息资源的权威性和连续性
资源适用性	评价数字信息资源是否可以满足图书馆用户需求
资源特色性	评价是否自行开发、建设一定特色的数据库或其他数字信息资源
资源整合能力	评价各个数据库相关资源可否关联、资源重复率如何
资源更新性	评价数字信息资源的更新频率和次数

（2）一级指标"系统技术"。"系统技术"由数字图书馆"系统层面"确定。因为数字图书馆的储存空间非常巨大，所以就必须要有一个先进、有效、稳定的系统来储存，以保障用户的检索资料的信息行为。对储存系统的有效性进行评价，是衡量数字图书馆信息资源绩效的重要依据。"系统技术"细分为"检索界面""检索方式""检索效率""系统速度"和"系统稳定性"五个二级别指标（见表7-3-2）。

表7-3-2　一级指标"系统技术"构成表

二级指标	评价要点
检索界面	评价用户的检索界面是否友好（简单明白、容易操作）
检索方式	评价提供检索方式、检索语言及检索策略是否多样化
检索效率	评价检索得出的最终结果准确与否，以及结果陈列的组织性如何
系统速度	评价系统命令从开始运行到最终完成任务的反应时间
系统稳定性	评价数据库、服务系统及其他相关系统动作稳定与否

（3）一级指标"用户感知"。"用户感知"由数字图书馆"利用层面"确定。数字信息资源的存在，以其可用、适用的特性可以满足用户的信息需求，是评价体系的一个重要评价指标。"用户感知"细分为"用户满意""用户互动"和"用户知晓"三个二级指标（见表7-3-3）。

表7-3-3　一级指标"用户感知"构成表

二级指标	评价要点
用户满意	评价用户使用功能和使用便利程度的整体感知
用户互动	评价用户互动渠道、处理用户意见的效率和效果等
用户知晓	评价用户对相关数字信息资源及应用方式的了解程度

（4）一级指标"运营管理"。"运营管理"由数字图书馆"成本层面"确定。数字信息资源质量以及用户满意度，可以通过对比成本与收益之间的差距来体现，通过数字图书馆的"低成本"实现用户的"高满意度"，可以作为衡量信息资源绩效的一个有效标准。"运营管理"细分为"资源使用成本""资源支出成本"和"人员培训成本"三个二级指标（见表7-3-4）。

表7-3-4 一级指标"运营管理"构成表

二级指标	评价要点
资源使用成本	评价计算登录页面、检索主题、下载信息等成本。
资源支出成本	评价数字信息资源购置成本与图书馆所有资源购置总成本相比较所占的比例
人员培训成本	评价从事数字图书馆项目馆员数量占馆员总人数的比例

1.3.3 评价体系实践

要实现数字图书馆信息资源绩效评价体系的有效运行,就要对其进行正确合理的有效操作,数字图书馆信息资源绩效评价体系实践流程如下(见图7-3-2)。

用户调查→调查抽样→数据统计→数据处理→数据分析

图7-3-2 数字图书馆信息资源绩效评价体系实践流程图

在"用户调查"阶段,设计调查问卷(包括纸质、网络问卷),并结合数字图书馆实情对调查指标做出微调,以确保问卷的科学合理性;在"调查抽样"阶段,要对抽样规模进行有效控制,对抽样范围进行有效选择,以提升调查的可信度;在"数据统计"阶段,应用恰当的统计工具对调查数据进行计算;在"数据处理"阶段,对调查用户进行地域统计,计算评价指标的综合期望与感知差距;在"数据分析"阶段,采用某种分析法对已整理的调查数据进行细致分析,评价各变量是否存在联系,以及他们之间联系的程度。

2 数字信息资源的综合利用

2.1 课题查询及论文搜集资料

一般来说,大学教育是我们从事专业性课题研究的开始,在进行科研活动时,一方面要借鉴前人和同行的研究成果,或解决问题,或在此基础上有所创新,另一方面要避免课题的重复研究,浪费无谓的精力和时间。文献及其他形式的信息资料是科学研究成果的载体,查询、了解、搜集特定的信息资料对于科学研究具有举足轻重的意义,并在研究活动中占用相当的时间和精力。在当今信息量激增,信息载体形式多样化的发展趋势下,信息资料的含义和范围也在日益延伸和扩大,这给我们查询和搜集资料既带来了方便,也带来了困难。

无论是为课题研究寻找答案,还是为学术论文写作积累资料,都涉及一个怎样运用科学的方法进行课题查询和怎样搜集和运用资料的问题。掌握信息检索的知识,特别是运用现代化的技术手段,利用丰富的数字化的信息资源,借助于有效的资料检索方法,便可以以最少的时间和精力获得最有用的资料,起到事半功倍的效果。具体地说,能够有效地利用现有的资源,熟悉各种检索方法和重要工具,进而具备检索信息、评估信息、组织信息及运用信息的能力。同时依照学术论文的格式撰写报告,是一个大学生进行独立学习及研究的重要能力与信息素养。

2.1.1 课题查询的方法

课题查询是课题研究及论文写作的第一步。为获得满足研究需要的结果,查询一般要分

五个步骤进行, 即

（1）分析研究课题；

（2）选择参考资源或检索工具及确定检索范围；

（3）确定检索途径和选择检索方法；

（4）评估检索结果, 优化检索策略；

（5）对检索结果进行组织整理。

课题有大有小, 有深有浅, 因此检索的难度和耗费的精力和时间也不一样, 以上步骤为比较系统地进行课题查询的过程。不同的课题需要获得的信息类型和信息量都不一样, 运用研究策略也有不同, 我们可以在实践中灵活运用, 个中的步骤也可以根据需要省减, 或者循环重复, 不断调整。

（1）课题分析与研究

在进行资料检索之前, 必须对检索课题进行分析, 明确检索目的, 界定主题范围。通常我们可以从课题类型、信息的深度与广度、主题的时效性、资料的数据类型等方面进行分析。

课题的类型主要包括下面几种情况：

①寻找针对具体问题的准确答案, 或解决问题, 或作为论据和引证。查找事实或数值型信息大多属于此类。

②查找特定文献, 根据某一篇文献的线索查找原文, 或已知某一作者, 查询其所有发表的文章。

③对某一问题做大致的了解, 并就问题的一个方面, 表述自己的观点撰写小型论文。

④查阅某一专题的前沿和最新资料, 了解研究动态、发展趋势。

⑤对某一课题做全面的调查研究, 了解该课题的整个发展过程。全面而细致地了解国内外有关的所有出版物的情况, 不仅包括书籍、期刊、报纸、报告、政府出版物, 还包括声像、多媒体等新兴的载体形式。年代范围不仅包括现期的资料, 也要对过期的资料进行回溯, 撰写综述或研究报告。

⑥对某一课题做深入的专题研究, 在充分掌握材料和该领域重要研究成果的基础上。提出创新性的具有一定学术水平的观点或论断, 撰写研究报告或学术论文。

在确定了检索课题的类型之后, 我们可以在此基础上确定该课题需要多少信息? 查检信息的广度与深度如何? 对时效性有什么要求? 对信息资料的数据类型是否有所限定或侧重?

第①、②种检索课题的类型很简单, 只要正确选择了检索工具和参考资源, 便可以一步到位查到所需要的信息, 很快地达到检索目的。有的课题（如第③种类型）可能只需要浏览一些简短的摘要或者参考几篇概论性文章就可以了。有的课题则需要搜罗各种翔实、深入的信息, 才能圆满完成。

从主题的时效性讲, 第④种类型的检索课题, 需要最原始、最新颖的第一手资料, 需要参考最新的期刊、会议资料、未发表的预印本文献（pre. Print）；有些课题如第⑤种类型却讲求系统全面，必须以时间为轴做纵向、深度的考察。

从参考的数字信息资源类型上讲，创新性的课题项目、研究成果或要求较高的学位论文必须保证取材的数量和学术质量达到一定的深度和广度，因此第⑥种类型应着重参考各种学术品质较高的期刊论文、会议论文、研究报告、学位论文、重要专著；而有的课题则可以参考一般的图书、教材、杂志、报纸甚至视听资料。

检索课题分析的另外一项主要任务就是明晰检索的主题内容，提取主题概念，确定中文及相应的英文检索词。同时注意挖掘隐含的主题概念，将表达同一概念的同义词一一列出，并确定主题词之间的逻辑关系。例如查找"计算机"这个概念的信息，也要查询"电脑"，而二者之间是逻辑"或"的关系。

（2）检索工具的选择及确定检索范围

在根据课题分析的结果，确定了自己的检索目的和欲查找的内容之后，下一步就是选择适用的参考资源作为检索的工具。参考资源选对了，便可以花很少的时间获得丰富有价值的资料；相反，参考资源选得不合适，就如同大海捞针，最后的结果是所获无几。对检索工具的正确选择必须建立在对图书馆可利用资源的全面了解的基础上，同时充分认识各种参考资源的类型、内容、意义和功能。使用参考资源的原则：

①一般来讲，学科属性是考察参考资源是否适用的首选因素。首先要保证所选择的资源与检索课题的学科一致；其次应考虑所选资源在该学科领域的权威性如何，尽量使用权威性的专业数据库作为检索工具。如：学化学的一定要查CA、Beilstein/Gmelin化学数据库，学生物的一定离不开BA或BP。

②了解参考资源收编的范围和特色收藏。包括：资源收录的资料跨越的历史年代、覆盖的地理范围，是单语种还是包括多种语言，信息类型是什么，等等。

③参考资源的检索方法和系统功能。

④了解并有效利用检索系统的助检手段和辅助工具，如检索帮助、培训课程等。

课题的检索范围包括时间、地理、文献形式和资料类型的范围。在实际的检索过程中，课题检索的范围实际受两个因素的制约，一是检索课题本身提出的要求，二是可利用资源的数量。前者我们可以参照上述的课题类型、检索课题的信息量、深度及时间要求来决定，后者则依赖于图书馆资源建设的状况。另外，检索的范围与该课题的学科特点也有很大关系，社会人文科学方面的课题受地域因素的制约，在资料的检索范围上也应当有所侧重，如有关中国社会问题的研究应着重参考有关的国内文献。对于科学技术特别是高科技领域如计算机或通信方面的课题，仅仅查阅国内的文献是不够的，必须重点查阅先进国家在这个方面的研究情况。

（3）制定初步的检索策略和选择检索方法

检索策略是指为实现检索目标而制定的检索计划和方案。检索策略的编制，往往要涉及各方面的知识和技能。例如，是否了解检索系统的特点与功能；是否熟悉所检数据库的结构、标引规则及词表结构；是否掌握了必要的检索方法及检索策略的优化技术；还要对课题的专业知识有深入的了解和分析。

不同的课题，不同的检索目的，有不同的检索方法和策略。在进行检索的过程中，如何有效地制定检索策略呢？以下将就关键词检索、限制字段、检索技术三种常用的检索策略进行讨论。

① 用关键词检索

关键词检索是最常用的检索策略，可以利用单字或词组找到在书刊名称、篇名和其他检索字段中出现相同单字或词组的资料。在制定检索策略的时候，我们首先要把头脑中的概念用关键词的形式表达出来。在有的数据库系统里，当我们做关键词检索时，等于是在数据中去找所有字段包括正文出现关键词的所有记录，也叫做自由关键词检索。所以，我们所用的关键词就决定了检索结果的好坏。用关键词检索要得到满意的结果，必须注意下面几个原则：

A.选用涵盖主要主题概念的词汇。我们选择的关键词要能正确传达研究主题的中心概念。关键词必须能清楚地界定研究主题。

B.选用意义明确的词汇，如图书馆利用教育或信息素养，而不要用一般的、共通性的字汇，如教育或信息之类省略描述的意义太广的概念词。

C.选用实质意义的概念词，不要使用过长的词组或短语。检索时，系统是到资料库中去比对我们所输入的字汇，我们输入的短语或词组愈长，找到完全匹配的几率就愈小，因为作者并不见得就刚好用我们所输入的短语或词组来表达。例如：不要用"课题查询和论文收集资料的方法"来检索，而应该抽取主要概念，去除非实质意义的概念，以"课题查询"和"收集资料"来进行检索。

D.选用各学科的专门用语来检索各学科的资料库。当我们检索的是专科资料库时，不能用一般性的词或通俗用语来做关键词，此时必须参考资料库里的专门术语。例如我们用"management"（管理）来查商业、经济管理方面的专门数据库ABI／INFORM（商业信息数据库）的话，检索出来的资料肯定会非常庞大的。而我们在医学数据库MEDLINE里查有关肾病的文献，用"kidney desease"（肾疾病）和医学术语"nephropathy"（肾病）检索的结果也是差别很大的。

E.确定关键词的检索范围。有些数据库专门设计有关键词字段，使用关键词查询时，系统只检索这个字段；有些数据库的关键词查询的范围是题名，或包括摘要等几个主要字段；这些都会影响检索结果。关键词的检索范围可通过查看"帮助"文件找到答案。

除此之外，我们还可以利用布尔逻辑来组合关键词，以扩大或缩小检索范围。

②检索技术

布尔逻辑组合关键词用以扩大或缩小检索范围的技巧，是最常被读者使用的检索方法，同时也是大多数据库都有提供的检索运算方式。常见的运算算符有下面三种：AND、OR、NOT。

用若干关键词和逻辑运算符相连接，就可以组成一个完整的检索式，表达一个检索策略。目前比较成熟的检索系统除了保留了命令检索（command search）的检索方式外，更设计了为大多数的读者欢迎的菜单式的检索界面，用户通过例如下拉菜单等方式直接选择，而不必手工键入检索命令和逻辑算符，即可以构造复杂的检索表达式。

位置算符（WITH、NEAR等）可以设定检索词之间的邻近关系，其功能与AND相似，但比AND更精确。

有些数据库允许我们利用截断方式（truncation）查检结尾不同的字汇，来扩大检索范围。例如，我们只要输入"depress？"或"depress*"就可以一次找到下列这一组字的结果：depress、depressed、depression、depressive等，大部分的数据库都提供这种检索技巧，但是每个数据库所使用的截断符号都不尽相同，使用时必须参考检索说明或手册。更重要的是要谨慎使用截断，确定所选的字根是最适当的，不确定时应查阅英文字典。试想，如果查检"corn？"将会得到什么样的结果？有些资料库系统会自动做截断，即词根检索（stemming），找出同样字根的字汇。查看"帮助"（help），了解数据库的设定的方式，可以帮助我们构建更有效的检索策略。

③ 指定字段检索

指定字段检索可节省时间，提高文献的查准率。常用的检索字段有：题名（TI）、作者（AU）、出处（so）、摘要（AB）、出版年（PY）、文献类型（PT）、主题（SU）等。不同类型的数据库系统所包括的字段不尽相同，字段标识也不一样。如：在OCLC First Seareh系统MEDLINE数据库中，检索式"heroin IN AB"表示摘要中含有heroin的记录；"rat brain IN TI"表示题名中含有rat brain的记录；"Smith—J IN AU"表示作者名为SmithJ的记录；"review IN PT"表示文献类型为综述的记录。

注意使用标题词检索：题名检索除了具有查找特定文献的便捷功能外，还可以在搜集某一专题资料的时候，提高检索资料的相关性和精确性。这是因为文章的标题往往反映文章中心内容的焦点，符合人们思维习惯的方式。

（4）评估检索结果，优化检索策略

①评估检索结果

在实施检索之后，我们对检索结果有一个大致的浏览，便可以确定初步的检索策略是成功还是失败。请观察系统的检索结果：A.记录是否提供你对所研究的课题有全面的认识和了解？B.记录是否涵盖部分或某些部分的研究课题？C.记录是否涵盖你的研究课题所包括的国家或地方的情况？D.记录是否涵盖其他国家或地方的情况？E.当你检了数据库所显示的记录后，若发现以下三种情况：显现太多和研究课题不相关的记录；显现太少和研究课题相关的记录；没有和研究课题相关的记录。你必须重新思考并建立检索命题，对检索策略进行优化，进行缩检或扩检。

②检索策略的优化

A.检索的细化：即缩小检索范围，大致有以下几种细化方式。

a.主题细化，如：中等教育-教学法，就是在"中等教育"主题下根据不同的次主题细分，使资料更为精确。或者用主题词表、索引词表选择更专指的主题词或关键词。

b.通过浏览结果选择更专指的词。

c.运用算符AND、NOT、WITH、NEAR等加以限制或排除。

d.指定字段检索。

e.从年代和地理及语言、文献类型上限制。例如：限定检索结果为书本或期刊等，大致会以下面这种形式呈现：美国-历史-连续性出版物；或某个主题在特定地点的资料，如：哲学-德国；或某地的特定主题，如：阿根廷-历史；等等。

B.检索的扩展：

a.对已确定的检索词进行其同义词、同义的相关词、缩写和全称检索，可保证文献的检全率，防止漏检。例：查找有关"计算机"的文献，其检索词也可以是"微机"、"电脑"。查"环境污染"除了输入检索词"环境污染"直接进行查询外，还可从"大气污染"、"水污染"、"化学污染"、"工业污染"等相关方面着手查询。

b.利用系统的助检手段和功能，有的系统提供树形词表浏览，使我们可以用规范词、相关词、更广义的上位词进行扩展。有的系统如Elsevier的Science Server，可以直接提供相关性文献查找的功能，只要在检索结果列表中点击"相关文献"按钮（Relevant Reference），系统便自动搜索与选中结果主题最相关的文献。

c.利用论文所征引的参考文献，当找到和课题相关的论文时，可参考其所征引的参考文献。同样还可以利用引文数据库，由找到一篇的相关文献开始，从文献引用与被引用的关系入手，采用"滚雪球"方式找到更多的相关的参考资料。

d.使用运算符OR或截词符"*"或"?"。

2.1.2　论文资料的搜集

搜集积累资料是写作论文的基础。资料的类型包括两大类：一类是直接的、原始的，是有关研究对象的数据、事实甚至是活材料；另一类是间接的，前人或同行对研究对象的论述，是第二手资料。

原始的资料是我们研究的主要来源和依据，如科学实验的数据、经济商业指数等，这些资料在搜集过程中，最应该注意的就是客观性。

同时，间接的资料也是很重要的。我们可以从他人的研究中受到启发，还可以引用一些经过考证的事实资料作为旁证，或者从他人的论点中找出漏洞加以批驳，树立自己的观点。在搜集旁人的论述时，要充分利用发表的图书、论文、报告。

当我们利用数据库、数字化期刊和其他资源找到一些信息之后，可以看到有的可以直接获得全文, 有的只有二次文献线索, 还需要据此查找到原始文献。但必须认清这样的一个事实, 即并非所有资料都适合你的研究课题使用, 并非所有找寻的资料都是可信的。因此有必要对所找寻的资料加以科学的分析、比较、归纳和综合研究, 进行去粗取精, 去伪存真的工作, 以决定是否符合你的研究需要。从中筛选出可供学术论文作依据的材料。

（1）分析研究资料

资料的评估是持续的过程, 也是一个复杂而又艰苦的思考过程, 可能需要在检索和资料运用的过程中再认识、再评估、再调整。在选择适用的资料时, 可以考虑下列问题。

①是不是与研究主题相关? 大部分的索引都附有摘要, 可以帮助我们了解文章的内容。大部分的索引和目录也都有标题或关键词, 是了解图书和论文的重要线索。此外, 文章长度也是判断的依据。

②是学术性文章, 还是通俗文章? 参考文献的学术质量和深度, 是必须要考量的因素之一, 高水平的资料可以大大提高我们对事物认识的深度, 拓展视野, 成为支持课题研究成果的有利论据, 而水平一般或较差的文章, 则会折损课题成果的说服力和撰写论文的品质; 在这方面, 刊载文献的原始出版物的质量也很重要, 例如是否是核心期刊等。

③是不是够新颖? 要注意文献的出版年, 引文数据库里可以浏览文章的参考书目, 确定一下作者是不是参考引用了最新的信息。有些领域进步神速, 一两年前的信息就已经过时了。例如: 如果我们要做的是生物科技的研究, 就得注意所参考的最好是两三年内出版的资料。反之, 如果是研究数学等理论科学, 那么旧一点的资料也是可以接受的。想想我们要研究的主题变化速度有多快, 再决定我们所需要的信息的新颖程度, 然后再从所找到的资料中, 检查作者所引用参考的资料是否适用。

④资料权威性如何, 是否可信? 考察一下作者的所属机构和学术经历, 这些信息通常出现在作者的联系地址里面。

（2）获取资料原文

在对检索的资料分析筛选之后, 如何获取原始文献在现实中是一个普遍存在的问题。因此要对可以利用的资源有全面的了解, 有哪些电子文献可以直接利用? 有哪些文献可以在图书馆找到? 图书馆有哪些服务可以帮助你获取全文? 可以按照以下基本的步骤试试看。

①先电子后印刷, 数字化出版物一般更新快、出版快, 查询输出非常方便。

②先近后远, 可以先查所在图书馆的馆藏, 如果没有, 之后可以利用联合目录数据库, 查到附近的图书馆或其他信息机构是否有收藏。

③利用馆际互借及原文传递服务, 许多图书馆设立有此项服务, 难以获取的外文文献可以向国外的图书馆和文献提供机构求助。

2.1.3 检索示例

下面我们从三个方面介绍几个综合检索示例供大家参考。

（1）查找具体问题的答案

【示例一】在下列一段英文文章中，出现了一个缩略语FTE，请查出其含义：Official

staff numbers in headcount and FTE for 1999: FTE decreased to 2,054 from 2,122 in 1997; Employment of casual staff has decreased by 7%since 1997; FTE of Faculty of Business was largest, closely followed by Science······

分析：查找词语的意义，应当借助字典词典，我们可以应用的电子字典很多，但因为是查缩略语的含义，对于该题目最好是参考专门的缩略语字典。

如选择网上免费词典：http://www.acronymfinder.com，查到FTE可能是以下短语的缩写：

FTE Full.Time Equivalent

FTE Facilities, Terminals, and Equipment

FTE Factory Test Equipment

FTE Flight Test Engineer

FTE Functional—Technical Expert

FTE Full Time Employment

根据上下文的意思，可确定文中的FTE对应的意思应该是"Full Time Employment"即全日制工作或学习的人。

【示例二】查《飘》的著者玛格丽特·米切尔的生平传记，不能确知姓名的拼法，只知道其代表作为Gone with the wind，米切尔应为mi???，根据这两个信息，选择一种合适的数据库，用最有效率的方法检索出相关信息。

分析：该题目是要检索某一事实，具体来说是要查找作家传记资料，我们就可以考虑直接选用GaleNet系统的"传记资源中心"（Biography Resource Center）或"文学资源中心"（Literature Resource Center），运用系统所提供的可以使用词截断的模糊查询技术，同时使用系统的高级检索方式，进行多个检索条件的组合，很快查检到准确信息。

步骤：

①选用GaleNet系统Literature Resource Center数据库；

②打开Title Search，在作品名称内输入gone with the wind，限制选为Match words exactly as entered；作者名称输入mi，限制选为Start of last name；

③可知作者的名字是Mitchell, Margaret；

④在Biography Resource Center库中用Custom Search方法查找，输入人物名称；Mitchell, Margaret，职业是Author，之后查找即可得所查作者的详细资料。

（2）小型课题查询

【示例三】了解一些西方媒体关于恐怖主义与阿富汗战争的有关论点和报道。

分析：该课题是对某一问题做大致的了解，不求查全，最好是能够比较快速准确地获取有代表性的文章，并且可以直接获取全文。因此可以使用ProQuest的"学术期刊图书馆"

（Academic Research Library）全文库，该库收录有西方许多重要媒体报章，如《纽约时报》（New York Times）等。另外，该系统的检索功能与主题查询方式可以满足准确查询的要求。

检索时间：2002年10月。

步骤：

①用ProQuest的Academic Research Library全文库。

②使用基本检索方式：输入检索式terro? and Afghan? war；结果限定为全文。

（注："?"在ProQuest检索系统里表示后截断，如terro? 将找出terrorism、terrorist、terroristic等检索词的文章，Afghan? 将查出Mghan、Mghanistan、Mghanistani）

③查出65篇全文，浏览结果，显示一篇相关文献，查看文献中的主题词，选择合适的主题词进行下一步的主题词检索（注：使用主题词检索，是一种比较全面准确的检索策略）。

④使用Guided Search检索方式，设定检索字段和检索式：

Subject（主题）：terrorism

Subject：war or attack

Geographic Name（地名）：Afghanistan；结果限定为全文；时间为2001—2002年

⑤共查出542篇全文。其中一篇是从国际法的角度来研究阿富汗战争。文中文摘提到：对于在阿富汗采取的军事行动是否是正义的这一问题，可能永远没有使人满意的答案。因为一个人对这个问题的态度在于其背景、个人经历、宗教信仰及动机。甚至在国际法领域，目前仍存在着引起争议的空间。

⑥文章里有几幅照片，其中一幅拍的是阿富汗人民的困境，图片标题是：恐怖主义和战争，对于阿富汗受害民众来说，正如贫困与饥饿一样并不是抽象的问题。

（3）综合性课题查询

【示例四】对有关尖晶石结构巨磁电阻材料的研究进展进行全面的调查研究。

分析：该课题所涉及的专业为化学和物理学的交叉学科。由于调查的对象是学科领域的前沿进展，创造性是科技信息的生命，因此查找的文献应当突出新颖性。同时要全面调查国际范围的研究状况，注意系统性，在文献地域方面要注意全面，兼顾国内和国外的研究成果。另外，由于是有关新材料、新方法的科技成果，在查资料的时候不能光查期刊论文，专利和科技成果数据库是科技课题查询的重要信息源。

检索策略：

①年限：1995年至今；

②关键词：（尖晶石）AND（磁电阻OR巨磁电阻）；

③英文关键词：（spinel）AND（magnetoresistance OR magneto- resistance）；

④数据库：A.参考数据库：SCl、CA、INSPEC、CSA；B.全文数据库及电子期刊：Elsevier Science电子期刊、Springer电子期刊、英国皇家物理学会电子期刊、美国物理学会电子期刊和"中国期刊网"；C.专利及科技成果数据库：Derwent Innovations Index（DII）、中国专利数据

库、中国科技成果数据库；D.博硕士学位论文库：ProQuest Digital Dissertation（PQDD）、北京大学学位论文库、万方的中国学位论文数据库。

查出主要的参考文献如下：

①期刊论文索引

A.Yang ZR, Tan S, Zhang YH

Colossal magnetoresistance effect in the inverse spinel FeCr2-xGaxS4

PHYS REV B 65（18）: art. no. 184404 MAY 1 2002

B.Kim SJ, Kim WC, Sur jc, et a1.

Magnetic and e［ectron transport properties in CoO. 1FeO. 9Cr2S4

J MAGN MAGN MATER 239（1-3）: 100-102 Sp. Iss. SI FEB 2002

C.Branford W, Green MA, Neumann DA

Structure and ferromagnetism in Mn4+spinels: AM（0.5）Mn（1.5）0（4）（A=Li, Cu;　M=Ni, Mg）

CHEM MATER 14（4）: 1649-1656 APR 2002

D.Choi S, Manthiram A

Chemical synthesis and properties of spinel Lil-xC0204-delta

J SOLID STATE CHEM 164（2）: 332. 338 MAR 2002

E.Koroleva LI, Demin RV, Warczewski J, et a1.

Giant magnetoresistance in spinel CuCrl. 6Sb0. 4S4

PHYS STATUS SOLIDI A 189（3）: 853-857 FEB 23 2002

②期刊论文全文

A.Magnetic properties and magnetoresistance effect of Nil? xMnxFe204 sintered ferrites

Solid State Communications Volume: 115, Issue: 5, June 19, 2000, PP. 233-235

Hu, Jifan; Qin, Hongwei; Wang, Yizhong; Wang, Zhenxi; Zhang, Shougong.

B.Colossal magnetoresistance of oxide spinels, CoxMn3? x04

Materials Letters Volume: 39, Issue: 6, June, 1999, pp. 311-317

Philip, John; Kutty, T. R. N.

C.Magnetic properties and electron—transport properties in Fe0. 92Cr2S4

Journal of Magnetism and Magnetic Materials Volume: 226-230, Part 1, May, 2001, PP. 518-520

Kim, Sam Jin; Kim, Woo Chul; Lee, Bo Wha; Sur, Jung Chul; Kim, Chul Sung

D.Magnetic properties and electron-transport properties in Fe0. 92Cr2S4

Journal of Magnetism and Magnetic Materials Volume: 226-230, Part 1, May, 2001, PP. 518-520

Kim, Sam Jin; Kim, Woo Chul; Lee, Bo Wha; Sur, Jung Chul; Kim, Chul Sung

E.Effects of light-irradiation on spin-glass state and magnetoresistive properties of Zn0. 5Co0.5Fe2O4 spinel ferrite films

Solid State Communications Volume: 120, Issue: 5-6, October 8, 2001, PP. 255-258

Muraoka, Yuji; Tabata, Hitoshi; Kawai, Tomoji

F.Magnetic and electron transport properties in CoO.1 Fe0. 9Cr2S4

Journal of Magnetism and Magnetic Materials Volume: 239, Issue: 1-3, February, 2002, PP. 100-102

Kim, Sam Jin; Kim, Woo Chul; Sur, Jung Chul; Kim, Chul Sung

G.篇名　巨磁电阻材料及其研究进展

作者　严纯华、黄云辉、王哲明、廖春生、徐光宪

关键词　巨磁电阻、钙钛矿、烧绿石、尖晶石

中文刊名　《化学通报》1998年07期

①学位论文

【作者】徐志刚

【毕业学校】北京大学

【答辩时间】1999. 05

【培养单位】化学与分子工程学院

【学位名称】理学硕士

【中文题名】钴铁氧体、稀土锰氧化物纳米材料及其复合颗粒体系的软化学合成和性质研究

【专业】无机化学

【导师】严纯华

【导师单位】北京大学化学与分子工程学院

【关键词/主题词】软化学方法钴尖晶石铁氧体　稀土掺杂锰氧化物　复合材料磁学性质巨磁阻效应

检索分析: 通过对上述数据库、期刊的查询, 得到一些相关文献, 得出以下结论:

从目前的研究整体来看, 这些文献还只是论述某一种尖晶石的结构及性质, 或者只是偶尔的提及尖晶石的磁电阻性质, 但还缺乏更深刻的探讨和全面的理论分析, 也没有对整体尖晶石结构的磁电阻性质的综述及其可预测的新的改善的性能。

2.1.4　小结

检索与搜集资料一定要有必要的知识和技能上的储备, 其中包括学科专业知识, 也包括对图书馆资源的认知及用现代化的检索手段搜集资料的技能。在做课题查询的时候, 要注意: 对同一个检索课题的查询可以有不同的途径, 要多做尝试。有的时候可能不能直接达到

检索目标,要采用迂回的方式,逐渐逼近答案。

2.1.4.1　学位论文开题及写作

（1）学位论文开题及写作的特点、方法、步骤和格式

第一,特点

学位论文开题及写作是本科生和研究生从事科学研究活动的主要内容,也是检验其学习效果、考察其学习能力、科学研究能力及学术论文写作能力的重要参照。学位论文开题及写作对于接受高等教育的大学生,尤其是硕士以上的研究生具有极其重要的意义,而我们所介绍的数字信息资源的检索与利用的知识和技能最终是要为该类科研活动服务的。

学位论文写作不同于一般的论文写作,它的要求更多、更为严谨;而且学位论文写作已经形成一套完整的、规范化的操作程序,比如论文写作之前要做开题报告;写作中应注意结构、观点、措辞等诸多方面;著者对其学位论文拥有绝对的版权,其论文的传播、复制均有相应规定等。具体说来,学位论文写作的特点,或称要求,可概括为如下几点。

①具备一定规模与学术性:学位论文不同于一般的学术论文,一般的学术论文只要有一定的创见,达到几千字的规模即可成文。学位论文则是对本科生或研究生多年学习成果及科研能力的检验,是要体现多年积累的学术科研水平的,所以其选题和规模均有相关规定,当然这些规定视院校不同而有所差别,不过学术性的要求是共通的、第一位的;而在规模要求方面,首要的衡量指标即是论文字数。以国内大学为例,一般本科生论文应达到1万字左右,硕士研究生论文2万~4万字,博士研究生论文则应达到5万字以上,当然根据学科不同字数要求也有差别。

②结构严谨、观点明确:学位论文一般是经过较长时间的资料收集、经过慎重的选题而确定的观点较为成熟的作品,它不是概况介绍或调查报告、总结以及争鸣一类的文章,而一定是作者深思熟虑之作,因而要求学位论文一定要观点明确、结构严谨。观点明确并不是要求观点一定是正确的、无懈可击的,只要鲜明、独立即可;而严谨的结构则体现在章节安排、段落层次以及上下文衔接等各方面。

③语言规范、措辞得当:学位论文虽属非正式的出版物,但其用语要求却等同于正式的出版物,即一定要规范。对于数字、标点、章节编号等均要求符合书写标准;要尽量使用书面语言,摒除口头用语;要避免出现敏感字眼和避免毫无根据的绝对性判断词句等。如中国很多文科类的论文,如有涉及政治敏感话题时一定要注意措辞,如提到台湾时一定要注意我国政府对台的政策;再如"首位"、"世界第一"、"最佳"等绝对性的判断如无确切的根据不可轻易落笔。

④装订、版式等要求:各院校的学位论文均有相对统一的装订和版式等方面的要求,如北京大学的学位论文有统一的装订封面,不同学位等级的论文采用不同颜色的封面。

第二,方法和步骤

前面已经提到,现代科学研究活动中对于学生而言最基础的是毕业论文写作,而毕业论

文写作以及其他相关的科学研究活动如论文开题、撰写调查报告和一般专业论文写作等均由如下步骤构成。

①选题

选题是第一步，只有明确了研究的题目，才能有针对性地去搜集资料并最终顺利地完成任务。可以说，正确地和适当地选题是写好论文的关键。选题应注意以下两条原则：

其一是选题应密切结合自身的专业特长，要选择自己有把握的、平时资料积累较多的领域。对具体的某一门专业课而言，甚至对整体的专业方向而言，都会有某个专题或者某个领域是自己平时较为感兴趣、且掌握了部分资料的。比如研究生学习的第一年都会有一项专业调研的任务，一般是由导师根据学生的专业情况和基础指定一个大概的范围，然后由学生针对该范围进行全面的资料搜集，并对搜集到的资料进行整理和分析，最后形成一份对该课题的综述性文章。

其二要注意选题大小适当。选题太大，容易将论文写得空泛无味；选题太小则不容易有发挥的空间，这两者均会制约著者的写作水平。

②资料搜集

资料搜集是科学研究活动的基础，只有掌握了充足的且有说服力的论据资料，才能顺利地完成论文写作或开题。资料搜集一定要有目的性，要有所针对并有所取舍。同样一份资料不同的人可用其来支持不同的论点，这说明资料本身虽是客观的，但使用资料的人却各有侧重，这就要求资料搜集者应事先对所需的资料有明确的概念，要明确所搜集的资料将用来支持什么样的论点，或者其侧重点在哪方面，只有先明确了这些，才会有针对性地选择那些有说服性的、强有力的论据，而非那些模棱两可的、一驳便倒的论据，这对控制整篇论文的水平是非常重要的；基于同样的原则，也要善于取舍，即对那些说服性不强的、可有可无的论据要坚决地舍弃。

搜集资料可采取很多方法和手段，传统的资料搜集方法一般是手工检索，即根据选题在一些重要的和核心的专业杂志中去搜集相关的论文；或利用一些专业的或综合性印刷版检索工具如《化学文摘》、《计算机应用文摘》或《全国报刊索引》等搜集相关论文的信息，再进一步根据其来源搜集原始文献；当然还要手工查询相关的学位论文或者专利报道等。此外，有一些更加传统的手工查询方法，如导师推荐或从其他途径获知的该领域的某些主要文章或某些重要研究者，根据这些口耳相传的信息再进一步地搜集资料，这实际上可算作是一种经验的积累。

互联网时代，各种传统的手工搜集资料的方法已经越来越不能适应现代科学研究活动的需求，手工搜集资料有很多弊端，速度慢、耗时耗力是其最重大的缺点，但这还不是最主要的，主要的是其搜索不完全，很容易漏检，尤其容易漏掉那些属于交叉、新兴或边缘学科的重要文献。我们知道，手工查询受到印刷版检索工具的限制，很多印刷版的检索工具因受篇幅、资源等的限制，所收录的都是专业性极强、专业覆盖面比较单一的文献信息，这样就会使得一些重要的其他相关学科的文献不能很顺利地被检索出来,比如某种生物学方法在化学中的应用,再比如某个农业实验的计算机管理系统,这些课题均属于跨学科的,同时又是对两个学科而言均较重要的研究,在传统的资料搜集方式下很可能被漏检。与此不同的是现代的资料搜集方法与手段——数字信息资源的检索,以数据库为例,很多数据库的搜集范围均是跨学科的、覆盖多个专业领域的,这可保证资料搜集的全面性。

数字信息资源检索的快速、便捷等优点是显而易见的,主题词检索,甚至是任意词的全文检索技术的突飞猛进的发展,使得现代的资料搜集变得快捷和容易得多,但前提是必须掌握电子资源检索与利用的方法和技巧。

学位论文的特点及其资料搜集的特殊性如下:其一,在学位论文进程的不同阶段有不同的资料查询要求。学位论文必须先进行开题,开题的主要目标是确认论文选题是否恰当、新颖、不重复以及是否具有学术研究价值等,所以开题时的资料查询更多要求全和新,获取文献以文摘型为主,这个阶段的要求和一般性的课题查询的要求类似;正式开始学位论文写作后,资料查询则要求翔实、深入、获取文献以全文型为主。其二,在检索工具的选择方面,除了按学科选择各种类型资源外,一定要查询国内外的学位论文库和一些重要的专著。其三,在检索结果的选择方面,对资料的学术性要求较高,而且更多要求一次文献(即全文)。当通过检索不能获取全文时,还需要采取各种方法和途径进行索取,尤其是国外的学位论文和一些重要的会议论文、期刊论文和专著等,可通过图书馆或其他文献提供单位的馆际互借和文献传递机构请求订购国外学位论文或复制文献等。

③论文开题

学位论文和一般学术论文的重要差别之一是开题报告,这其实是对论文选题进行检验和评估认定的过程。学位论文的选题是否具有学术价值和新颖性、大小是否适当、是否能够反映写作者的专业科研水平,以及其论文论点是否成熟等,均是要通过开题报告来考察的。以北京大学的硕士研究生学位论文开题为例,写作者要在规定时间内将论文开题报告交给指导老师,由包括指导老师在内的本专业的相关教师组成审查小组,确认后方可正式开始论文写作。博士论文或某些专业的硕士论文开题时还要召开报告会,向院系的学术小组做正式的报告,接受相关教师的质询。

④ 编写提纲

开题之后、正式写作论文之前应先搭建论文提纲,提纲反映了论文构思的过程,它显示了论文的层次和内容安排以及论文的各级论点,对论文整体风格的把握及论文的顺利完成均有重要的规划意义。

⑤定稿

提纲编写完成后即可进行初撰、修改直至最后定稿。这里应特别提出的是,在论文的写作过程中如论点有变化等,此时常常需要针对这些变化进行第二次资料搜集,以便更好地适应写作的要求。另外,论文修改应尽量征求指导老师的意见,修改过程中要注意论文写作格式的规定,注意文字的精练,注意避免大段的抄袭,引用他人文字一定要注明出处。

第三,写作格式

学位论文一般包括序跋、文摘、目录、正文和参考文献等几个部分。

序跋指的是学位论文最前面和最后面的一些关于论文写作说明、鸣谢之类的文字。这一部分内容不是所有的学位论文都有的,视写作者个人的意愿而设,有的只有序,有的只有跋。有些论文写作者愿意将整个论文的选题、资料积累等的过程形成文字放在论文之前,作为对论文的一个补充说明;大多数论文作者在序跋中表达谢意,对在论文资料搜集、写作等过程中所得到的帮助,尤其是对指导教师表达感激之情。

文摘是学位论文中必须提供的,一般放在目录页之前。包括中英文的论文摘要以及中英文的关键词,均由论文著者提供。

目录页是整个论文的章节导航,在正文之前。目录一般提供到第三级,规定要标明章节的题目及页码。

正文是论文的主体,一般按章节、条款、项等排列和组织,现在多采用阿拉伯数字分级系列编号法,如第1章→1.1→1.1.1→1.1.2……1.2→1.2.1→1.2.2……第2章→2.1→2.1.1→2.1.2……2.2→2.2.1→2.2.2……

参考文献包括正文中的注释或引文,以及论文著者推荐的参考文献两种。注释或引文包括夹注、脚注和尾注,夹注即写作过程中在需注释的文字后加括号说明的;脚注一般写在当前页的下方,用以注明文字出处,可连续编号,也可每页单独编号;尾注一般是和著者推荐参考文献一起写在论文的最后,通常较大段的引文采用尾注,尾注有时也写在章节的最后,篇幅较小的论文只有脚注,而专著或学位论文等常常采用尾注。

著者推荐的参考文献可以全部写在学位论文的最后,也可以写在各章节的最后。参考文献有统一的著录格式,论文和图书的著录格式分别是:

序号. 著者. 论文题名. 期刊刊名,出版年,卷期数,起止页码.

序号. 著者. 书名. 出版地:出版社,出版年.

(2)利用数字信息资源进行学位论文开题及写作

下面介绍一下学位论文开题及写作的注意事项:

①要查询学位论文库。这可以说是学位论文新颖性的要求。前面提到,学位论文不同于一般的学术论文,一般的学术论文只要在观点或阐述等方面有所创新或突破即可成文或发表,但学位论文要求学术性,如果一个学位论文的选题是他人已经作为学位论文写作过的,或他人已在学位论文写作中发挥得极为充分的,则极不利于后来者的论文的学术性的体现。所以写作学位论文之前,一定要尽可能地查询相关的学位论文数据库,尤其是本校或本国其他设立该专业的院校的学位论文,尽量避免相同或相近的选题,保证论文的新颖性。因学位论文属于半公开的出版物,所以学位论文很难查全。目前世界上较为著名、收录各国学位论文较多的数据库是"ProQuest博硕士论文数据库"(PQDD)。

我国目前较大型的学位论文库是由CALLS牵头建设的"高校学位论文库"，其他还有中国学术期刊电子杂志社的"中国优秀博硕士学位论文全文数据库"、万方的"中国学位论文数据库"等，以及各高校各自分布的学位论文数据库，均可作为查询工具。

②要选择学术性和专业性较好的数据库进行查询。并要尽量获取一次文献。学位论文写作的前提是占有充分的学术价值较高的参考文献，选择合适的、质量较高的数据库进行查询是非常必要的。同时，对一些参考文献，尤其是理工类的、实验性研究或应用研究方面的参考文献，一定要阅读原文才能真正了解其论点和借鉴其中的成果或数据等，所以要尽可能地获取一次文献。

③应用研究或实验性、实践类的学位论文一定要查询事实型数据库。这一点是非常重要的。某个学位论文选题，比如关于数字照相机的成像原理探讨的论文，在搜集资料时就一定要考虑到相关产品的查询，要确认有没有相关的专利、成果、产品等。如果只是纸上谈兵地讨论原理、机制、前景，却忽略事实型资料的查找，那论文是不可能成功的。自然科学类的学位论文，除纯粹的基础研究或理论研究课题外，均有可能涉及事实型数据库的查询。

3　科技查新

科技查新是伴随我国科技发展过程中而产生的，这项工作是国家对科技研究与科研成果实施科学化管理的一项重大改革措施，为了公正、公平、准确地评价科研课题和科技成果，借鉴专利查新的经验，20世纪80年代末，开始对科研成果实行查新。为了加强对查新工作的管理，1990年10月，原国家科委印发了《关于推荐第一批查新咨询科技立项及成果管理的情报检索单位的通知》（［1990］国科发情字800号），授权11家查新工作单位成立科技查新站，科技查新工作开始正式成为科技管理中的一个重要环节，也标志着我国科技查新工作步入正规化。

此后又有更多的咨询机构加入到查新队伍中来。为规范查新工作，原国家科委起草了《科技查新咨询工作管理办法》和《科技查新咨询工作管理办法实施细则》。2000年12月，科技部颁发了《科技查新机构管理办法》和《科技查新规范》（国科发计字［2000］544号），标志着查新工作走向了法制化，也是落实国家大力发展科技中介服务机构，尽快制定和完善关于科技中介服务组织的法规，规范其行业行为的一项举措，同时为保证查新的公正性、准确性、独立性和规范查新机构的行为提供了法律依据。

3.1　查新的定义

科技查新工作作为一个新生事物产生以来，随着科技的发展和社会的变革，以及查新工作的不断深入，其定义也一直在不断地变化。1992年8月，《科技查新咨询工作管理办法》和《科技查新咨询工作管理办法实施细则》中定义：科技情报查新工作是指通过检索手段，运用综合分析和对比方法，为科研立项、成果、专利发明等评价提供科学依据的一种情报咨询服务形式。

1993年3月,《科技查新咨询工作管理办法》(试行稿)中定义:查新工作是指通过手工检索和计算机检索等手段,运用综合分析和对比方法,为评价科研立项、成果、专利发明等的新颖性、先进性和实用性提供文献依据的一种信息咨询服务形式。

1994年6月,上报原国家科委的《科技查新咨询工作管理办法》(讨论稿)中定义:本办法所称的查新工作,系指通过手工检索和计算机检索等手段,运用综合分析和对比方法,为评价科研立项、成果等的新颖性和先进性事实提供文献依据的一种公众性信息咨询服务工作。

2000年12月发布的《科技查新规范》对查新工作重新进行了定义:查新是科技查新的简称,是指查新机构根据查新委托人提供的需要查证其新颖性的科学技术内容,按照本规范操作,并作出结论。这里所提到的查新机构是指具有查新业务资质的信息咨询机构。

这是迄今为止,对科技查新工作下的最权威、全面的定义。由此可以看出,查新关键在于新颖性,所谓新颖性就是指查新委托日以前,查新项目的科学技术内容之部分或者全部是否在国内外出版物上公开发表过。

《科技查新规范》对整个查新工作进行了全面的规范,包括基本术语、基本原则、查新委托人、查新机构、查新合同、查新人员、查新咨询专家、检索、查新报告、查新过程中可能出现的争议、查新档案管理、查新程序和附则等共13个部分。《科技查新规范》中对查新过程中涉及的基本术语进行了定义和规范化,规定各方的相应权利和义务及行为规范。为维护查新各有关方的合法权益提供了法律依据。

由科学技术部认定或授权认定查新机构的资质,并根据查新机构的综合情况和特点,规定了各查新机构所能受理的专业范围。

3.2 科技查新的意义和作用

科技查新工作的服务范围包括:科研立项,成果鉴定、评估、验收、转化、奖励等。新的《科技查新规范》将以前的查新咨询明确为查新鉴定,查新报告是作为上述工作的鉴定资料的一部分,由此可以看出,查新在我国的科学研究和技术开发过程中扮演着十分重要的角色。

(1)为科研提供立项的依据:立项是科研过程中至关重要的第一步,查新可以作为科研立项的前期工作。为立项是否恰当提供客观依据,可以表现在以下几个方面:有效避免低水平科研项目的重复,节省人力、物力以及我国并不富裕的科研资金;有助于科研人员了解国内外相关研究领域和同类技术的现状,明确要建立的科研项目在论点、研究开发目标、技术路线、技术内容、技术指标等方面是否具有新颖性,并根据所掌握的情况调整、修订自己的研究和开发方向,保证科研开发在立项时就处于高起点、高水平,为获得科研经费提供有力的支持。

(2)为科研成果的处理提供依据:科技成果是科技工作者辛勤劳动的结果。查新可以使他们的劳动成果得到客观的确认,用文献检索的方法找出查新课题的新颖之处,给科研立项课题或科研成果一个独立、客观、公正的结论。

3.3　科技查新与一般课题查询的异同

科技查新是为科技研究和开发提供信息服务。它与一般的课题查询的相同点在于:以文献信息资源为基础,根据用户的文献需求,运用各种检索手段,为用户提供相关信息。但两者之间又存在着很大差异,具体表现为:

(1)目的:一般检索只是用户利用检索工具查找与某项专题相关的文献记录的一个过程,只提供文献和原始资料,而科技查新是要作为鉴定资料为科研立项、科技成果鉴定、评估、验收、转化、奖励等提供客观依据,不但要对相关文献进行检索,还要对检索出的文献和数据的结果进行综合加工、分析,再与查新课题相比较,通过对比来判别查新项目的新颖性。

(2)标准:科技查新更强调文献检索的准确性,以查到密切相关文献为目的,只要出现一篇与查新课题内容相似、主要技术指标相近或优于查新课题的文献,即对查新课题构成否定作用,其他检索就不是很重要了,而文献检索则要注重于查全。

(3)时限:一般文献检索没有特定的检索范围和时间限制,只需委托人提出要求即可,对于查新,《科技查新规范》中规定一般应从查新委托之日起前推10年,但也可根据不同的学科特点和技术产品、工艺和专利的成熟程度,缩短和延长检索年限。

(4)查新责任:一般检索向用户提供检索到的文献信息即可,检索人员没有什么法律责任可言,而科技查新报告作为科技鉴定资料,查新人员要对查新结论所产生的一切后果负相应的法律责任。

3.4　科技查新与专家鉴定

科技查新作为科技鉴定的资料与专家评审有相同之处,但也不同于专家评审。专家评审是专家根据自身对专业知识的掌握和实践经验,从主观上对评审对象作出结论,而查新是信息工作人员对已出版的文献信息进行有针对性的检索,并将检索结果进行综合分析,从而判别查新项目的新颖性,同时也为专家的评审从文献方面提供一个客观的事实依据,使科技评价更加公平、公正。

3.5　查新程序

科技查新工作是一项专业性强、难度大、要求也高的信息服务工作,为保证这项工作的高质量完成,科技部在制订《科技查新规范》时,根据以前的经验总结了一套查新程序供人们参考:查新委托→受理委托→检索准备→选择检索工具→规范检索词→确认检索方法和途径→实施检索→完成查新报告→提交查新报告。

3.5.1　委托

查新委托的单位或个人在提出处理委托事物之前,首先自我判断以下查新项目是否属于查新范围,再根据查新项目的专业内容、科学技术特点、查新目的等和查新机构所能受理的专业范围自主选择查新机构,并据实、完整地向所选择查新机构提供查新必需的相关技术资料和有关材料,包括项目的科技资料、技术性能指标、中英文对照的检索词、参考文献、国内外同类科学技术和相关学科的背景资料等。

3.5.2 受理委托与签订合同

现行的《科技查新机构管理办法》和《科技查新规范》规定了科技查新机构的查新范围。因此查新机构在受理查新时要首先考虑委托课题是否属于自己的受理范围,而后根据委托人提供的相关资料确定是否可以受理,如果符合受理条件,再根据查新人员的个人状况,如所具备的专业知识等来确定查新员和审查人员。查新人员要确认委托人提交的材料是否齐全。确认是否能满足委托人的查新要求,确定完成查新的时间,如果可以接受委托,就要根据《科技查新规范》关于查新合同的要求与委托人签订查新合同。

查新委托人与查新机构所签订的查新合同是具有法律效力的,就是说一旦合同成立。双方就要为此承担相应的法律责任,因此查新人员不仅要具有熟练掌握有关查新方面技术,而且要熟悉相关的科技法律制度,如国家科技进步法、科技组织方面的相关法律、关于科技成果方面的立法、科技奖励法律制度、关于科技人员管理方面的立法、技术合同与技术市场的立法、关于国际科技合作与交流方面的相关法律制度等。

3.5.3 检索准备

在实施查新之前,查新人员要进行课题分析,仔细阅读委托人提供的相关资料,了解委托人查新的目的和对查新的具体要求,并尽可能多地了解课题的研究情况,这对制订检索策略和文献对比很重要,必要时还要进行专家咨询。检索准备应包括:根据查新课题选择主题和确定相应的工具书。

3.5.4 选择检索工具

检索工具选择得是否恰当会直接影响检索结果,选择数据库要本着能够全面覆盖查新课题范围为原则。选择内容为:

(1)首先要选择综合性的数据库,如SCI、Ei、INSPEC等,这些数据库不仅收录的学科全、范围广、年限长,且收录的期刊及其他类型的文献资料均为各学科领域的研究前沿出版物,尤其是对一些跨学科的查新项目最重要。

(2)专业数据库的特点是收录本学科的资料全,因此在必查之列。另外现在各研究领域之间相互交叉与渗透,理论和应用涉及多学科,因此内容相关的其他专业数据库也要列入检索的范围。

(3)国内外专利数据库。

(4)重大课题时也有必要对一些重要期刊(如Nature和Science Online)进行专门检索。

(5)其他网络资源。

从检索工具的类型上要兼顾目录型、题录型、文摘型、全文型;从检索手段上要以计算机检索为主,而手工检索作为机检的补充不能忽略。

3.5.5 检索词

检索结果是否准确与全面, 是关系检索报告结论的决定性因素, 而检索词准备得如何是影响着检索结果的查准率和查全率的关键, 因此检索词的选择就显得十分重要。

检索词一般由委托人先来提供, 但有些委托人不能准确提供主题词, 许多情况下提供的是自然语言, 查新人员应对照查新课题的内容, 对委托人提供的主题词进行逐一核对, 必要时查新人员要与委托人员反复面谈, 然后对主题词加以完善, 使自然语言变成计算机可以识别的规范语言, 以便根据主题制定检索策略。

3.5.6 检索方法和途径

查新中使用最多的是描述文献主题内容的词 (如主题词、关键词或者分类号〈词〉等); 在特定情况下 (如已知某人有与查新课题相同的研究), 也会使用描述文献外部特征的词 (如著者、出处、专利号等) 进行专指性检索。互联网检索要注意选择适用的搜索引擎。

3.5.7 实施检索

完成上述所有工作后, 就要制定完整、确切表达查新委托人要求和查新课题主题内容的检索策略。检索策略中要慎重使用新的概念词, 尤其是委托人提供的新概念词。一个检索式中参与检索的概念或检索词要适当, 检索结果要适中, 既不能为 "零", 也不能过多, 因为科技领域的任何工作或多或少都是建立在前人的研究基础之上的, 可以没有相同文献, 但不会没有相关文献; 而检索到的文献过多会给分析对比增加许多困难。

不同检索工具都有各自的使用方法和检索特征, 这是因为每个数据库标引存在着差异, 制定检索策略时要符合数据库的索引体系, 检索时注意数据库的使用方法: 逻辑算符、截词符、单复数等, 要考虑到词序的变化, 正确使用位置算符。尤其是跨数据库检索时, 要注意每个数据库的操作方法、字段的定义、字段标识是否一致。

当制定好检索策略后, 根据课题学科特点确定检索年限, 实施检索。在实际工作中, 很难做到一次检索成功, 经常会遇到检索结果太多或为零、检索到的结果与查新课题不相关等情况, 这样就要用增加、减少、调整、修改检索词的方法来优化检索策略, 有时要反复多次, 才能得到满意的结果。如果有条件, 最好的办法是利用DIALOG数据库总索引 (编号411的数据库) 进行试检索, 该总索引既可以检测检索策略是否恰当, 还可以帮助选择数据库, 另外还可以根据某个概念词在各个数据库中的词频来判断该词正确性。

随着计算机技术和网络技术的发达, 全文数据库越来越多, 需要注意的是: 文本型的全文数据库可以做到全文检索, 而图像型全文数据库 (如全文为PDF格式) 的全文检索只是对元数据部分 (书目、题录、文摘等) 进行检索。

3.5.8 完成查新报告

包括相关文献分析和编写检索报告。对检索出的文献进行全面分析, 筛选出与查新课题内容相关的文献, 这些文献要能反映其研究水平、技术指标、参数要求, 与查新课题有较高的可比性。

查新报告是查新机构用书面形式就查新事务及其结论向查新委托人所做的正式陈述,

也是体现整个查新工作质量和水平的重要标志,查新人员要对查新课题内容及查新点与检索到的结果(即相关文献反映出的现有研究或技术水平)进行比较,实事求是地做出文献评述论证结论。报告应包括以下内容:

(1)基本信息:查新报告编号,查新项目名称,查新委托人名称,查新委托日期,查新机构的名称、地址、邮政编码、电话、传真、电子信箱,查新员和审核员姓名,查新完成日期。

(2)内容信息:查新目的,查新项目的科学技术要点,查新点和查新要求,文献检索范围,检索策略,检索结果,查新结论,查新员与审核员声明,包括与查新课题密切相关的原文在内的各种附件。

3.5.9 提交查新报告

查新机构完成报告后,按照查新合同的约定向查新委托人提交查新报告和相应的附件。鉴于查新人员对各种科技领域的发展的了解有一定的局限,即使是专业非常对口的查新人员,对本专业研究情况及发展趋势也难做到了如指掌,在查新过程中很多时候需要找有关专家咨询,以便了解与课题相关的领域目前的研究与开发状况。在此过程中,委托人可以提出不适合××做本次查新咨询专家的名单,作为查新人员的参考,而查新人员对查新咨询专家的意见及咨询结果也不予公开。

第8章　数字图书馆信息管理

第1节　数字图书馆网站系统的构建

1　数字图书馆网站的功能及主要设计要素

数字图书馆网站是图书馆的网络地址,是物理图书馆在网上的具体表现形式。网站的功能则通过图书馆主页加以体现。图书馆主页是网络环境下图书馆揭示馆藏信息资源的重要窗口,是图书馆开展网上服务的门户。数字图书馆网站和主页建设是现代化图书馆建设的重要组成部分。数字图书馆网站利用网络通讯和信息资源的优势,超越时空限制,每天24小时为用户提供便捷、即时的文献信息服务,在现代化图书馆工作中起着十分重要的作用。数字图书馆主页设计的好坏,关系到用户对网站的访问量,对图书馆作用的发挥十分关键。

1.1　数字图书馆网站的主要功能

（1）数字图书馆网站是信息工具

数字图书馆网站是图书馆传递自身信息的重要媒介。在读者不必亲自到馆的情况下,图书馆与读者的信息交流就主要通过网站进行。信息交流是图书馆网的重要功能,是沟通图书馆与读者联系的桥梁。传统图书馆需要向读者传递的信息都可以通过网站传递出去,包括馆址、员工名录、服务内容与方式、部门划分、规章制度以及有关图书馆的消息和事件通报。同时,图书馆也能通过网站接收读者的意见、建议和其他各种反映,实现图书馆与读者之间的互动。

（2）数字图书馆网站是参考工具

万维网拥有丰富的参考资料,如传记资料、词典、百科全书等,数字图书馆网站可建立与它们的链接以及与AltaVista和Infoseek等网络搜索引擎的链接,与Yahoo、因特网公共图书馆、万维网虚拟图书馆等网络指南的链接,还包括与其他图书馆OPAC的链接,与各种各样数据库的链接。通过这些链接,图书馆构筑起庞大的参考源,可以随时随地解答读者提出的各方面咨询问题,增加图书馆服务的深度,提升图书馆服务的水平。

(3)数字图书馆网站是研究工具

数字图书馆网站包括各学科因特网资源的专题书目、本地资源的路径、与订购服务的链接、与免费期刊的链接、与网上数据库的连通等。这些资源有助于满足科研人员的研究需要,提高服务的专指性。随着网络信息资源的不断丰富,数字图书馆网站为科研服务的能力也将越来越强。特别是由于网上信息资源的动态性和新颖性,它正逐步在支持科学研究方面占据重要地位,因而成为科研人员的首选。

(4)数字图书馆网站是教育工具

数字图书馆网站是传播教育资料最具吸引力的媒介。图书馆可以设立网上图书馆利用指导和计算机软件指导,包括指导怎样利用索引、数据库查询策略、怎样编写书目、怎样查找文章、科研的基本过程等等。网站的教育功能是传统图书馆教育功能在网络环境下的延伸和拓展,并且比传统图书馆的教育投入少,但影响范围更大,效果更好。

(5)数字图书馆网站是通讯工具

通过数字图书馆网站,可以使用户打破时空界限,与外部世界建立起双向的关系,包括发送和接收电子邮件、查询远程数据库、加入讨论组、参与电子邮件组等。通过诸如此类的功能,图书馆与用户的联系将更加紧密,图书馆与外界的沟通将更加畅通,图书馆对社会的反应将更加及时和主动,在为读者的服务工作中更加有针对性,更加超前,更加适应读者的现实和潜在需要。

(6)数字图书馆网站是公共关系工具

数字图书馆网站不仅是用户利用图书馆文献资源和服务的重要媒介,而且也代表着图书馆的形象,是图书馆借以向当前和潜在用户乃至全世界推销自己的公共关系工具。在图书馆理论与实践图书馆数字化技术平台借助数字图书馆网站为读者服务的过程中,数字图书馆网站的设计内容和设计思想,体现着为读者服务的理念,将决定读者对图书馆作出的评价,影响着对图书馆的基本看法,并最终影响对图书馆和信息资源的利用。数字图书馆网站应成为图书馆展示自身形象的阵地。

1.2 数字图书馆网站一般功能模块介绍

针对近几年国内外高校图书馆的发展方向,作为一个成熟的数字图书馆网站一般应具有以下几个功能模块。

(1)信息模块

作为实现数字图书馆网站信息传递功能的模块,此模块主要包括图书馆的基本概况、规章守则、开发时间、部门分布、联系方式、站点地图等最基本的图书馆信息,并能够及时发布图书馆最新动态信息。

(2)数字资源模块

实现数字图书馆网站教研辅助功能的模块,应该能够为读者提供图书馆数字资源的最新信息,并将数字资源及时地通过网站向读者公布,提供查询或是链接的功能,并提供各种数字资源的帮助使用文件。当图书馆数字资源建设具有一定规模时,如果仅仅在网页上提供每个数据库链接,显然是不够的。读者面对大量的光盘数据库、本地数据库及网络数据库时,获取所需信息具有一定难度,这时对本馆数字资源进行整合显得尤为重要。数字资源整合是要求图书馆馆员从专业的角度出发,打破数据库的限制,把这些资源按照一定的层次抽取出来,重新组合分类,并提供检索功能,使用户可以通过一个检索入口检索到所有数据库中的信息,从而大大缩短了检索进程,提高了查全率和查准率。

（3）咨询服务模块

此模块主要体现数字图书馆网站联系读者及教育辅导两个功能。提供一个图书馆与读者交流的平台,图书馆可以从此平台中收集到读者的意见建议,读者也可以从这里寻求答案,解答疑惑,并根据读者的提问形成专门的知识库,为后来者的查阅提供方便。此功能模块一个最典型代表是虚拟参考咨询系统,虚拟参考咨询是指在数字化信息环境下,图书馆以网络为基础,以电子邮件、实时问答、网上参考工具等形式,向用户提供参考咨询服务。目前,虚拟参考咨询系统主要分为非实时系统与实时系统两类。

（4）个性化服务模块

个性化信息服务是相对以往大众化服务而言产生的一种新型服务方式,是基于用户的信息使用行为、习惯、偏好和特点,提供具有针对性的信息内容系统功能,满足个性化需求的一种服务。这种服务也通常被称作My Library即"我的图书馆",My Library是图书馆顺应读者用户的需求趋势,整合多个数据库服务,包括现实馆藏、OPAC系统资源、自建的特色数据库、引进或购进的数据库资源以及网络学术资源等,为用户提供量身定制的个性化和交互式服务。在My Library中,读者可以定制自己喜欢的数字资源、可以有针对性地进行咨询,可以及时获得图书馆最新的信息,可以获得自己在图书馆内的各种信息等。

（5）馆员个人网站模块

个性化服务使数字图书馆网站由以资源为中心向以用户为中心进行转变,这提供了数字图书馆网站的一种新的服务模式,但这种服务模式是以图书馆馆员的信息服务能力为基础的。图书馆馆员个人网站是馆员在网络环境下不断增强的在线信息服务能力的基础,是馆员在现代化信息时代进行服务能力的基础。

建立图书馆个人网站可以解决图书馆馆员知识结构"严重透支"问题,可以建立开放型的信息通道,能够弥补信息资源中的缺失,能够有效提高图书馆工作效率。

（6）网站统计分析模块

图书馆Web日志数据库包含了大量的读者信息,对这些信息进行分析研究,了解网站各页面的访问量、各数字化资源的利用情况,掌握读者信息需求取向,为调整图书馆资源结构提供依据。通过对日志文件的统计分析,对优化网站设计、分析用户需求提供决策支持。高校数字图书馆网站是体现图书馆自身形象、服务于读者的信息平台,使高校图书馆的各种馆藏资源得到充分利用是图书馆价值的体现。

总之，建立一个网站并不困难，困难的是如何节约读者的时间，让读者更快地找到所需要的内容；怎样了解读者的需求，并提供其感兴趣、对读者帮助最大的信息；如何利用有限的人力和物力资源为读者提供优质服务才是数字图书馆网站建设首要考虑的问题。

1.3 数字图书馆主页的设计要素

一个有效的数字图书馆网站最重要的决定因素是它有明晰的目标和清晰的用户及其需求意识。因此，图书馆主页设计要充分体现为用户服务的思想，将用户需求作为网页设计的依据。为此，我们可以从以下三个主要方面加以考虑。

（1）实用性

图书馆主页要对读者利用网上信息资源提供最大限度的帮助，既简洁明了，又满足目标用户的需求。

·标题：描述图书馆的名称，可以图像、图像文件格式出现。图像提示图书馆和所属学校的名称。

·图像：为主页增色的图像、动画，不宜过多过大，每一页不超过三幅，大小与浏览器的线素一致，以减少下载时间，提高传输效率，使用户在进入首页时不致等待很长时间；允许用户在阅读与避开图像之间作出选择；表明一幅图形可供下载（并提供文件大小），或使用小"略图"预览，链接到另一页全幅图像；使用分辨率600×400或更小的图像；使图像文件小于25K，最好小于15K。如有必要，减少图像的比特或颜色深度（即颜色数量），包括背景图像，使下载加快。

·背景：使背景文件小于5K，必要时减少颜色的数量；避免文本与背景类型相"冲突"；背景只用淡蓝、白或灰色，不要使用黑色；为达到某种特殊的效果，可使用有图案的背景，但对需要持久注意的网页使用素色背景；不要将交错的图像用作背景。

·颜色：利用色彩的变化表明文本地位的变化；每一幅图像、每一页或每一屏使用的颜色数量要尽可能减少；用亮色表示所强调的重点。

·声音：通过消除静音或其他外部声音使声音文件变小，定期检查声音文件确保有效。

·视觉：画面典雅又不失活力和朝气；视觉效果要严谨有序、亲切友好，避免过分渲染和广告商业气息，最好有两个版面（分春季和秋季）定期更新，给用户以新鲜感。

·主体：图书馆概况，机构设置及各部主任E-mail及电话，服务内容，用户指南，利用图书馆常见问题解答（FAQ），联机公共书目查询（借阅、预约、续借、馆际互借），新书通报，订购建议，图书馆公告板，本馆电子资源。

·页脚：版权说明、维护责任人、联络反馈及更新时间。

·结构：采用树型结构，结构深度为3~5级；层次分明，布局合理，结构紧凑；在网页的上部提供文本以便在下载图片时用户有可读的内容；将重要内容放在网页上部，而不是底部。

（2）导航性

导航性是指用户可以在一个网站通过链接与远处网站建立联系并进行访问。

·直接与本校主页链接,而不是通过其他部门做链接,使数字图书馆网站更醒目、更易于查询。

·纵向链接不宜过多,只选择与图书馆功能有关链接。

·每层页面都有回到首页和重要栏目的链接,方便用户反复查询浏览。

·与本市公共图书馆、国家图书馆、国外重要数字图书馆网站链接。

·与中国教育科研网(CERNET)链接。

·与中国高等教育文献资源保障系统(CALIS)链接。

·与主要搜索引擎链接。

·提供网上教室。

·提供对"帮助"页的链接。

·同一地址不使用不同名称的链接。

·保持对所有远程链接的更新,以便用户不会找到失效的链接。

(3)可读性

页面设计要使文字、图像和空间相协调,以吸引用户继续浏览。

·每个网页中的图像不要太多,以1~2幅为宜。

·通过提供简明概括、分段表达的信息,使网页简洁有序。

·用标题或横线将各部分内容分开。

·不要将链接下划线。

·在网页上部提供导航选择。

·节省使用黑体和斜体字,不要将全部文本印成大写。

·避免使用多种字体。

·有效地使用白色空间。

2　影响数字图书馆网站建设的因素

2.1　数字图书馆建设的现状

数字图书馆的建设能够很好地满足读者的多样化需求,也能很好地顺应当今社会的发展趋势,还能促进图书事业的快速良好发展,具有重要的意义。就其发展现状来看,数字图书馆的发展状况可以分为以下几点。

(1)总体状况良好

我国数字图书馆兴起于20世纪90年代,距今已经有将近20年的发展历程,在此期间,已经有了初步的良好的效果。总的来说,已经建立起了超过100个数字图书馆,给我国图书事业的发展奠定了良好的发展基础。目前已有清华大学、北京大学等高校建立起了数字图书馆,因此，总体状况良好。

（2）发展结构不合理，没有形成完整的系统

虽说近20多年来数字图书馆已经有了较好的发展局面，但是就其具体情况而言，数字图书馆的建设缺乏有效的规划，很多地方受种种因素影响仍然没有建立起数字图书馆，而已经建立起的数字图书馆实行的是私有的独立的管理模式，而没有做到资源共享，总体来看，缺乏完整的系统，发展结构也很不合理。

（3）数字图书馆管理人员缺乏

现在很多已经建立起的数字图书馆没有建立有效合理的规章制度，因此，数字图书馆的管理方面仍不尽人意，难以满足数字图书馆建设的需求。此外，最重要的一项因素便是数字图书馆管理人才的缺乏了，由于我国现在数字图书馆事业尚处于起步阶段，因此，还没有建立起相应的数字图书馆人才培养制度，很多管理人员素质较低，不能很好地满足事业发展的需要，而且人才短缺，难以维持数字图书馆的发展。

（4）许多细节还有待进一步改善

总体来看，数字图书馆已经初步建立，但是考虑到以后长远发展的问题，数字图书馆的建设还有很多地方没有达到标准，在很多细节问题上都没有做好，比如，读者在进行图书检索的时候并不能快速有效地找到自己所需要的数据，有时候要花费很多时间，这会在很大程度上造成人力、财力的浪费，因此，细节问题需要进一步完善。

2.2　数字图书馆的特点

数字图书馆作为一项新兴起的事业，在未来必然有着良好的发展局面，其自身具有很多的特点，这些都需要我们明确然后才能有更多的动力去发展数字图书馆，其特点可以从以下几个方面来说。

（1）信息的丰富性

数字图书馆与传统的图书馆相比一个很大的优点便是所含有信息的丰富性，数字图书馆里包含大量的图书和相关电子资料，这些都会在读者进行查询时让读者得到满意的答案。

（2）查询的快捷性

数字图书馆还有一项很大的好处便是它的快捷性，读者只需要在信息化设备上输入自己所要查询的书籍名，便可以很快地得到自己所需要的结果，因此，具有极大的快捷性。

（3）服务的智能性

数字图书馆一项很突出的优点在于它的智能性，读者在进行图书查询、信息搜集的时候只需要键入关键字眼便会快速便捷地找到自己所需要的信息，还能很快得到大量的电子资源，给读者带来很大的便利性，也丰富了读者所需要的知识。

2.3　影响数字图书馆建设的主要因素分析

虽说数字图书馆在我国已经初步建立，但是就目前的发展形势来看，数字图书馆的建设仍会有很多限制因素，这些都会给图书馆的建设带来一定的不便，需要进一步完善和提高才

能真正地促进图书事业的兴旺发展，因此，首先要找到影响图书馆建设的因素，然后有针对性也找出解决办法。总的来说，影响数字图书馆发展的因素可以分为以下几点。

（1）技术水平低下给数字图书馆的建立带来很大的限制

数字图书馆的建设是要建立在高水平技术的基础之上，它的建设对技术有着很高的要求，技术水平的高低直接影响着数字图书馆能否很好地建立起来。因此，这是影响数字图书馆建设的一项最基本的因素，就我国的发展现状来看，数字图书馆的建设水平总的来说较低，很多技术都是从国外引进而不能很好地自我研究和应用，因此有着很大的限制，技术水平的低下给我们国家数字图书馆的建设带来了很大的不便，很多地方由于缺乏相应的技术而导致了建设计划的搁浅。

（2）政策层面的问题

在我国这个社会主义国家里，很多事业的发展都需要国家政策的扶持，特别是作为公共事业的一个重要组成部分的图书馆事业。因此，数字图书馆的发展在很大程度上要借助于国家政策的扶持，只有国家相关部门制定出了关于建立数字化图书馆的一系列政策和采取相关措施，数字图书馆的发展才能加快，才能更好地促进图书事业的发展，为我国公众谋取福利，使得图书馆的发展变得全面。因此，国家政策的发展对于建立数字图书馆有着重要的意义。

（3）资金层面的问题

除上述的技术和政策之外，还有一个很重要的因素便是资金了。建立数字图书馆需要花费大量的人力物力，还要引进很多关于数字图书馆的最先进的技术，此外，还需要大量的资金来维持图书馆其他各个方面的发展以及数字图书馆事业的正常发展。因此，资金便成了发展数字化图书馆的最重要的一项事业，没有了资金的支持，各项事业的发展便无从谈起，所以，资金的支撑是建设数字化图书馆的基础和承载，而在建设数字化图书馆时，资金因素便成为了一项很大的限制因素。

（4）关于版权问题的限制

以上分析了关于建立数字图书馆的一些最基本的问题，在分析了这些外在的基本的条件之外，还有一项不容忽视的问题便是数字化图书馆里的著作的版权问题了。之前关于此方面就出现了"谷歌"事件，因此，这件事需要引起足够的重视，只有把数字化图书馆的著作权问题解决，且要找到最好的解决方法，才能很好地做好数字化图书馆的内部基本问题，才能保证在图书馆建立以后的正常运转。

2.4　解决数字图书馆限制因素的措施

（1）进行技术的自主研究

数字图书馆的发展需要有先进的技术作支撑，因此，一定要进行技术的自主研究，不能一味地从国外引进技术，只有从根本上建设我们自己的数字图书技术，我国图书事业才能长远健康地发展。

（2）制定相应的政策

国家相关部门应该制定相应的政策并且设立相关部门来促进数字图书事业的发展，从政策方面来促进数字图书事业的发展。

（3）引进足够的资金

除却技术和政策外的保策，还要由国家相关部门和社会企业合作，来保证数字图书馆事业发展和维持所需要的资金，从而促进图书事业的发展。

总之，数字图书馆的建设对于我国图书事业的良好发展和公共事业的发展有着重要的意义，它很好地顺应了社会的发展趋势，顺应了社会发展潮流。因此，我们应该大力提倡，但是现阶段数字图书馆的建设仍然面临着很多问题，受到了很大的限制，我们需要认清数字图书馆发展的现状，并且寻求解决问题的方法加以解决，只有这样，数字图书馆发展才有保障。

3　数字图书馆网站的设计

建立一个高质量的数字图书馆网站，为图书馆与图书馆之间、图书馆与读者之间、读者与读者之间提供了一个广阔的交流平台，同时，数字图书馆网站作为对外服务的一个非常重要的窗口，是联系图书馆和图书馆之间、图书馆和读者的纽带与桥梁；数字图书馆网站建设的水平在一定程度上映射出这所图书馆的办馆思路、服务理念与发展方向。"人性化"的数字图书馆网站更能体现图书馆实现"以馆藏资源为中心"的服务模式向"以用户需求为中心"的服务模式的转变。

3.1　数字图书馆网站的设计原则

从20世纪开始，对图书馆产生最深远影响的理念莫过于"人性化"。所谓人性化就是以满足人的需求，实现人的价值，追求人的发展为价值取向，以充满人文关怀，体现美与和谐的形式来开展活动的一种柔性活动原则。人性化设计是以人为中心和尺度的，满足人的生理和心理需要、物质和精神需要，营造舒适、高雅的使用空间，使人们享受数字图书馆网站使用的趣味和快感。把这个理念引进数字图书馆网站的建设，就是遵循图书馆服务的原则"读者第一，服务至上"，这个原则适合任何时代，但它也会随着时代的变化而增添新的内容。人性化的高校数字化图书馆的设计必须遵循以下原则。

（1）网站内容结构合理

对于数字图书馆网站来说，合理地组织发布图书馆馆藏、电子资源、服务项目等信息内容，以便用户能够快速、准确地检索到要找的信息，是网站成功与否的关键。如果数字图书馆网站不能让访问的用户迅速找到自己要找的内容，那么就要重新调整网站的内容结构，使之趋于合理，方便查询。

（2）网站信息必须经常更新

主页设计得好，自然会吸引人们的注意，但是只能吸引一两次而已，要想长期地吸引住用户, 最终还是靠内容的不断更新。数字图书馆网站应及时把最新入藏的图书、期刊以及定购的数据库资源发布到网站, 便于用户使用。

（3）每次更新的网页内容要尽量在主页中提示给用户

由于网站内容的结构一般都是树型结构, 有的网站虽然经常更新网页, 但每次更新的内容全被放进各级版块或栏目中, 用户并不知道更新了哪些东西。所以一定要在首级主页中显示出最近更新的网页目录, 以便用户浏览。

（4）网站内容的全中文检索能力

当网站的栏目、内容、功能达到一定规模的时候, 要提高网站的实用性, 达到快速有效获得信息的目的, 务必要提供全中文检索能力, 以便用户查找本网站的信息。

（5）网站的信息交互能力

网站的信息交互功能引导用户参与网站内容建设, 使用户能方便、及时地和信息发布者交流, 为网站的维护和建设提供宝贵的意见和建议, 使网站的内容、功能模块不断充实。

3.2　数字图书馆网站的特征

人性化设计的最高境界是内容与表现形式的完美结合。在数字图书馆网站建设过程中, 由于各个馆人力物力投入、技术水平基础等主客观因素的差异, 把握和驾驭内容与表现形式结合的能力也会有所差别, 但是, 设计和建设"人性化"高效率的网站应该具备以下特征。

（1）实用性

强烈的视觉效果和完善的功能对于一个成功的网站来说极其重要, 如果一个站点设置的栏目、发布的内容无法在最短的时间内提供给用户最想从这个站点中了解的信息, 这就算失败了。数字图书馆网站目标是力求把读者最需要的服务信息和想要查找的资料放在最显眼的位置, 让用户在最短的时间中找到, 虽然这可能丧失掉某些创意, 但这可以充分体现网站的实用性。

（2）可用性

网站可用性指的是网站的设计是否符合用户的需求, 协助用户快速而有效地达到他们的目标。这是因为特定网络用户与一般人不同, 他们在网站上并不是漫无目的地浏览, 而是有着明确目标, 或是查找资料, 或是完成某项任务。具有良好可用性的网站能够协助用户寻找他们需要的信息, 帮助他们高效、方便地完成任务。一般说来, 可用性测量因素包括有效性、效率和用户满意度三部分内容。有效性表现在用户能否利用网站完成任务; 效率表现为用户完成任务的时间; 满意度是用户对网站的主观感受。因此, 网站可用性设计一般要注重: 高效、直觉、相关帮助、吸引人。

（3）易用性

美国著名的优化大师斯蒂夫·克鲁格推崇的效果优化第一原则就是"别让我动脑"。这个概念看似简单, 如果想要真正做到这一点那是非常困难的。用户由于生活的地域不同, 或者因为受到的教育经历不同, 有着理解问题的差异, 或者是个人观点和习惯的不同等等, 有着各种各样的差异，"别让我动脑"这个概念在不同的人身上有着不一样的概念。我们要让所有人都能够理解使用我们的网站能够方便地达到他想要达到的目，比较现实又相对简单的方法就是"试用"，在"试用"以后我们就可以根据测试的结果分析出需要修改的部分，力求接近"别让我动脑"这个概念，最终的目的是"使用简单"，而"使用简单"是一个网站成功的基础。

（4）可扩展性

一个站点的结构、内容、样式会随着技术的不断进步和信息量的不断增加而有所变化。人性化的网站设计应该注意框架结构的总体布局，选用成熟的技术来实现，达到随时、随意补充信息内容和功能模块而不影响网站的整体架构和风格。

3.3 数字图书馆网站布局

网络的发展、技术的进步使得网站的布局呈现百花齐放、百家争鸣的状态。目前网络流行的网站布局大致有以下几种。

（1）"T"结构布局

所谓"T"结构，就是指页面顶部为网站标志（Logo）加广告条（Banner），下方左面为主菜单，右面显示内容的布局，因为菜单条背景较深，整体效果类似英文字母"T"，所以我们称之为"T"形布局。这种布局的优点是页面结构清晰，主次分明。缺点是规矩呆板，如果色彩搭配不当，很容易让人"看之无味"。

（2）"口"型布局

这是一个象形的说法，就是页面一般上下各有一个广告条，左面是主菜单，右面放友情链接等，中间是主要内容。这种布局的优点是充分利用版面，信息量大。缺点是页面拥挤，不够灵活。

（3）"三"型布局

这种布局多用于国外站点，国内用得不多。特点是页面上横向两条广告条，将页面整体分割为四部分。这种布局比较简洁大方。

（4）对称对比布局

顾名思义，采取左右或者上下对称的布局，一半深色，一半浅色，一般用于设计型站点。优点是视觉冲击力强，缺点是将两部分有机地结合比较困难。

（5）POP布局

就是指页面布局像一张宣传海报，以一张精美图片作为页面的设计中心。这种布局多用于时尚类站点，优点显而易见：漂亮吸引人；缺点就是速度慢。

数字图书馆网站作为图书馆信息服务的虚拟呈现，有其行业自身的特质：淳朴实用。网页的设计布局要充分考虑数字图书馆各项功能的发挥与完善，要充分利用计算机技术来处理要发布的信息，从网页中体现出本馆馆藏与特色服务，体现信息的网络搜索功能、浏览功能、文件上下载功能、信息获取与传输功能、音视频鉴赏与评价功能、读者与读者以及读者与工作人员的交流互动功能。选用以上其中一种或几种布局来设计建设数字图书馆的网站,内容的合理布局至关重要,一是要注意功能清晰,栏目分明;二是要信息内容井然有序,多而不乱;三是要斟酌信息的轻重、主次,突出重点、引人注目;四是简洁明快,迅速提供信息。

3.4　数字图书馆网站功能模块设计

数字图书馆网站建设的目的是为了让读者更好地利用现代科技多途径、省时、省力地利用图书馆的馆藏资源,现代的远距离的"虚拟化"服务模式由原来的辅助地位上升到与图书馆传统的"实物化"服务模式同等地位,因特网的发展已经从初创期进入了成熟期,相应地,网站界面设计也将重点从强调创意的视觉导向转移到了强调可用性的功能导向。因此,设计和建设"人性化"高效率的网站应该包括以下几个功能模块。

（1）图书馆概况

作为用户了解和使用图书馆的重要窗口,是图书馆实物服务模式的虚拟化,模块重点介绍图书馆的基础设施、业务流程、服务理念,主要包括:本馆简介、组织机构、规章制度、馆藏分布、馆舍馆貌、开放时间、公告等栏目。

（2）查找资料

为方便用户根据自己需要查找资料类型,数字图书馆网站应把目前现有的馆藏资源分门别类地作详细的介绍。模块细分为:图书、期刊、学位论文、音像资料、会议文献、专利、报纸、报告、标准、特色资源等栏目。

（3）电子资源

主要介绍数字图书馆提供的各种类型的数字化资源。模块包括:电子资源及数据库、西文电子期刊、中文电子期刊、电子图书、电子资源试用、免费电子资源等栏目。

（4）服务指南

为提高馆藏资源的利用率,帮助用户快捷、高效地利用图书馆资源,模块应包括:使用帮助、参考咨询、读者培训、借阅证办理、书库与阅览室、服务项目等栏目。

（5）互动平台

"以人为本"的人性化数字图书馆网站,应该有个交流平台,让用户通过E-mail、留言簿、BBS论坛、虚拟参考咨询等方法,对图书馆的资源利用作出反馈,从而提高馆藏资源的利用率。

（6）个性化信息服务

又叫我的图书馆或个人数字图书馆,是根据用户的专业、所选功能模块、定制的版面布局所呈现给用户的信息服务。

网站建设是一个长期累积不断更新的过程,随着社会的转型,科技的发展,网络数字时代的来临,围绕"以人为本"这个理念,每个图书馆应根据自己的现有馆藏、技术水平,加强图书馆的网站建设,这对于提高馆藏资源的利用率,提高图书馆的整体服务水平,提升图书馆的社会形象,都具有现实意义。

4 数字图书馆网站的管理与维护

网站管理与维护是网站建设的后续保障,是一项持续性的工作,只有在不断更新和改进的过程中,图书馆的网上信息服务才能得到完善和提高。

4.1 网站管理与维护的重要性

网站建成之后,并不意味着网站建设的结束,接下来持续的管理与维护工作更为重要。如果不进行网站管理与维护,将出现一系列问题,如网站风格一成不变,内容陈旧、长时间不更新,因软件或硬件的原因经常无法访问等。一个成功的网站随时都可能有内容和其他方面的更新,并能保证读者随时访问,这样才会有吸引力,获得更高的访问量,更好地发挥网站的作用。如果一个网站提供的信息总是不更新,并且经常无法访问,谁还会再去关注呢?

高校数字图书馆网站为广大读者提供了一个很好的网上服务平台,是对图书馆传统服务在时间和空间上的拓展和延伸。数字图书馆网站必须保证持续的长时间运行,才能使读者随时能够访问并获取最新的信息资源。因此网站的维护工作是十分重要的。不去维护,网站是没有生命力的。高校数字图书馆网站的维护主要包括:栏目和内容的更新、访问的统计和分析、网络信息安全和硬件的维护。这几方面都很重要,某一方面做不好都会影响网站的正常运行。

4.2 网站栏目的更新

网站栏目设置是否科学、合理,将会直接影响用户利用网络资源的效率。早期高校数字图书馆网站的栏目一般包括:本馆概况、读者指南、通知公告、信息检索、网络数据库和文件下载等。由于当时技术水平和硬件设备的限制,网站栏目的设置不规范,有一定的局限性。随着数字化图书馆建设的深入,网站建设时设置的栏目可能已经无法满足现在的需求,因此需要进行更新,主要包括以下几个方面。

(1)随着计算机硬件的发展和各高校图书馆对计算机等硬件设备投入的增加,很多图书馆建立了随书光盘数据库、特色馆藏数据库和视频点播系统等。

(2)随着软件技术的发展,数字图书馆网站为读者提供了留言和在线咨询等功能。

(3)很多图书馆都开展了新的业务,如科技查新、论文提交等。

这些数据资源和服务项目都要作为新的栏目添加到图书馆的网站上,使读者能及时了解和充分利用。网站栏目的更新也是对数字图书馆网站的逐步完善,删除一些设置不合理或已经不用的栏目,增加最新、最实用的,从而使读者更方便地查找需要的信息,提高上网的效率。

4.3 网站内容的更新

目前很多网站在内容上存在信息量少、更新速度慢的问题,导致访问量的下降。只有为读者提供最新的内容、最全面的信息,才能真正发挥网站的作用,提高网站的访问量。高校图书馆作为学校文献资源中心和信息资源的集散地,是校园网和教育科研网中最重要的信息源,因此内容的更新尤为重要。高校图书馆内容的更新主要包括:图书馆的新闻、通知,新书通报,催还通知,网络数据库等。新闻和通知可以使读者了解图书馆的工作动态,更好地利用图书馆。新书通报可以使读者了解图书馆进的新书,能够及时获取最新的知识,使新书得到充分的利用。催还通知可以让读者在规定的期限内把自己所借的图书归还或续借,避免不必要的损失。网络数据库对学术科研的帮助很大,也是更新比较频繁的。目前各高校图书馆除了购买的数据库外,都开通了很多的试用数据库,但试用数据库都有一定的期限,因此网站管理员应该定期与这些数据库公司联系,确认试用的期限,及时删除已失效的站点,增加新的试用数据库,使读者能够查找到更多的资料。

内容更新特别重要的是各部门的协作,网站管理员不可能随时了解图书馆各部门的工作动态,这就要求各部门利用网站提供的新闻发布功能,发布自己的新闻等,以确保网站内容的及时更新,并且在内容更新时要留下更新的时间,使读者有新鲜感。另外,新闻的发布还要有一个审核的过程,以保证网站上信息的准确性,杜绝反动言论等不良信息。

4.4　网站访问日志的统计和分析

网站的管理员在日常工作中,还要做好访问日志的统计和分析工作。访问日志的统计主要包括:不同时段网站访问的流量,不同资源的访问量,用户IP的来源等。通过对访问日志的分析,可以为高校图书馆的工作和网站的工作提供很大帮助,主要体现在以下几个方面。

(1)通过对不同时段网站访问量的统计分析,寻找访问高峰期,有利于我们调整工作步骤,及时发布新闻消息,以及对服务器进行调整和维护等。

(2)高校图书馆每年需要购买的数据库资源太多,但经费有限,只能选读者最需要、最想要的。数据库资源访问量的统计分析,可以成为购买数据库资源的重要依据。

(3)根据对用户IP来源的统计分析,可以比较校内用户和校外用户的兴趣差异,调整服务方式,满足不同读者的需求。

网站访问日志的统计和分析工作不会随时反映在网站上,但却使网站的更新及维护工作有所依据,更有目的性和针对性,对网站的长期发展和改善有着很大的帮助,因此必须作为一项日常工作长期坚持。

4.5　网络信息安全

网络信息安全是保障数字图书馆网站连续、可靠、正常运行的关键。目前危害网络信息安全的行为和方式主要有:计算机黑客恶意入侵和计算机病毒感染。因此网站管理员平时的工作应做到以下几点。

(1)及时打系统漏洞补丁。目前各高校数字图书馆网站一般都是放在基于Windows操作系统的服务器上,但Windows操作系统存在较多漏洞,网站管理员一定要随时关注微软官方发布的漏洞信息,及时打补丁,防止黑客的入侵和病毒的感染。此外还可以利用漏洞扫描软件,对系统进行扫描,以便及时发现漏洞,下载安装相应的补丁。

（2）设置和定期更换服务器密码。网站服务器的密码设置一定要复杂，这样才不容易被黑客软件破解，一旦服务器密码被盗，网站就没有任何安全性可言，因此服务器的密码设置一定要复杂并定期更换。

（3）为服务器安装杀毒软件和防火墙，定期进行升级和杀毒，确保服务器没有病毒，不受攻击。

（4）系统备份。系统备份包括自动备份和手动备份。自动备份在网站建设时就要做相关的设计。而手动备份则是网站管理员定期的工作。只有做了备份才能保证网站的万无一失。一旦发生意外情况导致网站无法运行或者服务器故障，没有备份将使所有的数据无法恢复，造成很大的损失，有了备份可以使网站在很短的时间内恢复正常运行。另外，还要做到异地备份，一旦发生火灾等不可预知的情况，可以保证数据少丢失或不丢失。

此外，网站服务器一定要放在相对独立的机房内，不允许在服务器上进行网站维护以外的任何操作，以防止系统出现问题和被病毒感染。

4.6　硬件的维护

硬件的维护也是非常重要的，任何软件都要在相关的硬件上运行。网站的正常运行主要包括服务器和相关网络设备的正常运行。网站管理员要定期检查服务器的运行情况，使硬件问题得到及时的解决。由于网站要保证全天候的连续开放，所以网络设备也要定期进行检查，保证网络的畅通。此外服务器最好定期重新启动，以保证最佳的运行状态。

4.7　网站维护过程中应注意的几个问题

（1）要安排责任心、事业心强、技术精通的专业人员负责网站的日常维护，使数字图书馆网站能够正常运行，跟上形势的发展。

（2）要对相关的技术人员进行培训。计算机是目前发展很快的专业，技术人员只有不断地学习，才能掌握最新的技术，以应对出现的问题。

（3）增加对硬件设备的投入，定期更换服务器等设备。硬件的使用寿命是有一定期限的，特别是网站的服务器要全天候运行，一定要及时更换新的设备，以免硬件损坏造成不必要的损失。

（4）制定相关的网络安全条例和安全保障制度，在重视安全技术的基础上，加强安全管理。

综上所述，高校数字图书馆网站的管理与维护是一项长期而又艰巨的任务，要受到包括计算机设备、网络软件、专业人员等多方面的限制。网站的好坏直接关系到图书馆的服务水平，数字图书馆网站的维护必须做到及时、安全，才可能满足读者的需求，只有把数字图书馆网站管理与维护得更好，才能留住读者，达到网站建设的最终目的。

第2节　数字图书馆的文献信息检索与利用

1　文献的概念、等级

1.1　文献的概念

文献是记录有知识的一切载体（GB/T 3792.1—1983）。具体地说，文献是将知识、信息用文字、符号、图像、音频等记录在一定的物质载体上的结合体。在查新中，文献是科技文献的简称，是指通过各种手段（文字、图形、公式、代码、声频、视频、电子等）记录下科学技术信息或知识的载体。

由上述定义我们可以看出，文献具有三个基本属性，即文献的知识性、记录性和物质性。它具有存贮知识、传递和交流信息的功能。

1.2　文献的等级

依据文献传递知识、信息的质和量的不同以及加工层次的不同，人们将文献分为四个等级，分别称为零次文献、一次文献、二次文献和三次文献。

（1）零次文献

这是一种特殊形式的情报信息源，主要包括两个方面的内容：一是形成一次文献以前的知识信息，即未经记录，未形成文字材料，是人们的"出你之口，入我之耳"的口头交谈，是直接作用于人的感觉器官的非文献型的情报信息；二是未公开于社会即未经正式发表的原始的文献，或没正式出版的各种书刊资料，如书信、手稿、记录、笔记和包括一些内部使用通过公开正式的订购途径所不能获得的书刊资料。

零次文献一般是通过口头交谈、参观展览、参加报告会等途径获取，不仅在内容上有一定的价值，而且能弥补一般公开文献从信息的客观形成到公开传播之间费时甚多的弊病。

（2）一次文献

这是人们直接以自己的生产、科研、社会活动等实践经验为依据生产出来的文献，也常被称为原始文献（或叫一级文献），其所记载的知识、信息比较新颖、具体、详尽。一次文献在整个文献中是数量最大、种类最多、所包括的新鲜内容最多、使用最广、影响最大的文献，如期刊论文、专利文献、科技报告、会议录、学位论文等等，这些文献具有创新性、实用性和学术性等明显特征。

（3）二次文献

二次文献也称二级文献，它是将大量分散、零乱、无序的一次文献进行整理、浓缩、提炼，并按照一定的逻辑顺序和科学体系加以编排存储，使之系统化，以便于检索利用。其主要类型有、目录、索引等,如《中文科技资料目录》、《中国科技期刊数据库》等。二次文献具有明显的汇集性、系统性和可检索性,它汇集的不是一次文献本身,而是某个特定范围的一次文献线索。它的重要性在于使查找一次文献所花费的时间大大减少。

（4）三次文献

三次文献也称三级文献,是选用大量有关的文献,经过综合、分析、研究而编写出来的文献。它通常是围绕某个专题,利用二次文献检索搜集大量相关文献,对其内容进行深度加工而成。属于这类文献的有综述、评论、评述、进展、动态等,这些对现有成果加以评论、综述并预测其发展趋势的文献,具有较高的实用价值。

尽可能引用一次文献,经过加工的二、三次文献往往带有加工者的主观倾向,可靠性大大降低。

2 信息检索的基本概念与原理

信息检索是指信息按一定的方式组织起来,并根据信息用户的需要找出有关的信息的过程和技术。狭义的信息检索就是信息检索过程的后半部分,即从信息集合中找出所需要的信息的过程,也就是我们常说的信息查寻,即指从信息资源的集合中查找所需文献或查找所需文献中包含的信息内容的过程。

信息检索原理:信息的存储是实现信息检索的基础。这里要存储的信息不仅包括原始文档数据,还包括图片、视频和音频等,首先要将这些原始信息进行计算机语言的转换,并将其存储在数据库中,否则无法进行机器识别。待用户根据意图输入查询请求后,检索系统根据用户的查询请求在数据库中搜索与查询相关的信息,通过一定的匹配机制计算出信息的相似度大小,并按从大到小的顺序将信息转换输出。

3 主要文献信息源

（1）科技图书

（2）科技期刊

（3）专利文献

（4）科技报告

（5）学位论文

（6）会议文献

（7）政府出版物

（8）标准文献

4　文献检索方法

4.1　查找文献的基本方法

4.1.1　直接法

直接利用检索工具（系统）检索文献信息的方法，这是文献检索中最常用的一种方法。它又分为顺查法、倒查法和抽查法。

（1）顺查法

按照时间的顺序，由远及近地利用检索系统进行文献信息检索的方法。这种方法能收集到某一课题的系统文献，它适用于较大课题的文献检索。例如，已知某课题的起始年代，现在需要了解其发展的全过程，就可以用顺查法从最初的年代开始，逐渐向近期查找。

（2）倒查法

倒查法是由近及远，从新到旧，逆着时间的顺序利用检索工具进行文献检索的方法。此法的重点是放在近期文献上。使用这种方法可以最快地获得最新资料。

（3）抽查法

抽查法是指针对项目的特点，选择有关该项目的文献信息最可能出现或最多出现的时间段，利用检索工具进行重点检索的方法。

4.1.2　追溯法

不利用一般的检索工具，而是利用已经掌握的文献末尾所列的参考文献，进行逐一地追溯查找"引文"的一种最简便的扩大信息来源的方法。它还可以从查到的"引文"中再追溯查找"引文"，像滚雪球一样，依据文献间的引用关系，获得越来越多的相关文献。

4.1.3　综合法

综合法又称为循环法，它是把上述两种方法加以综合运用的方法。综合法既要利用检索工具进行常规检索，又要利用文献后所附参考文献进行追溯检索，分期分段地交替使用这两种方法。即先利用检索工具（系统）检到一批文献，再以这些文献末尾的参考目录为线索进行查找，如此循环进行，直到满足要求时为止。

综合法兼有常用法和追溯法的优点，可以查得较为全面而准确的文献，是实际中采用较多的方法。对于查新工作中的文献检索，可以根据查新项目的性质和检索要求将上述检索方法融汇在一起，灵活处理。

4.2　文献信息基本检索方法

4.2.1　布尔检索

利用布尔逻辑算符进行检索词或代码的逻辑组配，是现代信息检索系统中最常用的一种方法。常用的布尔逻辑算符有三种，分别是逻辑或"OR"、逻辑与"AND"、逻辑非"NOT"。用这些逻辑算符将检索词组配构成检索提问式，计算机将根据提问式与系统中的记录进行匹配,当两者相符时则命中,并自动输出该文献记录。

下面以"计算机"和"文献检索"两个词来解释三种逻辑算符的含义。

(1)"计算机"AND"文献检索",表示查找文献内容中既含有"计算机"又含有"文献检索"词的文献。

(2)"计算机"OR"文献检索",表示查找文献内容中含有"计算机"或含有"文献检索"以及两词都包含的文献。

(3)"计算机"NOT"文献检索",表示查找文献内容中含有"计算机"而不含有"文献检索"的那部分文献。

检索中逻辑算符使用是最频繁的,对逻辑算符使用的技巧决定检索结果的满意程度。用布尔逻辑表达检索要求,除要掌握检索课题的相关因素外,还应在布尔算符对检索结果的影响方面引起注意。另外,对同一个布尔逻辑提问式来说,不同的运算次序会有不同的检索结果。布尔算符使用正确但不能达到应有检索效果的事情是很多的。

4.2.2　截词检索

截词检索就是用截断的词的一个局部进行的检索,并认为凡满足这个词局部中的所有字符(串)的文献,都为命中的文献。按截断的位置来分,截词可有后截断、前截断、中截断三种类型。

不同的系统所用的截词符也不同,常用的有?、$、*等。分为有限截词(即一个截词符只代表一个字符)和无限截词(一个截词符可代表多个字符)。下面以无限截词举例说明:

(1)后截断,前方一致;

(2)前截断,后方一致;

(3)中截断,中间一致。

截词检索也是一种常用的检索技术,是防止漏检的有效工具,尤其在西文检索中,更是广泛应用。截断技术可以作为扩大检索范围的手段,具有方便用户、增强检索效果的特点,但一定要合理使用,否则会造成误检。

4.2.3　原文检索

"原文"是指数据库中的原始记录,原文检索即以原始记录中的检索词与检索词间特定位置关系为对象的运算。原文检索可以说是一种不依赖叙词表而直接使用自由词的检索方法。

原文检索的运算方式,不同的检索系统有不同的规定,其差别是:规定的运算符不同;运算符的职能和使用范围不同。原文检索的运算符可以通称为位置运算符。从Recon、Orbit和Stairs三大软件对原文检索的规定,可以看出其运算符主要是以下4个级别:

(1)记录级检索,要求检索词出现在同一记录中;

(2)字段级检索,要求检索词出现在同一字段中;

(3)子字段或自然句级检索,要求检索词出现在同一子字段或同一自然句中;

（4）词位置检索，要求检索词之间的相互位置满足某些条件。

原文检索可以弥补布尔逻辑检索、截词方法检索的一些不足。运用原文检索方法，可以增强选词的灵活性，部分地解决布尔检索不能解决的问题，从而提高文献检索的水平和筛选能力。但是，原文检索的能力是有限的。从逻辑形式上看，它仅是更高级的布尔系统，因此存在着布尔逻辑本身的缺陷。

4.2.4　加权检索和聚类检索

（1）加权检索

加权检索是某些检索系统中提供的一种定量检索技术。加权检索同布尔检索、截词检索等一样，也是文献检索的一个基本检索手段，但与它们不同的是，加权检索的侧重点不在于判定检索词或字符串是不是在数据库中存在、与别的检索词或字符串是什么关系，而是在于判定检索词或字符串在满足检索逻辑后对文献命中与否的影响程度。加权检索的基本方法是：在每个提问词后面给定一个数值表示其重要程度，这个数值称为权，在检索时，先查找这些检索词在数据库记录中是否存在，然后计算存在的检索词的权值总和。权值之和达到或超过预先给定的阈值，该记录即为命中记录。

运用加权检索可以命中核心概念文献，因此它是一种缩小检索范围提高检准率的有效方法。但并不是所有系统都能提供加权检索这种检索技术，而能提供加权检索的系统，对权的定义、加权方式、权值计算和检索结果的判定等方面，又有不同的技术规范。

（2）聚类检索

聚类检索是在对文献进行自动标引的基础上，构造文献的形式化表示——文献向量，然后通过一定的聚类方法，计算出文献与文献之间的相似度，并把相似度较高的文献集中在一起，形成一个个的文献类的检索技术。根据不同的聚类水平的要求，可以形成不同聚类层次的类目体系。在这样的类目体系中，主题相近、内容相关的文献便聚在一起，而相异的则被区分开来。

聚类检索的出现，为文献检索尤其是计算机化的信息检索开辟了一个新的天地。文献自动聚类检索系统能够兼有主题检索系统和分类检索系统的优点，同时具备族性检索和特性检索的功能。因此，这种检索方式在信息检索中大有用武之地。

4.2.5　扩检与缩检

扩检与缩检是检索过程中经常面临的问题。在联机检索时，由于机时的限制，用户应该在上机前就拟定好扩检与缩检的策略，也就是说，在拟定检索策略时，应该同时考虑如命中文献太少或太多时如何处理的办法。否则，会大大增加机时，而且不易得到满意的结果

5　文献信息检索途径

检索工具有多种索引，可以提供多种检索途径。一般来讲，检索途径可以分为以下四种：

分类途径、主题途径、著者途径和其他途径。

（1）分类途径

分类途径是指按照文献资料所属学科（专业）类别进行检索的途径,它所依据的是检索工具中的分类索引。

分类途径检索文献关键在于正确理解检索工具的分类表,将待查项目划分到相应的类目中去。一些检索工具如《中文科技资料目录》是按分类编排的,可以按照分类进行查找。

（2）主题途径

主题途径是指通过文献资料的内容主题进行检索的途径,它依据的是各种主题索引或关键词索引,检索者只要根据项目确定检索词（主题词或关键词）,便可以实施检索。

主题途径检索文献关键在于分析项目、提炼主题概念,运用词语来表达主题概念,是一种主要的检索途径。

（3）著者途径

著者途径是指根据已知文献著者来查找文献的途径,它依据的是著者索引,包括个人著者索引和机关团体索引。

（4）其他途径

其他途径包括利用检索工具的各种专用索引来检索的途径。专用索引的种类很多,常见的有各种号码索引（如专利号、入藏号、报告号等）,专用符号代码索引（如元素符号、分子式、结构式等）,专用名词术语索引（如地名、机构名、商品名、生物属名等）。

6　文献信息检索程序

文献检索工作是一项实践性和经验性很强的工作,对于不同的项目,可能采取不同的检索方法和程序。检索程序与检索的具体要求有密切关系,大致可分为以下几个步骤。

（1）分析待查项目,明确主题概念

首先应分析待查项目的内容实质、所涉及的学科范围及其相互关系,明确要查证的文献内容、性质等,根据要查证的要点抽提出主题概念,明确哪些是主要概念,哪些是次要概念,并初步定出逻辑组配。

（2）选择检索工具,确定检索策略

选择恰当的检索工具,是成功实施检索的关键。选择检索工具一定要根据待查项目的内容、性质来确定,选择的检索工具要注意其所报道的学科专业范围、所包括的语种及其所收录的文献类型等,在选择中,要以专业性检索工具为主,再通过综合型检索工具相配合。如果一种检索工具同时具有机读数据库和刊物两种形式,应以检索数据库为主,这样不仅可以提高检索效率,而且还能提高查准率和查全率。为了避免检索工具在编辑出版过程中的滞后性,还应该在必要时补充查找若干主要相关期刊的现刊,以防止漏检。

（3）确定检索途径和检索标识

一般的检索工具都根据文献的内容特征和外部特征提供多种检索途径,除主要利用主题途径外,还应充分利用分类途径、著者途径等多方位进行补充检索,以避免途径单一所造成的漏检。

（4）查找文献线索,索取原文

应用检索工具实施检索后,获得的检索结果即为文献线索,对文献线索进行整理,分析其相关程度,根据需要,可利用文献线索中提供的文献出处,索取原文。

7　文献信息检索工具

（1）计算机检索工具

（2）手工检索工具

（3）线索检索工具、原文检索工具、馆藏检索工具

（4）各类文献的网络检索工具

①图书信息检索工具

②学术期刊检索工具

③学位论文检索工具

④专利的检索工具

⑤标准信息的网上检索

（5）参考信息的网上检索工具

①百科知识

②人物信息

③地理信息

④时事、新闻

⑤网络版年鉴选介

⑥机构信息

⑦黄页信息

⑧词语信息

⑨统计信息

第9章　数字图书馆学科服务管理

第1节　数字图书馆动态组合学科服务模式研究

数字媒介环境下, 学科服务面临着服务对象需求层次多样化、数据来源动态化的特征, 而学科馆员越来越迷失在千变万化的信息分析工具和海量的数据源中, 学科馆员要学习的分析技术以及需要掌握的工具似乎越来越多。如何根据用户需求多样化数据动态性的特征, 建立学科分析工具的组合性研究模型, 充分调动人、技术和数据的组合性, 发挥各因素的最大效用, 要求学科服务打破传统的单一模式, 提升学科服务的动态性和组合性。

1　国内外相关研究现状

1.1　国内研究现状

针对学科服务模式单一问题, 张晓林等人从技术层面上提出基于Web服务组合的数字图书馆服务的动态定制机制。2000年张晓林教授提出将图书情报工作的核心能力定位于知识服务, 认为知识服务应在观念和服务方式上发生根本转变。知识服务是用户目标驱动, 面向知识内容、解决方案, 融入用户、面向增值服务的服务, 是基于专业化和个人化的服务, 是基于分布式多样化动态资源、基于集成、基于自主和创新的服务。2004年, 张晓青、张晓林提出: 在一个由众多分布、异构和自主的资源系统组成的开放环境中, 数字图书馆应该根据具体的用户需要, 发现、解析和调用所需要的资源和服务, 按照个性化的服务流程和业务逻辑将这些资源或服务灵活组织起来, 构成新的服务, 从而实现数字图书馆服务的动态定制。

初景利教授在2007年发表了《试论新一代学科馆员的角色定位》, 提出了"新一代学科馆员"的概念, 认为新一代学科馆员的角色应该包括信息环境的"战略顾问"、排忧解难的"社区民警"、提供全方位呵护的"私人医生"、善于推广知识和技术的"农业推广教授"、精于运用市场营销策略的"市场营销专家"、长征路上播撒火种的"工农红军"、具有综合管理能力的"图书馆馆长"。之后又发表了《第二代学科馆员与学科化服务》，提出了"第二代学科馆员"的概念，以融入一线、嵌入过程为主要特征，提供由面向所有用户的普遍服务逐渐转向侧重学科或课题情报研究的重点服务；学科馆员要更多地融入和服务科研一线，运用自己的学科知识，深入到用户的科研课题之中，提供面向用户问题的解决方案和对策；深入到用户的知识需求的解决过程之中，善于挖掘用户的真实和潜在需求，与用户互动协作，进行知识捕获、分析、重组和应用；充当用户的整体信息环境的战略顾问，将学术出版、信息组织、知识发现、开放获取、知识产权、知识管理（如机构仓储）等纳入自己的服务范畴。

2012年，张继东从服务的角度提出语义网格的数字图书馆按需服务系统的架构，基于该架构探讨了数字图书馆网格平台上的分布式服务资源的组织管理与监控、根据用户需求的服务建模、大规模网络环境中的按需服务组合研究等问题。提出根据业务流程执行语言（BPEL）描述网格工作流，并采用WSMO为网格构建语义环境。

国内现有数字图书馆动态组合学科服务研究主要是基于Web Service和语义网的技术研究路线。动态组合服务从理论和技术层面上是可以解决和实现的，但是纵观目前数字图书馆学科服务实践和工作现状，更迫切的是在学科服务理念和模式上，让数字图书馆的海量数据和学科馆员掌握的科技情报分析能力等学科服务技能实现动态组合，从而使实现数字图书馆学科馆员多样化、多层次的知识服务范畴。

1.2　国外研究现状

个性化服务、在线学习和知识服务、嵌入式服务等都是近年来国外学科知识服务的研究重点。在E-Science环境下，随着科研用户需求的多样化和个性化发展，科研信息服务机构都在积极构建个性化科研信息环境来满足E-Science环境下科研人员的个性化信息需求。学术环境的变化对图书馆传统服务、学科服务的理念和工作模式形成很大冲击，引起了国内外学者对嵌入式学科服务定位和模式等问题的探讨。嵌入式学科服务作为一种最新的学科服务理念，完全以用户为中心，以融入用户的科研过程、用户的物理空间或虚拟空间为手段，以满足用户需求为最终目标，是当前图书馆学科服务突破瓶颈、迎接挑战、实现与科研用户实质性合作的重要途径，并逐步在国内外图书馆界引起广泛关注和探讨。2001年彭菲尔德（Pinfield）提出学术图书馆学科馆员的作用正在发生变化，更加强调学科馆员要能够与科研用户和项目融合。嵌入式学科服务在资源技术整合、馆员能力等方面都有详细的要求。2009年以来嵌入式学科服务被广泛研究，福瑞博格（Freiburger）、舒马克（Shumaker）等人分别从嵌入式学科服务模式、学科馆员能力建设等角度对嵌入式进行详细分析和研究。国外的嵌入式学科服务更加强调馆员的渗透性，同时一定程度上强调在线学习环境和科研环境的构建，属于数字图书馆个性化服务的研究范畴，对于海量资源和知识服务技术的动态组合缺少论述。

2 基于动态组合的学科服务模式特征分析

纵观以上研究,数字图书馆的文献资源类型多样,相应地,服务技术和分析方法也在不断发展,可以说学科服务技术和数据已经足够了,怎样去发挥他们最大的效用是要解决的问题,不能单纯从技术角度研究学科服务,要从学科服务模式上进行创新。基于此,本文提出基于现有多数据源和多样化的新息分析技术的动态组合服务模式,以满足不同层用户的知识需求。

2.1 动态性分析

从实践角度来看,在数字图书馆知识服务领域,数据来源广泛,相对应的信息分析工具、技术及其功能也是多样化的,所以结合数据库资源和信息分析技术,如何针对不同层次的用户以及不同用户的需求提供动态服务,是基于动态组合的学科服务模式的重点所在。在该模式下,学科服务的动态性体现在以下两个方面。

2.1.1 学科服务数据采集和监测的动态性

任何一个学科领域的科研数据都在时时更新和变化,数据的动态性要求学科服务必定不是一锤子买卖,要保证知识服务的周期性、预测性、追溯性,甚至历时性。周期性和历时性是动态增长和变化的数据对学科服务的基本要求,如何在此基础上实现学科服务的预测性和追溯性则是对基于动态组合的学科服务模式提出的新要求。这里以h指数为例,各高校或科研机构在引进人才时通常用h指数来评价学术影响力,大多以现有h指数为主。任何科研人员都有不同的科研经历,其成长规律也不尽相同,我们更加看重其未来学术能力和发展空间。如果能够追溯该科研人员历年h指数数据,并能够预测其未来h指数取值,则使得学科服务更有意义。科研人员可能通过数据库平台直接检索获取个人h指数,但如果要计算个体历年h指数,需要分别计算历年发表的论文数量和每篇论文历年的被引次数,由于数据获取的复杂性,不容易提取历年h指数。这就更需要专业的学科服务机构提供该数据。

2.1.2 学科服务信息分析的动态性。

强调信息分析方法和过程的动态性,大多学科服务以提供各学科现状的数据和信息为主。以学科评估为例,学科服务部门经常为高校管理部门(包括校长)提供学科分析报告,对学校目前的学科从论文数量、论文被引次数、篇均被引次数等指标进行评估,并将评估结果拿来和兄弟院校进行比较。而对于究竟是哪些原因导致在学科评估中领先或落后并没有进行充分分析。如果进一步深入,必须把学科历年的数据进行采集和分析,分析和找到过去一段时间内各学科论文数量、被引次数等动态变化的趋势,分析哪些环节出了问题,也就是以过程为导向。

2.2 组合性分析

数字图书馆动态组合学科服务模式的另外一个特征就是组合性,结合不同学科馆员掌握的不同信息分析技术，面向不同用户的各种需求，动态地组合资源和分析技术，满足用户需求，既包括理论层面的新型服务模式的探索，也包括技术层面的服务方式的分析。学科服务的组合性包含人、技术和数据三个要素之间的组合。

2.2.1　技术的组合

现有的学科服务分析工具、平台多样化，基本包括以下5类：学科服务机构购买的专门工具，科研数据库自带的分析功能，开源免费的工具，学科服务机构自己开发的工具，通用的信息分析工具。现在的学科服务不再单一使用一种工具，而是根据用户需求综合使用各种工具提供服务。这就要求把学科服务机构所掌握的工具进行模块化分解，对不同功能模块能解决的问题和实现的功能进行详细说明，根据用户需求酌情组合不同的功能模块开展信息分析。

2.2.2　数据的组合

纵观国内学科服务现状，数据来源单一的问题尤为突出，导致学科服务工具的使用具有局限性，网络平台处理网络数据，专业分析工具处理文献数据库，有的工具只能处理外文文献，不能处理中文文献。如果能在数据层进行组合，融合不同来源的数据，必将提升学科服务结果的客观性和准确性。以合著网络为例，现有的研究成果多是基于某一文献数据库，比如SCI或CNKI。每个研究人员的科研成果的表现形式都是多样化的，可能包含论文、专利、报告、科研项目等，如果单纯从一个数据源构建其关系网络，会导致网络结构关系的局限性，难以从中发现真正的合作关系。如果融合异构的数据源，就要求在数据处理层面，学科服务机构能够投入时间和技术。

2.2.3　人、工具、数据的组合

人的因素既包括学科馆员也包括用户。用户的需求是多样的，学科服务的主体是学科馆员，信息分析技术是掌握在学科馆员手里的。动态组合的学科服务模式要求打破传统的学科馆员各管一摊的模式，组织团队，调动起自己手里的工具，针对不同的用户需求，结合数据，采用不同的工具模块提供服务。

3　数字图书馆动态组合学科服务模式的内容

3.1　将动态组合技术引入学科服务

动态组合技术要解决的首要问题是如何处理多种来源异构的数字资源，从中发现新知识、掌握科学发展动态。学科服务注重的是对检索得到的数据进行分析，包括引文分析、文本挖掘分析等。所使用的数据主要是SCI、SSCI、EI等学术资源数据库，这些数据库都是学科服务机构购买的主要资源。网页上的学术和科研信息资源也越来越多地被应用到学科服务，其动态性的特征要求在数据层面解决动态组合学科服务模式的数据处理问题。

服务动态组合技术的另外一大挑战为数据、信息和知识分析软件。动态组合既要求掌握一些操作简易的分析工具、平台，例如文献数据库自带的具备统计分析功能的软件，但这些附

带工具的功能往往并不全面。这就要求学科馆员能够使用一些功能丰富的专门工具,也有学者已经开发出诸多可用于文献(数据)分析的软件,如Cite Space Ⅱ、Hist Cite等等,能够处理大量的文献数据集,并根据文献引用关系进行学科动向、学科热点分析。

3.2 构建学科服务层次

动态组合服务模式的基础是针对不同用户,对服务内容进行层次分析,依据不同层次开展不同服务工作。学科知识服务层次可比喻为底宽上窄、不断升高的阶梯。最底端代表基础资源,包括本馆数据资源、网络免费资源。阶梯一提供"数据资源"服务;阶梯二提供"学科(专业)概貌分析"服务;阶梯三提供"专业信息梳理""服务;阶梯四提供"学科热点分析与前沿探索"服务;阶梯五提供"创新点挖掘"服务。需重点分析每个梯队服务层次的数据源、信息分析技术、服务方式和服务内容。

3.3 动态组合学科服务模式框架

动态组合学科服务模式框架主要由3个模块构成:"资源构建"是执行学科服务工作的基础模块,"用户分类"和"服务内容分类"是另外两个模块,针对不同类型用户的知识需求,可采取不同策略来满足。

(1)从理论上说,通过新型学科服务模式的构建,尤其是针对不同用户需求提出阶梯形学科服务层次模型,勾勒了学科服务研究的框架。

(2)从技术上来说,实现学科知识服务的动态组合,系统梳理数字图书馆海量资源,分析现有学科服务技术、工具和系统,实现动态组合。既是技术思想的创新,也是实践层面的探索。

(3)从实践来说,针对不同层次的服务需求,需动态组合不同的数据和技术,满足用户的需求,从而实现知识服务的目标。例如针对"学科概貌"需求层次,主要原理是"主题抽取、特征词遴选、组合词遴选,分析引文等"。同样的,针对"专业梳理"需求层次,可以选择的支持手段有词频分析和引文耦合分析,主要原理是"共现矩阵、词间关系、复杂网络理论等"。对于不同的学科服务层次,需重点研究对应的服务技术有哪些;而对于不同的知识需求层次,要研究可以实施哪些服务并确定可能的参与者。

第2节 基于Mashup的数字图书馆学科服务组织

随着Web2.0技术在数字图书馆建设中的逐渐普及,数字资源得以在用户与数字图书馆的交互中被充分挖掘与利用,数字图书馆已不再简单地满足用户的书目查询、全文下载等基于文献的服务,而是嵌入用户学习、科研环境之中,为用户提供个性化的学科服务。融汇服务(Mashup)能基于开放接口融合不同来源的数据资源与服务,并创建出新的复合型服务,目前较多地应用于地图、图片、视频、搜索和购物等领域。对于数字图书馆学科服务而言，Mashup能够满足多学科的服务需求，体现内容和服务形式的多样化等特性，是提升数字图书馆学科服务质量的有效途径。

1　数字图书馆学科服务及其融汇需求

数字图书馆学科服务是一种主动的服务形式，为了使用户得到专业、全面的服务，适应学科服务逐渐突显的跨学科知识需求，学科服务正逐渐表现出对融汇服务的需求。

1.1　数字图书馆学科服务现状

数字图书馆学科服务是为满足某一专业领域用户特定需求，提高专业信息服务增值度，按照学科研究流程来组织专业个性化的主动式知识信息服务工作。其通常采用知识化组织模式来组建学科单元，将资源采集、加工、重组、开发、利用等工作融于每个学科单元之中，使信息服务学科化、服务内容知识化。数字图书馆学科服务主要包括学科主题细分与导航、书目综合检索与推荐、学科研究指南、专题情报研究、学科专题科技查新、学科专题参考咨询以及学科用户培训等内容。

在面向数字图书馆学科服务的研究中，从学科服务的服务模式和服务组织层面上看，宋海艳研究了泛在知识环境下基于知识空间的图书馆学科服务模式；周娟和赵玉玲设计了面向服务的高校图书馆学科服务平台并着重揭示了学科信息导航服务和参考咨询服务的组织；潘幼乔和郑邦坤构建了由基础性学科服务、常规性学科服务、深层次学科服务和拓展性学科服务组成的四级学科服务体系。而随着嵌入服务理念的发展，学科服务开始与用户信息环境进行融合。刘颖等认为嵌入式学科服务以学科为单元提供集约化的信息服务，为用户构建了信息保障环境，同时进一步提出了基于物理空间、数字空间、社会关系和组织结构的学科服务嵌入模式。在实践中以美国为代表，嵌入式学科服务取得了突破性成效，诸如美国北卡罗来纳大学夏洛特分校利用Moodle学习平台将图书馆员嵌入到课程设计中；约翰霍普金斯大学医学图书馆将专业临床与公共健康馆员嵌入到信息空间中提供咨询服务。

1.2　学科服务融汇转型动因及需求

Mashup以其资源与服务集成的优势，在国内外数字图书馆逐渐得到应用，其主要应用在数字图书馆书目信息和地理位置信息的融汇。美国印第安纳州立大学Variations/FRBR项目利用Mashup集成第三方信息资源提供深层次的书目信息，德克萨斯大学图书馆创建Widget提供协同Mashup应用服务，而明尼苏达州立大学图书馆等则融汇Google地图服务创建了图书馆的地图Mashup应用。Google学术搜索通过与图书馆和数据库厂商的合作，不仅为全球学者提供数据库资源的跨库检索，也在图书馆用户的搜索结果中提供该图书馆拥有资源的链接。国家科学图书馆通过将具有书目查询等功能的Widget嵌入到用户系统中，方便个人用户信息空间的搭建与自我服务的实现。

尽管目前Mashup在数字图书馆中的应用已发挥了资源集成优势,但融汇资源和服务还是缺乏针对性的组织与利用。此外,学科服务具有明确的目标,在服务组织中对资源的需求具有广泛性、学科性和专业性。学科馆员在开展学科服务时急需寻找一种便捷的学科知识资源获取途径,同时用户要求学科服务的呈现形式更为多样化。具体而言数字图书馆学科服务的Mashup需求体现在以下三个方面。

(1)知识资源的全面性。知识资源除了正式发表的期刊文献资源之外,还有许多非正式资源,这就要求学科服务资源不仅仅局限于以数据库资源为代表的图书馆优势资源,在大数据背景下,广泛分布于互联网和知识社区中的知识资源同样是学科服务所需要综合组织的要素。融汇服务需要满足学科服务的这一知识资源的全面性需求。

(2)呈现形式的多样性。融汇服务的特色在于可以通过开放API接口将不同服务商提供的应用进行整合发布,针对学科服务而言,除了可以融汇数据库中的书目详细信息之外,还可以提供网络电子商务平台或网络社区用户的评论信息、标注地理位置的地图信息、数据加工处理后的图表展示以及其他影音资源等多元化资源可视化方式。

(3)服务的交互性与便捷性。数字图书馆学科服务是面向用户的服务,因此学科服务的融汇过程需要注重与用户的交互,深入了解用户科研需求,并主动提供RSS订阅等方式,满足用户的个性化需求的同时将融汇资源主动推送至用户,优化服务方式,减少用户在利用学科服务时的操作过程,实现便捷化学科服务。

2 数字图书馆学科服务Mashup模式选择

Mashup是一种支持轻量级平台快速开发的方法,其部署简单,能通过独立的小应用Widget嵌入到用户端,供用户选择,具有代表性的Mashup工具包括iGoogle、Yahoo Widgets等。在学科服务中利用Widget封装数字图书馆资源,并融汇由网络服务提供商开放API所提供的辅助服务功能,实现基于Mashup的数字图书馆学科服务。

2.1 学科服务Mashup工具架构

数字图书馆学科服务Mashup工具结构设计需要采用开放的、以资源为中心的Web服务,以保证Mashup工具的可复用性和可扩展性,主要包括:资源层、资源接入层、数据融汇层和Widget封装层。学科服务Mashup工具结构图如图9-2-1所示。

资源层:主要分为两类,即数字图书馆数据库特色资源和分布式Web资源。在学科服务中,学科专业数据库是服务所需资源的主要来源,这不仅包括期刊文献资源,还包括会议、科研成果与专利等数据库资源,以反映学科服务的专业性;另一方面,Web资源广泛分布于互联网中,同样需要集成科研平台、行业服务平台以及知识社区中的学科资源,以保障学科服务能够体现学科研究现状以及资源的完整性。

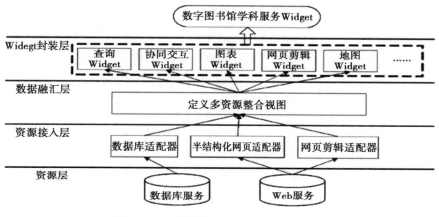

图9-2-1　学科服务Mashup工具结构图

资源接入层：主要根据接入资源的结构，利用REST接口使数据融汇部件成为一个可复用的资源适配器，以连接其他数据融汇部件。其中，对于数据库中的结构化资源使用数据库适配器，而对来源于网络的半结构化资源和非结构化资源，则利用半结构化网页适配器和网页剪辑，以获取并转化网页文字、图表等资源。

数据融汇层：定义数据库资源、Web资源的多资源整合视图，多获取资源进行筛选、去重和处理，并融汇成完整、规范的资源，以供各具体功能Widget封装所用。

Widget封装层：学科服务中需要满足基本的资源查询功能、学科馆员与用户的协同交互，学科服务内容的可视化展示等。因此，根据学科服务所需功能将服务封装成查询Widget、协同交互Widget、图表Widget、网页剪辑Widget、地图Widget等，并协同多个Widget进一步封装以形成功能聚合的应用服务融汇接口，最终实现数字图书馆学科服务Widget。

2.2　基于Mashup的融汇服务功能组织

在数字图书馆学科服务Mashup工具架构的基础上，数字图书馆需要利用Mashup工具对服务进行合理组织，以满足学科服务的需求，其服务功能主要包括学科专题服务、学科研究指南、学科用户培训和个性化定制与推荐。

（1）学科专题服务。在学科专题服务中，主要满足用户所属学科的专题科研需求。根据用户所提出的定题服务请求，将查询请求发送至查询Widget，并通过查询Widget将所整合的OPAC联机检索和馆藏全文资源检索结果返回至用户端。对于检索结果用户可以根据个人需求，利用图表Widget中的绘图功能、地图Widget的位置标注功能，将检索结果按期刊来源、出版时间、学科领域、位置分布等进行统计和可视化展示，也可以由学科馆员对结果进行组织加工后再通过图表Widget等方式展示给用户。而网页剪辑Widget则将来源于Web的相关主题信息，例如科研合作机构、行业服务与指导机构所发布的调查报告、统计数据等；又或者是整合像豆瓣书评等社交网络服务中的用户评论信息，将其作为学科专题服务中的补充资源一同展示给用户。另一方面，用户还可通过协同交互Widget所整合的社交工具和学科馆员进行专题服务的沟通，使得学科专题服务能够更好地满足用户的需要。

（2）学科研究指南。学科研究指南是对确定学科领域具有普遍适用性的服务，即为广大的学科科研人员提供学科领域热点、知识要点等要素的向导性服务，使用户能够迅速把握学科前沿与关键问题。学科研究指南中，强调对学科知识信息的归纳与总结，利用概念图工具（如Cmaptools等）展现概念及概念之间的关系，知识图谱工具（如Cite Space）呈现学科发展趋势和动态，并将这些可视化工具以Widget形式封装到学科研究指南服务中，能够对学科领域知识结构、研究成果进行宏观把握，明确学科领域专家以及专家之间的合作关系，基于学术数据库资源的更新进行主题分析获取研究热点信息并利用图表Widget展示，亦可汇集学科领域的其他服务机构并利用地图Widget进行标识，最终形成完整学科研究指南供用户参考。

（3）学科用户培训。在面向用户的学科服务中对用户的专业性培训是极其重要的，这其中包括用户对专业文献检索与获取能力的培训、用户对学科领域研究现状把握的培训、用户开展学科研究所需要利用的方法的培训等。同样通过Mashup方式，学科馆员利用协同交互Widget，融汇即时沟通软件、邮件系统和以微博等为代表的社交网络工具，实现对学科用户的在线培训和技能与经验的交流与分享。再通过网页剪辑Widget和图表Widget直接将培训内容展示给用户，同时还可以通过地图Widget标注培训地点，方便更多的用户能够参与其中。

（4）个性化定制与推荐。由于用户对学科服务的需求不尽相同，对学科知识的侧重偏好、接受能力也有所区别。因此学科服务的开展还需要注重个性化的定制与主动推送服务。在学科服务Mashup工具中，由于服务功能被封装成一个个小Widget，分别提供特定的服务内容，用户可以进行个性化筛选、拖拽满足个人需求，并对学科服务Mashup的界面进行个性化设置。而学科服务的内容除了学科馆员定期将学科前沿问题通过研究指南的形式进行发布外，主要还是根据用户的个性化定制，利用RSS订阅的形式，将由网页剪辑Widget等抓取的学科信息主动推送给用户。另外，根据用户的订阅历史、查询记录等用户信息，挖掘用户偏好，实现高质量的专业书籍、文献等学科资源的针对性推荐也能更好地提升学科服务Mashup的用户体验。

3 基于Mashup的数字图书馆学科服务推进

数字图书馆学科服务相较一般的图书馆服务具有较强的专业性和针对性，其融汇服务需要嵌入到用户工作环境之中，实现学科服务馆员与用户的交互，发挥协同效应，并在完备的产权机制保障下，最终起到辅助用户学科研究的作用。

3.1 学科服务Mashup的嵌入式推进

数字图书馆学科服务的目标即是为用户学术科研活动提供专业化的服务，在e-Science环境下，嵌入式服务成为数字图书馆学科服务融入用户科研环境的重要方式，尤其是对于数字图书馆学科服务Mashup的资源和服务而言，通过Widget部件嵌入到用户端，供用户按需选择能够增强学科服务的体验。数字图书馆学科服务Mashup的嵌入不仅要从技术上充分考虑到Widget对多元用户操作环境的兼容性，还需要着重完善可视化效果。数字图书馆学科服务Mashup的可视化效果是其学科服务Widget在用户端的展示效果的体现。作为功能独立的Widget小部件，其学科服务展示界面必须要多样化，诸如图表Widget中，根据用户需要不仅能通过表格对数据进行展示，而且能将输出结果转化为饼状图、柱状图、曲线图等使结果更易理解。另外对于展示概念关系结构的概念图Widget、标注地理位置的地图Widget等可视化工具，需要能够自如缩放图像比例，以清晰所展示的图像内容。

另一方面，数字图书馆学科服务Mashup在嵌入用户环境的过程中，要均衡服务的综合性和可拆分性。尽管其学科服务Mashup的主要目标是为用户提供一站式的学科服务，即通过封装好的学科专题服务、学科研究指南、学科用户培训等服务接口提供综合性的服务，但是对于专业用户而言，其需求往往是部分过程数据和信息，而非学科馆员提供的"标准化"结果。这就需要对将学科服务Mashup过程进行拆分，允许用户筛选Widget，并拖拽到其工作界面，辅助用户对其进行深入加工。

3.2　学科服务Mashup的交互与反馈

数字图书馆学科服务Mashup的推进必须建立在与用户的充分交互的基础上，吸纳用户的使用反馈意见，完善其学科服务融汇组织结构。从交互上看，一是利用网络服务提供商提供的交互工具如腾讯QQ、新浪微博等，实现学科馆员与用户的跨平台交互，这种方式的优势在于受众面广，而且具有较强的分享能力，对于学科服务中的普遍性问题，可以融汇这些工具的交互与分享渠道，提升学科服务的影响力和服务效率；二是建立数字图书馆知识社区，并将社区的分享与评论交互以交互Widget融汇到学科服务中，这种方式其学术性和知识分享的目的性更为明显，用户可以根据学科选择学科馆员进行定向沟通。

从反馈上看，除了从交互Widget融汇的交互渠道获取用户的反馈信息外，可单独开发Widget专门获取用户的反馈意见，这包括用户反馈意见留言，以及利用投票和网络问卷调查的形式主动收集用户的反馈信息。反馈信息能够反映数字图书馆学科服务的现状和亟待解决的问题，对其学科服务的持续性改进与发展至关重要。

3.3　学科服务Mashup的协同操作

为了实现数字图书馆学科服务的协同效应，需要建立数字图书馆学科馆员与学科馆员、用户与用户、学科馆员与用户之间的协同研究渠道。尤其是在跨学科的服务中，单一学科馆员的知识范畴不足以解决跨学科科研服务的需求，这就需要多学科馆员与用户共同完成学科服务的知识资源处理与组织等环节。协同Widget可以看做是一个流程控制部件，借鉴概念图工具的协同控制原理，具体可分为异步协作和同步协作。异步协作是数字图书馆学科馆员和用户分别独立对学科知识资源进行加工处理，是基于数字图书馆学科馆员和用户自身知识层面的，对于异步实现的数字图书馆学科服务Mashup结果进行整合，满足数字图书馆学科服务的完整性需求；而同步协作，则是数字图书馆学科馆员和用户同时对相同的知识资源进行编辑，在系统确认了参与者的协同意愿后，开启数字图书馆学科服务同步协作会话，每处改变都会即时反馈在参与者的屏幕上，并标识出编辑者ID，而且还有一个聊天窗口供参与者进行文字交流或语音交流。

3.4 学科服务Mashup资源的产权保障

数字图书馆学科服务Mashup能够整合数据库资源和Web资源，特别是在跨系统的资源Mashup中，产权保障制度的完善是其学科服务Mashup开展的重要支撑。由于数据库资源主要利用馆藏文献数据库，因此数字图书馆学科服务Mashup资源的产权保障主要体现在Web资源层面。对于Web资源与服务而言，目前融汇服务除了CALIS提供的"e读"学术搜索引擎等少量开放服务之外，更多的是需融汇其他Web服务提供商所提供的开放API，在认可开放API提供方的协议的基础上自主编辑，比如新浪微博、人人网、QQ空间，豆瓣网、MSN等社交网络工具都开放了API接口，而像Google地图、百度地图等地图工具，以及有道翻译等翻译工具也开放了API接口，这就方便了学科服务利用这些公共服务内容，进而融汇到学科服务的交互与可视化展示之中。而对于资讯类网站资源，除了像Yahoo Finance等也开放了API的网站之外，在学科服务收集信息的过程中，还有许多科研或行业服务机构未开API，则在利用页面剪辑Widget获取这些网站的更新信息时，需要取得对方的允许，并对其进行转载标注或说明，以保障信息发布方的权益。

第3节　数字图书馆聚合式学科服务研究

互联网技术的发展以及信息资源的增多，改变了我国图书馆的馆藏资源结构与数量，数字化资源所占的比例逐渐增大。由于数字图书馆学科资源门类众多、分布广泛，加上存储格式与来源差异大，给用户的获取应用增加了难度。面对海量分布异构的学科资源，数字图书馆需要通过资源深度聚合，根据学科门类形成分布有序的有机知识网络，进而提升用户利用学科资源的效率。目前很多数字图书馆增强了对学科资源聚合的关注，在履行借阅、咨询等传统服务的基础上制定了聚合式学科服务方案，将先进技术支撑与政策引导相结合，不仅拓展了学科服务范围，也为学科发展提供了新思路。

1 数字图书馆学科资源聚合概述

1.1 学科资源聚合的定义

所谓聚合就是通过一定的手段，将看似缺乏关联的事物形成一个有机整体，也称作融合或整合。学科资源则是以学科门类划分的，与科研、教学等相关的信息资源。通过数字化集成等方式对学科资源进行分类加工与整理，将不同类型、格式与形式的资源聚合起来，形成彼此密切联系、结构复杂的数字化资源体系,这就是学科资源聚合。学科资源聚合的目的就是提高资源利用价值,通过结构化处理提高信息服务的针对性。

1.2　学科资源聚合的特点

学科资源聚合依据专业、学科门类进行整合,专业性要求较高。根据用户信息需求的差异,需要采用多层次、多维度的方式开展资源聚合工作,从逻辑上对学科资源进行整合,并纳入学科目录系统中,构成用户学科资源需求集合。同时学科资源聚合是将异构、无序的资源进行重新整理,保障数字图书馆的各类资源布局规范合理。经过聚合的学科资源存在密切关联,能够反映学科知识与科研领域之间的关系。此外,学科资源聚合具有统一的标准,为后期用户检索与利用提供了便利。

1.3　学科资源聚合的意义

数字图书馆学科资源广泛,分布与结构复杂,无法进行统一有效的管理,也增加了学科用户辨别、选择与应用的难度,这就迫切要求开展学科资源聚合工作。一方面,学科资源聚合能够去除海量资源中重复、无用的信息,提升馆藏资源的整体质量,避免低劣信息对学科环境的污染。另一方面,学科资源聚合将分布于不同空间、形式多样的资源汇聚起来,让馆藏资源分布更加合理,也提高了资源管理效率。此外,学科资源聚合为数字图书馆开展聚合式学科服务奠定了基础,通过深入挖掘、揭示聚合资源的内在规律,可以满足用户的个性化服务需求。

2　数字图书馆学科资源聚合的主要模式

数字图书馆学科资源类型丰富,通过分析不同类型学科数据源并进行聚集加工,可以了解这些资源的整体特征并保障有序性。学科资源聚合需要将异构分布的同类型资源联合起来,分析不同数据的内在联系,在明确语义的基础上实现知识互联,促进学科资源的深度聚合以提升应用价值。

2.1　依据科研本体的学科资源聚合

数字图书馆依据科研本体的学科资源聚合,就是通过对某学科领域的信息资源实体进行整合处理,运用规范统一的描述方式,使其形成规范化的学科知识体系。这种学科资源聚合模式能够深度揭示知识的内在特征,明确资源实体之间的语义关联,具有准确性与客观性。这种学科资源聚合模式可以分为数据采集、数据描述与数据聚合3层,其中数据采集层主要对实体资源进行采集、筛选和语义标引,并创建统一的标准供计算机识别利用。而描述层则通过定义词汇的方式对实体资源进行描述,后由聚合层在精细化处理的基础构建全局本体,实现不同学科资源的交叉访问。

2.2　依据元数据的学科资源聚合

元数据是结构化描述信息资源的数据,能够体现信息资源的属性。数字图书馆在对信息资源进行描述、管理与检索过程中,均需要应用元数据体系。在学科资源聚合过程中元数据发挥着重要作用,它可以为多样化数据提供管理规范,依据检索标准与类型对分布式资源进行整合。数字图书馆可以从用户的网络学习活动中获取元数据,也可以利用馆藏资源构建元数据库。而数字图书馆学科资源的深度聚合,首先需要通过元数据采集构建元数据库,并对纳入其中的元数据进行集成、归类与处理,使之形成统一的应用框架,进而为一站式学科服务提供便利。依据元数据的学科资源聚合,可以分为异构数据处理、构建元数据、聚合挖掘等多个环节,并为用户提供界面清晰、操作便捷的学科服务,具体流程见图9-3-1。用户不仅可以主动访问元数据库与数据聚合层,也可以获取图书馆推送的学科资源,形成用户与学科资源双向流动的格局。

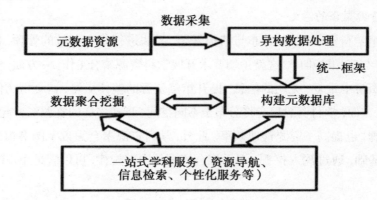

图9-3-1 数字图书馆依据元数据的的学科资源聚合模式

2.3 依据研究对象的学科资源聚合

数字图书馆学科资源聚合中根据研究对象的差异,可以选用网络、文献、信息等多种计量方式,提升学科资源的利用价值。由于学科资源可以细分为多个知识单元,如作者、关键词等,选用合适的计量方法进行统计分析,了解这些学科资源的存在的知识关联,能够进一步揭示学科知识的密切关系。而将利用过程作为研究对象,则是通过分析数字图书馆学科资源的检索、引用情况,通过耦合分析了解不同类型资源的利用率,进而实现相关学科资源的关联聚合。数字图书馆也可以通过中心性分析、网络分析对知识单元进行量化,构建知识聚合图谱以向用户展示学科资源的大体面貌,并进一步揭示科研领域的发展趋势与动态。

3 数字图书馆开展聚合式学科服务的必要性

数字图书馆在对海量学科资源进行深度聚合,揭示学科知识内在规律的基础上,综合运用先进技术开展聚合式学科服务,不仅能够增进数字图书馆与学科用户的互动,也能够形成多样化的学科服务模式,进一步改善学科服务环境。

3.1 增进数字图书馆与学科用户的互动

互联网环境下学科用户的需求日益多样化,他们在检索、浏览学科资源过程中,也希望嵌入数字图书馆学科资源建设中发表自己的观点与建议。聚合式学科服务的开展依托各种先进技术,在深入聚合学科资源的基础上为用户提供深层次服务,有效提升了用户的服务体验,也能够提升用户的积极性,促进学科用户之间的沟通交流,促进隐性知识的显性转化。而通过多样化的模式聚合学科资源,增强了不同学科机构的关联与学科用户的交互,让用户成为信息发布者,并深入聚合式学科服务体系中,推动学科用户之间的知识共享。

3.2　形成多元化的学科服务模式

数字图书馆聚合式学科服务的开展,有助于转变被动的学科服务模式。学科馆员可以在了解用户知识结构、行为方式的基础上,对用户的学科需求进行精确判断,主动为用户提供学科资源,节省了用户的信息检索时间。同时多样化技术的应用改变了学科资源单向流动的模式,凸显了学科用户在学科资源建设中的主体地位,让他们可以参与到学科资源描述、评价与标引工作中,实现学科服务的双向反馈。加上智能检索与聚合技术的应用,提升了学科资源聚合与共享速度,也为多元化学科服务的开展创造了条件。

3.3　改善学科资源服务环境

互联网环境下多样化技术的广泛应用,为数字图书馆的学科资源聚合创造了条件。聚合式学科服务的开展通过先进技术的应用改变了学科资源传播方式,而学科资源聚合让学科服务机构形成一个有机体系,实现了不同机构的高度协同与资源共享。同时聚合式学科服务的开展能够降低学科资源利用成本,让每一个用户变为学科信息的生产主体,最大限度激发学科用户的学科创新能力。这样的学科协同机制有助于改善学科资源共享方式,调动学科用户参与学科资源建设的积极性,也能够为用户提供一站式检索服务,进一步推动学科服务的发展。

4　数字图书馆聚合式学科服务的实现途径

数字图书馆要想促进学科资源的深度聚合,为用户提供更有价值的学科服务,就需要综合运用各种先进技术与学科资源聚合模式,将繁杂的学科资源与技术、服务、机构结合起来,通过构建数字化学科资源服务平台等途径实现聚合式学科服务,进而提升数字图书馆用户的忠诚度。

4.1　构建数字化学科资源服务平台

数字图书馆可以通过构建数字化学科资源服务平台,在对学科资源进行高度聚合的同时,将与学科服务相关的主体集成于一个系统上,为聚合式学科服务创造条件,以满足用户的一站式需求。该平台是以大数据、云计算等技术为依托,在集成数字化资源、技术与服务的基础上构建的,能够满足用户多样化学科服务需求的综合服务系统。它具有服务整合功能,可以高度集成学科资源、服务机构与服务主体。在具体构建过程中,需以用户需求为风向标,在深入研究学科用户需求的基础上,对学科资源进行聚合与深入挖掘,联合档案馆、社会信息机构制定平台建设方案。根据学科门类设计学科子站,设置学科资源、参考咨询、素质教育以及系统管理等功能模块,实现对学科资源的科学配置,保障学科服务工作的良性运作,具体架构如图9-3-2所示。该平台可以为用户提供跨库、跨媒体资源导航与检索,保障用户在检索与利用学科资源时不受来源限制。同时该平台通过多个机构集成,主动为用户提供学科资源链接,方便用户根据需要获取资源,减少了信息检索时间,也提升了数字图书馆的信息利用率。该平台通过集成参考咨询、信息发布检索等服务功能,针对不同用户群体的需求特征,推送不同的个性化服务内容,充分体现了智能化与专业化的学科服务特点。此外,该平台的构建具有多项拓展功能,预留了相应的学科资源共享接口,可以在泛在网络环境下实现学科资源共享,整合不同类型的学科资源数据库,为用户提供更为优质的学科服务产品。

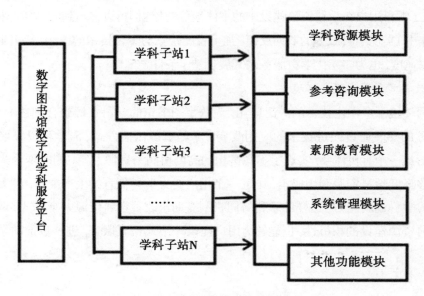

图9-3-2 数字图书馆学科资源服务平台架构

4.2 基于Push技术的个性化推送服务

Push技术是按照一定的协议或标准,主动采用有规律的方式向用户传递所需信息的技术。数字图书馆运用这种智能信息获取技术,可以深入了解学科用户的信息应用特征、兴趣爱好等,并结合用户的实际需求开展信息检索,将搜集的信息与用户需求相匹配,经过聚合后主动推送给用户。Push技术的应用能够对用户信息进行智能跟踪与分类,然后根据用户的实际需求制定个性化服务方案。数字图书馆通过Push技术可以主动获取用户信息,精确定位学科服务群体,并及时推送用户感兴趣的学科内容,以提升学科服务效率与学科资源利用率。而数字图书馆要想提升个性化推送服务的质量,依然需要结合多种方式开展学科资源聚合工作,不断挖掘与揭示学科资源之间的关联,保障推送资源与用户需求的匹配度,以为用户提供高质量的个性化推送信息。

4.3 基于语义关联的跨机构学科服务

当前用户获取学科资源的渠道与工具日益丰富,而分布于不同信息机构的异构学科资源,阻碍了数字图书馆聚合式学科服务的实现。这就需要数字图书馆构建适应不同机构、数据库以及多媒体的学科资源描述模型,通过学科资源语义关联实现对异构资源的深度聚合。在这个过程中首先要解决不同机构学科资源的知识关联问题,通过顶层设计制定语义操作规范,实现跨机构、跨媒体的学科资源聚合,促进聚合式学科服务的实现,提升学科资源的应用价值。一方面,数字图书馆需要对不同机构的学科资源进行语义检索,在搜集整理数字化资源后进行特征分析,然后依据数据特征构建学科资源索引库,构建基于学科资源本体的元数据集,并通过关联数据发布机制进行数据发布,形成基于语义描述的学科资源关联网络。用户向数字图书馆提交学科资源检索申请后,系统会自动对需求进行分析,后进入学科资源索引库调取相应的特征信息,迅速扫描学科资源关联网络,实现跨库资源的匹配与聚合,最后经过整理排序后呈送给用户。这种聚合式学科服务模式应用范围广,容量更大,改变了数字图书馆单纯以文本检索为主的服务模式,能最大限度满足用户对学科资源的需求。

第4节　基于信息觅食理论的数字图书馆学科服务研究

数字图书馆给人们在数据资源的搜索和利用上带来了极大的方便,同时也给图书馆的学科服务提出了新的挑战,如何提升图书馆的学科服务水平是本文的研究重点。当读者登录图书馆的数字资源平台查询资料或信息时,最期盼的就是在最短的时间内达到自己的领域,找到自己想要的信息,这种在网络环境中的信息搜寻行为被学者称之为信息觅食(Information Foraging)。

我们借鉴动物生态学中的最优觅食原理,将读者在图书馆数字资源平台上的学科信息搜索行为看做是动物的觅食过程,将读者在数字平台上的信息获得定义为信息收益,目标是实现读者信息收益的最大化。先对读者在数字资源平台上信息搜索行为进行采集,分析读者的信息需求规律,建立基于用户行为反馈的读者信息觅食模型。通过最优化分析模型预测读者在数字资源平台的觅食策略,以提高读者的信息搜寻能力,优化读者信息觅食行为,最终提升数字图书馆的学科服务水平。我们的研究思路是先采集读者在数字资源平台上的用户行为数据,将读者的行为数据作为训练集,采用相应的数据挖掘算法对其进行分析和挖掘,研究读者行为数据特征,分析影响读者信息收益率的关键因素。我们的研究可以为学科服务平台的设计提供参考,对不同的用户展示个性化学科信息,提升读者获取学科信息的能力。

1 研究现状

随着Web2.0和云服务的发展及应用,各种商业的学科服务平台应运而生,如Lib Guides学科服务平台、维普的"LDSP图书馆学科服务平台"等,部分高校自己建设的学科服务平台。图书馆开展学科服务的重点已不再是代查代检等传统的服务,而是向着更深层的方向发展,由原来的基于图书馆资源的文献服务转变为以用户需求为中心,为学科用户提供基于学科需求的专业化和个性化的学科服务。20世纪后期,研究人员发现人们在互联网上积极寻找信息的行为与动物的觅食行为非常相似,动物在自然界寻找食物时,为了在不同的栖息地获取所需的物质和能量,会采用不同的战略权衡付出与收益之间的平衡。人们在互联网上搜寻信息时,为了在最短的时间内获取更多的信息,也会根据信息环境的变化,改变信息获取的策略。同样读者登录图书馆的数字资源平台搜寻学科资料时,也期待用最少的时间获得尽可能多的学科资料,这种学科信息搜寻的思路与信息觅食的研究思想是一致的。

近年来国内对信息觅食的研究很多,但是都集中在信息觅食在学科导航上的应用。学者柯青等详细介绍了动物的觅食行为与用户在Web上导航行为的相似性,徐芳等将信息觅食理论用于学科导航网站的性能优化,彭璧玉等提出了基于觅食原理的职业搜寻理论。信息觅食理论的研究,可以帮助人们在获取信息时根据信息环境的变化,通过预测信息收益来不断地修正人们的信息获取路线,达到最优的信息获取目标。研究信息觅食在学科服务中的应用,可以为学科用户构建优化的学科环境,更好地为读者服务。

读者在图书馆数字化平台上进行信息搜寻时,系统会记录读者的信息搜寻轨迹,读者的这些行为数据蕴藏了读者的真实学科信息需求。从大量的读者行为数据中,运用数据挖掘技术,从中提取出蕴藏在数据中的有用信息,分析读者的真实需求,能更好地为读者提供针对性的服务。对图书馆读者行为分析的研究也越来越多,如杨晶晶提出通过分析用户在信息搜寻过程中的行为轨迹对其信息收益的影响,建立基于用户隐性反馈的信息觅食模型。我们采用用户日志分析的方法来分析用户在图书馆数字化平台上的信息搜寻轨迹,获取用户隐性的行为反馈信息,建立基于信息觅食的数字图书馆学科服务模型。

2 信息觅食理论

2.1 信息觅食理论介绍

觅食理论(Foraging Theory)是由生态学家和人类学家提出的,研究动物在觅食过程中的行为和策略。觅食行为是动物的本能行为,为了在自然界中生存与繁殖必须寻找足够的物质和能量,动物在觅食的过程中,会评估食物所包含的能量及要消耗的能量,评估不同的食物和环境之间的最优收益,从而决定是否继续留在该捕食区域还是继续寻找下一个捕食区域。

同样人们在网络环境中进行信息搜寻时,也要衡量所花费的时间和精力与收到的信息收益之间关系,达到两者之间的平衡,人们把这种网络环境下的信息搜寻行为称作信息觅食。

信息觅食理论(Information Foraging)第一次由Pirolli公开提出,用来模拟和解释人们在网络环境中的信息搜寻行为。信息觅食理论假定人们在某种环境下的觅食行为的收益是可以计算的,通过计算将用户的信息收益与信息期望进行比较,在特定的信息环境中对用户信息搜寻过程进行模拟。信息觅食研究如何用最低的成本获取最高的信息量。信息获取的过程中人们倾向于采用效率高的获取方法,信息觅食原理假设人们使用效率最高的信息获取策略,而最佳信息觅食者则指的是那些在单位消耗成本下获取信息收益最高的人。

2.2　最佳觅食理论

信息觅食理论的基本模型有斑块模型和菜单模型,最佳觅食理论都是建立在这两个传统模型的基础上的。斑块模型假设动物所处的觅食环境中食物是以块状形式分布的,觅食者面临的是不平均分布资源,需要在不同的觅食点花费不同的觅食时间,在恰当的时间内结束觅食寻找新的觅食点。菜单模型用来解释动物在不同的环境中选择哪些食物资源的问题。两种模型在网络环境中研究最优觅食策略时同样适用,块内觅食收益率的提高意味着总收益率也得到提高。

读者在数字资源平台上搜寻的学科信息也是呈块状分布的,即读者所需要的学科资料分布在不同的学科网站中,学科资料搜寻时间的分配取决于每个学科网站对读者而言的获利程度、从一个网站转到另一个网站的成本以及整个学科网站的平均获利程度等。读者在每次检索的结果页面,需要点击每个链接,而每个链接的下面又有读者感兴趣的参考文献或者被引文献。有学者经过研究指出,在同一个觅食环境中如果用户的觅食过程是从能量由高到低的顺序进行,这个觅食策略将是最佳的觅食策略。我们如果将读者在数字资源平台上每条反馈信息的收益计算出来,并在检索平台上按照信息收益由高到低的顺序排列,那么读者将能在最短的时间内获得最多对自己有用的信息,达到最优的觅食效果。

2.3　基于用户行为反馈的信息觅食

读者在图书馆的数字资源平台上想查找某个学科的信息时,展示给读者的结果是按照某种算法给出的"权威"结果,有时候排序最前方的信息并不是读者需要的结果。然而目前大多数数字资源平台都是按照搜索文章的相关度或文章的被引量与下载量进行排序,很难满足不同读者的需求,并不能给读者提供针对性的服务。

大型的商业化购物网站,如亚马逊、京东等每天都有大量的用户检索或用户浏览轨迹,系统根据用户的访问页面进行需求分析,利用用户行为反馈给不同需求的用户呈现出不同商品信息,或者向用户进行需求相关的广告推送服务。用户行为信息记录的是用户在信息搜寻过程中的行为轨迹,能真实地反映出用户的搜索意图和需求。通过对用户的检索及浏览行为进行统计分析,利用用户的行为信息对用户的搜索行为进行优化,可以大大地提高用户的检索效率,体现个性化的需求。杨晶晶将用户隐性反馈结合信息觅食理论,应用到搜索引擎中从而改善现有的搜索页面结果排序,付特也提出了基于用户行为反馈的优化排序算法。诸多研究表明,用户的隐性反馈与用户的满意度密切相关,如何将用户的隐性行为信息定量转化,选取何种因素来衡量用户的满意度,并将收益率计算出来将是一个重点研究内容。

基于用户行为反馈的信息觅食策略,先对读者的历史访问数据进行数据挖掘,分析读者在数字资源平台上的检索信息和下载信息,计算读者当前的检索词与历史行为数据的相关性,来计算每条反馈结果的信息收益。通过此种方法计算的信息收益能真实地反映出读者的真实想法,使读者获得更好的用户体验。

3 读者在数字图书馆的信息觅食行为介绍

为了满足读者的信息需求,很多高校都建设或购买了多个数字资源管理系统或学科服务平台,将图书馆的数字资源统一到一个统一的平台中管理,可以方便读者访问或下载。读者在数字图书馆搜索学科信息时考虑的问题是:如何花费最少的时间和成本来获得最大的信息收益?信息获取的极端行为会将遇到的所有相关或不相关的文章全部下载下来,再花费大量的时间慢慢浏览,这样读者将会花费大量的无用时间。如何找到平衡点?从信息觅食的角度来考虑,将读者已有的需求信息进行归类整理,利用最优化的模型可以帮助读者在信息搜寻时间与信息筛选之间寻找平衡点。将图书馆数字资源平台上的学科资源看作块状结构分布,借鉴信息觅食理论中的块状模型,假定读者在平台中的信息总收益 G 是可以度量的。读者在信息觅食中花费的总时间由两部分组成:①读者检索或寻找信息块的搜索时间 TB;②块内花费在信息筛选时间 TW。读者信息搜寻过程获取信息的平均效率用 R 表示,简称为信息的平均收益率,则 $R=G/TB+TW$ 假定读者觅食块的数量与块间觅食活动所花费的时间是线性相关的,每个信息块的平均收益为 g,寻找新的信息块所花费的平均时间为 tB,花费在每个信息块内的平均信息筛选的时间为 tW,单位时间内搜寻到新的信息块的效率定义为 $\lambda=1/tB$,则读者在平台中的信息总收益 G 可以这样定义: $G=\lambda TBg$,同样在信息块内花费在信息筛选时间也可以这样描述 $TW=\lambda TBtW$,基于此,上面的公式可以这样表示: $R=G/TB+TW=\lambda TBg/TB+\lambda TBtW=\lambda g/1+\lambda tW$。由上面的公式可以看出,如果信息块内包含价值更高的信息,则平均信息收益率会得到提高。如果用 $\pi=g/tW$ 描述块内的信息收益的高低,其他条件不改变的情况下,则块内觅食活动收益率的提高会使总收益率得到提高。

根据最佳觅食原理,先预测信息块内每种信息的收益,然后将学科信息按照信息收益从高到低的顺序排列。例如CNKI将下载量和被引量作为预测信息收益率的大小,但是针对不同的读者,下载量和被引量并不能适合所有的读者。有大量的研究表明,用户的行为表现可以代表用户对信息搜集的满意度,因此我们引入了基于用户行为反馈的读者信息觅食。

4 基于读者行为反馈的读者信息觅食模型

4.1 读者信息觅食模型基本思想

图书馆数字资源管理系统或数字资源整合平台类似于统一的学科信息检索平台,数字资源管理系统与数字化校园一卡通系统对接,读者进行实名认证访问,通过读者访问日志信息可以定位到每一位读者。读者在图书馆数字资源平台上进行学科信息搜索时,系统会记录读者在平台上的所有行为操作,包括读者的来源、搜索时间、查询关键字、点击的URL、下载文章内容,在服务器上生成读者行为日志文件,经过数据处理后均会保存到数据库中,为后面的数据分析及计算读者的信息收益做准备。读者在图书馆数字资源平台上的每种操作行为都代表不同的含义,比如在检索框输入的检索关键字代表读者的信息需求内容,对搜索结果的点击意味着页面显示结果满足读者的信息需求, 读者下载动作表示信息的获取等,这些读者行为操作可以度量信息觅食中信息收益的高低。本文建立一种描述读者在数字资源平台上信息觅食行为的模型,将用户隐性反馈的信息模型用于读者在图书馆数字资源管理系统上的信息觅食。

基于读者行为反馈的读者信息觅食模型分为两个部分, 如图9-4-1所示。第一部分是根据读者的历史行为记录分析影响信息收益的关键因素,包括读者行为日志的获取、采用相应的数据挖掘算法对数据进行分析、历史行为记录中信息收益率的计算,见图9-4-1右侧的粗线条部分。用户在平台上搜寻信息时,服务器记录下读者的行为记录, 通过文本日志处理分析后,将读者的行为记录保存在用户行为数据库中,计算读者的历史行为的信息收益,通过相应的数据挖掘算法来分析影响信息收益的关键因素。第二部分是用户信息觅食的结果显示,是搜索引擎的通用构架。使用网络爬虫工具,抓取读者在网站上的搜索结果,运用上述训练出的最优参数来预测网站上每条信息对读者的信息收益,然后根据页面的收益率对读者在网站上的搜索结果重新排序。

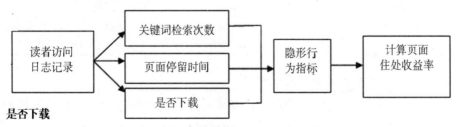

图9-4-1 读者行为和用户信息收益的关系分析

我们主要考虑两个方面的工作,一是读者在数字平台上的行为数据采集,二是读者行为与信息收益率之间的关系分析。

4.2 读者在数字平台上的行为数据采集

杨晶晶提出的基于用户隐性反馈的搜索排序策略模型,利用用户的隐性反馈来衡量搜索引擎返回结果的好坏，用户隐性反馈数据的采集直接影响到算法的好坏。我们采用的是直接读取服务器上读者访问日志，先对原始日志数据数据预处理，保存在数据库中。当用户访问图书馆的数字资源访问系统时，系统会在后台记录下读者的每一步操作日志。例如读者选取的是哪个数据库、输入的检索词是什么、之后点击了那些链接、下载了那些文章或电子书，都可以读者的访问日志里面记录下来。我们数据抓取采用直接对服务器上的访问日志文件进行分析过滤。日志处理步骤如图9-4-2所示。

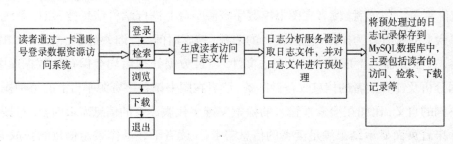

图9-4-2　读者在数字平台上的行为数据获取

从系统中抓取的读者访问日志包括用户IP 地址、用户ID、用户请求访问的URL 页面、请求方法、访问时间、传输协议、传输的字节数、错误代码、用户代理等属性。电子资源访问系统的日志文件同时也记录了每个读者访问的页面、访问时间、检索词、检索内容、下载内容等。实验采用日志解析工具直接对Web日志文件进行解析，把解析到的数据存储到MySQL数据库中。数据库存储读者访问日志记录如表9-4-1所示，主要包括读者的访问、检索、下载记录等。

表9-4-1　读者访问日志记录表

ID	Int（4）	NOT NULL
Name	varchar（200）	资源名称
Type Name	varchar（200）	类型名称
Dest Addr	varchar（460）	请求的具体的URL地址
Sum Count	Int（4）	访问次数
Creste Day	Data	统计日期
Type	Int（4）	0: 网址; 1:下载; 2: 检索
Param	varchr（460）	文件名称或检索关键词

4.3　读者行为和信息收益的关系分析

有学者通过研究用户阅读新闻的行为，发现阅读时间是衡量用户的信息收益的关键性指标。杨晶晶在研究中用页面浏览时间、用户拖动垂直下拉条时间、外链的点击次数以及用户的主观评价来衡量用户的满意度，也有研究发现用户的综合行为更能准确衡量其满意度。找到用户行为和G值之间的关系，从而得到各种行为对用户搜索满足的影响程度，将此与搜索结果页面上的用户行为相结合，作为搜索结果排序的依据。一般认为页面的信息收益g与用户信息收集的表现关系密切，因为用户收集的信息都来自于其浏览过的网页的贡献，而用户收集信息的表现又可以通过用户行为来表示。将用户行为中蕴含的信息收益情况释放到每个被浏览过的页面中，计算每个页面中发生的用户行为多少，以此代表每个页面的信息收益。数字资源平台上获取的读者行为数据包含的隐性指标有读者在每个链接页面的停留时间、是否下载、标页面（文章）的下载量和被引量等。选取读者的检索次数、页面停留时间、下载行为这三个隐性行为数据作为衡量读者收益率的关键因素，来分析读者行为和用户信息收益的关系，如图9-4-1所示。

借助SPSS分析软件对读者历史行为数据进行分析，采用相应的数据挖掘算法对其进行数据挖掘，来分析这三个指标与信息收益的关系，得到这三个参数与信息收益之间的关系函数。用训练出的关系函数来预测每个读者在未来页面上的信息收益，以页面的信息收益率来衡量用户应当查看页面的优先程度，将信息含量最丰富的模块排在最前面提供给查询请求的用户。当用户在此搜索平台检索信息时，平台的"排序"模块将页面按照信息收益率降序排列后展现给用户。

第5节　基于SWOT分析的数字图书馆信息服务质量评价研究

1　SWOT分析理论

1.1　SWOT理论的概念

SWOT分析方法是在管理学领域广泛应用的分析方法，又称态势分析战略，最早由美国旧金山大学教授安德鲁斯于20世纪80年代提出。这种方法在分析过程中，首先找出与研究对象密切相关的各种内部优势因素（Strengths）和劣势因素（Weaknesses）、外部环境的机会因素（Opportunities）和威胁因素（Threats）进行系统分析，进而得出一系列相应的战略对策。SWOT分析是一种对分析对象的优势、劣势、机会和威胁的分析，在分析时应把所有的内部因素都集中在一起，然后用外部的力量来对这些因素进行评估。如果能够对分析对象进行SWOT分析，这将有利于该对象认清自身的优势和劣势，最终将精力集中在更有效的方面，最大限度地提升自己，图9-5-1为进行SWOT分析时常用的分析方式。

图9-5-1　SWOT分析传统矩阵

1.2　SWOT分析的作用

SWOT分析在企业或组织对自身的优劣势分析上有非常重要的作用, 将该方法进一步应用到对高校数字图书馆信息服务质量上, 可以非常清晰地展示数字图书馆自身条件和外部环境。针对数字图书馆所面临的问题, 希望通过SWOT分析能够指导数字图书馆的服务意识, 全面结合图书馆的内部优势、劣势与外部环境机会与威胁, 在此基础上制定合理的服务方式, 发挥自身优势, 克服不足, 全面提高数字图书馆在信息服务方面的水平, 更好地为用户服务。

2　数字图书馆信息服务质量的SWOT分析

2.1　内部优势分析

（1）海量的文献资源。我国高校数字图书馆建设发展迅速, 大部分都拥有非常丰富的馆藏资源, 这一点是数字图书馆足以引以为豪的优势。另一个特色就是不同的专业高校又结合学校布局设置了具有专业风格的馆藏体系, 特别是一些重点学科、优势学科, 关于专业领域的资源比较完善, 这种文献资源的相辅相成为数字图书馆的整体发展提供了强有力的信息支持。

（2）先进的技术及相关设备。在我国高校数字图书馆的建设过程中, 非常注重硬件的技术进步和设备升级。数字图书馆作为经常获取资源的地方, 先进的技术和强劲的硬件平台能够对服务起到很好的烘托作用。随着现代信息技术的快速发展, 信息处理技术、数据库技术、信息的压缩及传递技术、数据的分布式处理技术、安全及保密技术、数据挖掘及抽取技术、各种检索技术等均在图书馆中得到了广泛应用, 为信息的收集、加工、整理、传播及应用提供了保障。在应用当下先进技术方面, 数字图书馆总能走在前列, 这些先进的设备不仅能保证目前用户可以非常有效地获取所需资源, 对于未来进一步提升用户体验留下了足够的拓展空间。

(3)高质量人才队伍。我国高校本来就集中了多方面的人才,在高校数字图书馆方面对相关人才的选拔也非常重视,数字图书馆各个方面的人才都能够得到很好的补充。不仅对于学历等基本素质要求过硬,在人才队伍的年龄结构、知识层次等方面高校也集中了精力,相关的人才队伍可以从事这样具有挑战性、开拓性的工作。从事相关工作的人大部分具有较扎实的图书情报学理论知识、丰富的相关学科的知识背景、较强的信息获取技能、较高的计算机水平和外语水平,这些强有力的人才保障为数字图书馆的发展奠定了坚实的基础。

2.2　内部劣势分析

(1)相关制度不够完善。虽然我国在数字图书馆建设方面进步很快,但相关的管理制度依然比较滞后。由于与之相关的配套制度的建设尚不完善,高校在很多时候没有相应的政策进行支持,有些高校对数字图书馆相关方面的服务没有合适的评估指标体系,对相应学科馆员的考核也没有完善的指标体系。因此,从制度上要提高数字图书馆信息服务的质量比较困难,遇到问题没有行之有效的解决措施,这也制约了该方面的长远发展。

(2)缺乏有效的管理模式和相关激励措施。我国的数字图书馆照搬的是传统图书馆的管理方式,很多高校的不同院系都不配备相应的管理人员。数字图书馆员的服务具有一定的单向性,在实际工作过程中与用户的沟通和交流都比较少,这也大大影响了数字图书馆的整体服务质量。另外,我国的高校图书馆尚缺乏关于学科馆员工作计量、考评奖惩等规章制度,学科馆员的工作业绩很难得到体现和肯定。在实际工作的时候,往往处在给用户提供服务的人员积极性不高,工作时间除了完成非常基础的任务外没有一点积极进取的想法,这样整体的工作效率并不高。

(3)学科馆员队伍整体素质偏低。虽然数字图书馆学科馆员都具备一定的本科专业背景,但其远远满足不了日益增长的用户需求。坚实的图书情报专业知识基础、良好的外语水平及计算机能力,这些素质看起来非常有效,可是知识的更新速度太快,现在学科的发展需要与时俱进的人才。大部分的工作人员在入职以后缺少了相关的培训,工作过程中对新知识、新技能的学习很少,因此服务不到位的现象非常普遍,最终影响了整体服务质量。

2.3　外部机会分析

(1)我国高等教育迅猛发展趋势明显。随着我国进一步加强对高等教育事业方面的投入,高校进一步认识到了图书馆在学校发展过程中的重要地位,对于数字图书馆的建设引来了各方面的投入。高校投入大量的经费用于图书馆的文献资源采购,对于数字化的图书馆资源来说,易于保存和方便获取的优点能够占据极大的优势。无论是各种数据库资源的购买还是对数字设备提供全方位的保障,这些方面的投入能极大促进数字图书馆的发展。

(2)高校科研成果转化的内在需求。随着高校的科研实力不断提高,不少科研成果需要以合适的方式展示出去,数字图书馆就迎来了发展的机遇。各类高质量的科技论文,不仅是对国内相关领域的推广,在国外也需要发挥一定的影响力。这方面的工作非常繁杂,还需要通过数字图书馆作为媒介投入大量工作。由于各个高校科研管理部门对这一任务并不专业,科研人员又有着繁重的教学和科研任务,因此图书馆相关人员在信息的查找、咨询和推广方面可以发挥巨大的作用。建立在这样的基础上,数字图书馆对内可以为不同专业的师生提供富有价值的信息,对外可以将自身的优势成果进行展示,可以发挥双向的作用。

2.4 外部威胁分析

(1)开放资源的网络环境威胁。如今高校的信息化程度不断提高,网络已经渗透到日常生活中,师生获取信息资源的难度比从前降低了很多。互联网的高度发展,以往的学科资源必须从数字图书馆获取的局面发生了变化,用户可以通过其他途径获取自己所需的信息,这从一定程度上对数字图书馆的发展产生了影响。一方面,用户已经可以从多方面获取信息,其他机构和组织也能够提供特色服务,这样就大大降低了用户对数字图书馆的依赖,对于图书馆产品的忠诚度也下降了。另一方面,用户群体更加多样化,以往单一的需求变得更加多元,数字图书馆如果不能及时跟上用户的需要,那么最终由于用户需求信息的多样性及分散性,用户不得不寻求更广范围、更专业的网络信息资源,对图书馆及图书馆所提供的服务依赖性日益下降。

(2)其他信息机构的竞争威胁。随着计算机技术和网络技术的发展,一些商业公司也参与到信息服务行列。虽然从专业服务来看,一些商业机构并没有提供非常好的服务,但从便捷性和用户体验来看已经占据了上风。比如谷歌学术搜索和百度学术搜索,这两大基于搜索引擎的信息提供平台,能够在其他服务的基础上增加用户黏性,最终得到用户的认可。高校的数字图书馆已不再是唯一的专业信息提供者,在服务上也受管理体制的限制无法及时满足用户的需求,因此其他机构的竞争也带来了挑战。

3 基于SWOT分析的数字图书馆信息服务质量提升策略

根据对数字图书馆服务质量的SWOT分析,要想提高服务水平,应该合理利用自身的优势,积极借用各方面的资源弥补自己的劣势。具体从实际操作方面来看,可以从以下一些方面着手。

3.1 重视宣传和推介

从学校各个部门的发展情况来看,图书馆历来比较被动,很少有机会展示自己,因此也极少得到学校相关主管领导的特别重视与支持。鉴于师生对数字图书馆发展的关注远远不够,图书馆应该在日常工作中采取多种措施展示自己,在各种活动中做好宣传工作,创造机会和用户进行交流。因此,很有必要通过各类资料进行宣传,比如走访宣传、网页宣传和校内新闻媒体宣传等,这些方式都有利于拉近图书馆与用户的距离,方便用户更好地了解和利用数字图书馆。

3.2 完善学科馆员管理机制

对学科馆员的有效管理是做好学科馆员工作的重要前提。目前国内各高校对学科馆员的管理没有明确的规章制度,建立学科馆员的聘用、考核以及激励机制是当前需要迫切解决的问题。应制定严格的学科馆员选聘条件；依据学科馆员的学科背景分配其服务的学科，以利于学科服务工作的稳定和深化。另外，应制定一系列规章制度，对学科馆员进行定期考核和评价，从其与用户联系的频率、所属学科资源建设状况、培训的人次及内容、参与咨询课题情况、用户反馈等方面对学科馆员的业务能力进行评价。通过一系列的措施，从制度上保证广大的图书馆工作人员能够在岗位上保持积极性和主动性，在工作中更好地为用户服务。

3.3　提高学科馆员综合素质

学科馆员的综合素质将直接影响到其工作水平的发挥，这一点也将关系到学科服务工作的整体质量。数字图书馆的相关工作人员必须具有扎实的学科知识、较强的外语水平以及信息服务技能，但这些都是比较传统的要求。当今的要求应该让这部分员工具备开放的意识形态，能够主动地接受世界的先进知识和技术，能够紧紧跟住世界的发展方向。相关工作人员应当积极参与到学校的科研活动中去，及时了解用户的实际需求，提供全面的个性化解决方案。

3.4　加大对数字图书馆软件方面的投入

提及对数字图书馆的投入，最明显的就是对硬件进行升级。但如今硬件水平已经得到了提高，硬件的性能往往有很大的富余，制约服务体验的往往是软件水平。软件方面，往往需要大量的投入却难以产生很好的效果。但是，真正需要服务的是用户，用户的体验和软件设施有着密切的关系。如果能不断升级软件，追踪最先进的技术，那么数字图书馆的信息服务一定能够迈上新的台阶。

第10章　数字图书馆安全管理

第1节　数字图书馆网络安全管理

1　影响数字图书馆网络安全的因素

在网络环境下，数字图书馆的网络数据库都对读者开放，在网上传输、网上查询，与其他行业一样具有许多不安全因素。而且，数字图书馆的各种数据一旦被损坏，损失就相当惨重。数字图书馆的书目数据库是馆藏的代表，是读者查阅图书的通道，是工作人员进行内部管理和开展各项服务的工具，建库的工作量大，需要投入大量的人力和物力，若遭病毒感染，恢复困难较大。数字图书馆自建和引进的数据库，是数字图书馆开展网上服务的信息宝库，是数字图书馆创收的来源，若遭破坏，将造成经济损失。由此可见，在网络环境下数字图书馆数据安全问题尤为重要。

那么，要保证图书馆网络的安全，就要对其进行分析，找出其不安全因素，才能有针对性地采取措施，进行有效的防范。其不安全因素主要来自以下几个方面。

1.1　在通信中数字图书馆网络的不安全因素

（1）网络自身的不安全因素

计算机网络本身就存在着安全漏洞。例如，Internet系统所依赖的TCP/IP协议本身就存在安全缺陷，路由器、Anonymous FTP、Telnet、口令文件等都存在安全隐患。因此Internet网只能保证信息的无差错传输，对信息本身的真实性无法保证。

（2）非法入侵的不安全因素

入侵者利用网络传输中的缺陷，采用一些非法手段，如：利用搭线、电磁泄漏窃听；使用先进的网络分析设备对网络上传输的数据进行监听；通过中继节点的特洛依木马程序窃取敏感信息；使用先进网络探查工具软件（如sniffer）窃取合法用户的登记过程（如用户名和口令字），假冒该合法用户访问网络资源；劫夺（接管）某个合法用户与某个网络资源建立的连接，访问到其无权访问的信息；用非法操作获取或篡改信息。

1.2　软件方面的不安全因素

（1）网络软件安全功能不健全

许多软件都有不同程度的缺陷，如Win98上市后，仅在半年间出现了很多的问题，1999年3月，美国的一家软件公司又发现了一个漏洞，该漏洞使Win98和IE4的用户在访问网站时会留下易被获取的个人信息，并能影响Win98中RegWiz ActiveX控制功能。

（2）病毒入侵

网络技术的普遍使用也为计算机病毒的蔓延提供了新的媒介，数据被破坏的隐患越来越大。在一些盗版软件中，往往含有致命的病毒，若不小心使用了这样的软件，有可能在特定的条件下，它所携带的病毒会将网络中的数据吞噬得一干二净。

1.3　计算机硬件引起的不安全因素

（1）设计人员考虑不周。如：计算机芯片就出现过考虑不周的问题，1999年3月10日，Intel公开承认在其设计的PⅢ芯片中给芯片设计的序列号是错误的。虽然其设计序号的初衷是为了保证电子商务的安全，结果却使一些用户感到"被侵犯了隐私权"。

（2）计算机部件的磨损也会导致数据的丢失。如：计算机中的硬盘和硬盘驱动器，是计算机存储的关键部件，也是较易损的部件，这是由硬盘本身的工作原理所决定的。

1.4　内部人员引起的不安全因素

无论在什么样的情况下，人往往是起着关键作用，在网络安全中也不例外。

（1）管理不严。领导不重视、规章制度不健全，各种文件存放混乱，违章操作，造成不良后果。

（2）工作态度不好。缺乏责任心，保密观念不强，随机打印出系统保密字，或向无关人员泄漏口令等有关机密信息。

（3）道德品质差。熟悉系统的工作人员故意改动软件，或用非法手段访问系统，或通过窃取他人的口令和用户标识码来非法获取信息；担任系统操作的人员以超越权限的非法行为来获取或篡改信息；利用硬件的故障和软件的错误非法访问系统，或对系统的各部分进行破坏；利用窃取系统的磁盘、磁带或纸带等记录载体或利用废旧的打印纸、复写纸来窃取系统或用户的信息。

1.5　环境不安全因素

除了上述因素之外，还有环境因素威胁着网络的安全，如地震、火灾、雷电、风灾、水灾等自然灾害，或温、湿度冲击、空气洁净度变坏和掉电、停电或静电等工作环境因素的影响。

2　解决网络安全问题的应用对策

数字图书馆的网络安全问题是一个不容忽视的客观存在，正视问题，迎难而上才能根本解决问题，针对网络安全技术的具体模式去寻找解决网络安全问题的相应对策不失为明智之举。图书馆应采用各种安全技术和管理措施，使网络系统正常运行，从而确保包括图书馆自动化系统数据库和网络资源在内的数据的可用性、完整性和准确性。在具体的技术模式上，常见的信息安全技术分为以下几种。

2.1 密码技术

密码技术是信息安全的核心和关键所在。它包括密码编码（密码算法设计）、密码分析（密码破译）、认证、鉴别、数字签名、密钥管理和密钥托管技术。身份识别和认证过程是数字图书馆网络系统防止非法入侵的第一道屏障。任何一个计算机网络应用系统为保证其安全性都要提供身份验证和口令设置，这是最基本，也是最有效的安全策略。传统的认证方式是通过判定用户名和用户口令或密码来认证的，其他形式认证方式有指纹识别、知识卡等。

2.2 入侵检测技术

该技术可分成三种主要的入侵检测体系结构：基于主机的入侵检测系统、基于网络的入侵检测系统和混合分布式入侵检测系统。该技术用于保护应用网络连接的主要服务器，实时监视可疑的连接和非法访问的闯入，并对各种入侵行为立即做出反应，如断开网络连接等。

2.3 防火墙技术

包括计算机防火墙和网络防火墙。计算机防火墙设置在外部网络和计算机用户之间，阻止非法信息进入计算机。网络防火墙设置在内部网络和外部网络之间，通过安全访问控制保护内部网络。由于技术进步的飞快，各种病毒和非法入侵手段层出不穷，图书馆可以充分利用防火墙提供的功能自行设定符合本单位的安全策略，确定可以通过防火墙的信息类型，对外部网络与内部网络之间交流的数据进行检查，符合的予以放行，不符合的拒之门外。

2.4 防病毒技术

即利用专用的防病毒软件和硬件，发现、诊断和消灭各种计算机病毒和网络病毒，保证计算机和计算机网络的安全。网络防病毒技术的具体实现方法包括对网络服务器中的文件进行频繁地扫描和监测，工作站上采用防病毒芯片和对网络目录及文件设置访问权限等。防病毒必须从网络整体考虑，主动防御，改变被动劣势，从方便管理人员的工作着手，通过网络环境管理网络上的所有机器，如利用定时查毒功能，对客户机进行扫描，检查病毒情况；利用在线报警功能，网络上每一台机器出现故障、病毒侵入时，网络管理人员都能及时知道，并做出相应的对策。

2.5 信息伪装技术

又称为信息隐藏技术。它是将机密资料隐藏于一般的非机密文件中，然后再通过网络进行传递，由于看起来与一般的非机密资料没什么两样，很容易逃过拦截者的破解。目前信息伪装的主要技术和方法有电子水印技术、纹理影射方法等。

3　数字化图书馆网络安全的保障措施

建立数字图书馆网络安全保护措施的目的是确保经过网络传输和交换的数据不会发生增加、修改、丢失和泄露等，从而为各类用户提供安全可靠的网络资源，更好地发挥网络的优势，使馆藏资源可以不受时间、空间的限制，图书馆建设才能真正朝着数字化的方向迈进。为确保网络安全，可从网络层、系统层和应用层三方面着手采取防护措施。

3.1　网络层的安全防护

网络层的安全保护首先是对网关的防护，通过设置边界防火墙达到访问控制、状态包检测、集中式管理、网关入侵检测和报警、网络地址转化（NAT）、流量审核日志等作用。其次是对内网网络层的防护。内网网络层防护由网络入侵监测系统和内网防火墙来共同完成。在检测到入侵行为或异常行为后，网络入侵监测系统的控制台就会实时显示，并根据预先定义的事件响应规则报警，同时将报警信息写入日志，以备审计核查。第三是对主机的防护。主机防护由主机防火墙和主机入侵检测产品完成。安装在被保护主机的操作系统上，并嵌入到操作系统的核心层。

3.2　系统层的安全防护

要使用漏洞扫描技术，定期扫描操作系统和数据库系统的安全漏洞与错误配置，尽早采取补救措施，避免各种损失。同时应加强口令的使用，及时给系统打补丁。还要增强访问控制管理，包括对文件的访问控制除提供读、写、执行权限以及建立、搜索、删除、更改和控制等权限；对计算机进程提供安全保护，防止非法用户启动或制止关键进程；控制对网络和端口的访问。最后，应注意对病毒的防范和提供对重要的数据库服务器和web服务器的专门保护。

3.3　应用级的安全保护

应用级的安全保护是指安全管理。加强对用户的安全管理十分重要，应制定健全的安全管理体制、构建安全管理平台、增强用户的安全防范意识等，提高全体工作人员的网络安全意识。

4　数字图书馆服务器网络安全防范措施

数字图书馆是伴随着数字技术和网络技术发展起来的，从总体上说，支撑数字图书馆的关键技术主要有信息处理、信息存储和信息传输三个方面。这种由新技术所带来的新的信息资源形态（数字化）和新的信息资源使用方式（网络传输），必然存在许多网络隐患，易受网络黑客攻击。目前大部分数字图书馆的信息服务器主要采用Web界面和基于TCP/IP协议的信息技术系统。其程序的基本构架基于Client—Server（客户机—服务器）结构，服务器端一般用Winnt4.0或者Windows 2000 Advance Server, 并且多数系统要求安装使用IIS服务器（Internet Information Servers）。众所周知, Windows系列是Microsoft公司的产品, 以图形化界面和易操作闻名, 但也存在数之不尽的安全漏洞。

数字图书馆购置的数字化文献数据库如重庆维普《中国科技期刊全文数据库》（简称VIP）、清华《中国学术期刊全文数据库》（简称CNKI）, 要求在Windows 2000环境下运行。如果图书馆工作人员在安装Windows 2000时, 只选择默认方式安装, 而不进行正确的安全配置的话, 其安全性几乎等于零。

4.1 组件的安装和定制

Windows 2000在默认情况下会安装一些常用的组件。但是正是这个默认安装是极度危险的。美国最著名的"黑客"米特尼科说过, 他可以进入任何一台默认安装的服务器。笔者认为应该先了解有关数据库运行与提供服务的功能, 只安装确实需要的服务。根据一般安全原则: 最少的服务+最小的权限=最大的安全, 典型的Web服务器需要的最小组件选择是: 只安装IIS的Common Files, IIS Snap—In, www Server组件。目前大多数图书馆使用的信息检索系统（VIP, CNKI）只需要安装IIS即可。

如果你确实需要安装其他组件, 请慎重, 特别是: Indexing Service, FrontPage 2000 Server Extensions, Internet Service Manager（HTML）这几个危险服务, 极易留下安全隐患。

4.2 分区和逻辑盘的分配

有一些技术人员为了省事, 将硬盘仅分为一个逻辑盘, 所有的软件都装在C驱上, 这是很不科学的, 建议最少建立两个分区, 一个系统分区, 一个应用程序分区, 这是因为, 微软的IIS经常会有泄漏源码/溢出的漏洞, 如果把系统和IIS放在同一个驱动器会导致系统文件的泄漏甚至入侵者远程获取Administrator（超级管理员账号）。推荐的安全配置是建立三个逻辑驱动器, 第一个大于2GB, 用来装系统和重要的日志文件, 第二个放IIS, 第三个放FTP, 这样无论IIS或FTP出了安全漏洞都不会直接影响到系统目录和系统文件。要知道, IIS和FTP是对外服务的, 比较容易出问题。而把IIS和FTP分开主要是为了防止入侵者通过FTP上传程序并在IIS中运行。

4.3 补丁的更新

尼姆达病毒正是利用了Windows的一系列网络安全漏洞进行传播。它的破坏力也是有目共睹的。IIS6. 0版服务器不容易感染上尼姆达病毒, 但是IIS5.0及其更早版本要注意及早下载Q269862（微软提供的防尼姆达病毒补丁名）。同尼姆达病毒同样臭名昭著的红色代码也是如此, 可以打上微软的Q300972补丁, 或者可以给整个操作系统打上最新的Windows 2000 advance SP3补丁, 但请注意有些数据库并不支持最新的SP3, 我们只能下载单独补丁补上安全漏洞。另外, 补丁的安装应该在所有应用程序安装完之后, 因为补丁程序往往要替换/修改某些系统文件, 如果先安装补丁再安装应用程序有可能导致补丁不能起到应有的效果。

4.4　端口的设置

端口是计算机和外部网络相连的逻辑接口，也是计算机的第一道屏障，端口配置正确与否直接影响到主机的安全。一般来说，仅打开你需要使用的端口会比较安全。配置的方法是在网卡属性—>TCP/IP—>高级—>选项—>TCP/IP筛选中启用TCP/IP筛选。不过对于Windows 2000的端口过滤来说，有一个不好的特性：只能规定开哪些端口，不能规定关闭哪些端口，这样对于需要开大量端口的数据库系统运行就比较麻烦，碰上这种情况应该跟有关数据库厂商协调，共同解决问题。

4.5　IIS漏洞的解决方案

IIS是微软的组件中漏洞最多的一个，平均两三个月就要出一个漏洞，而微软IIS默认安装又实在不敢恭维，所以IIS的配置是我们的重点。首先，把C盘Inetpub目录彻底删掉，在D盘建一个Inetpub（要是你不放心用默认目录名也可以改一个名字，但是自己要记得），在IIS管理器中将主目录指向D：\Inetpub。其次，将IIS安装时默认的scripts等虚拟目录一概删除，如果需要什么权限的目录可以自己慢慢建，需要什么权限开什么。特别注意写权限和执行程序的权限，没有绝对的必要千万不要开。

4.6　MS SQL Server的配置

清华CNKI全文数据库要求安装MS SQL Server。在安装MS SQL Server后，MS SQL Server会产生一个默认的SA（System Admin）用户，而且初始密码在管理员没有设置的情况下为空。但是SA是SQL Server中非常重要的安全模块成员，这样一来黑客们就可以通过SQL Server的客户端进行数据库远程链接，然后再通过SQL的远程数据库管理命令Xp_cmdshell stored procedure（扩展存储过程）来进行命令操作，命令格式如下：

Xp_cmdshell "net user id password /add"

Xp_cmdshell "net localgroup Administrators id /add"

根据以上两条简单的命令，入侵者就能在MS SQL Server的服务器上立即新建一个管理员级别的Administrators组的用户。需要提醒图书馆网管技术人员的是，在安装好SQL Server后，您需要做的第一件事就是把SA的空密码立即进行设置，然后打上SP3。这里需要特别强调的是，一定要经常留意微软最新的补丁包文件，并且注意及时给系统和软件打最新的补丁。

4.7　账号管理

Windows 2000的账号安全是另一个重点。首先，Windows 2000的默认安装允许任何用户通过空用户得到系统所有账号和共享列表，这个本来是为了方便局域网用户共享文件的，但是一个远程用户也可以得到你的用户列表并使用黑客软件用暴力法破解用户密码。很多网管技术人员都知道可以通过更改注册表中的Local_Machine\System\CurrentControlSet\Control\LSA-RestrictAnonymous=1。来禁止139空链接，实际上Windows 2000的本地安全策略（如果是域服务器就是在域服务器安全和域安全策略中）就有这样的选项RestrictAnonymous（匿名链接的额外限制），这个选项有三个值：

0: None.Rely on default permissions（无，取决于默认的权限）

1: Do not allow enumeration of SAM accounts and shares（不允许枚举SAM账号和共享）

2: No access without explicit anonymous permissions（没有显示匿名权限就不允许访问）

首先，"0"这个值是系统默认的，什么限制都没有，远程用户可以知道你机器上所有的账号、组信息、共享目录、网络传输列表（NetServer TransportEnum）等等，对服务器来说这样的设置非常危险。"1"这个值是只允许合法的用户存取SAM账号信息和共享信息。"2"这个值是在Windows 2000中才支持的，需要注意的是，如果你一旦使用了这个值，将杜绝所有的共享，使一些数据库无法正常运行，笔者建议设为1较佳。

其次，系统内建的administrator也是一个漏洞（容易被黑客用暴力法破解），我们还应该加以修改，系统管理员可以在服务器上的计算机管理—>用户账号中右击administrator然后改名，改什么都可以，只要能记得住就行。同时不可忽略的是选择密码要足够长，且要定期更换。

第三，即使系统管理员做了以上两点，对于防范技高的黑客仍然还不够。因为黑客还可以通过本地或终端登录界面看到所需要的信息。我们可以再将注册表做如下修改：

（1）HKEY_LOCAL_MACHINE\SOFTWARE\ Microsoft\WindowsNT\Current Version\Winlogon项中的Don't Display Last User Name串数据改成1，这样系统不会自动显示上次的登录用户名。

（2）HKEY_LOCAL_MACHINE\SOFTWARE\Microsoft\WindowsNT\CurrentVersion\Winlogon项中的Don't Display Last User Name串数据修改成1，隐藏上次登录控制台的用户名。

综上所述，数字图书馆通过海量存储服务器，依托网络环境进行数字化文献的检索和传输，服务器的安全防范措施必不可少。而服务器操作系统Windows 2000 Advance Server存在许多的漏洞和易被攻击的问题。而大多数攻击又是属于一般性攻击，基于网络安全人员对服务器的不正确配置，密码问题，和没有及时更新最新补丁。黑客们可以使用黑客程序自动扫描发现有这些漏洞的服务器并对它发动攻击。笔者认为认真执行上述几点措施及日后及时打补丁和定期更换密码（要有一定的长度和复杂性），那么数字化图书馆的网络安全率就可以达到85%。

第2节　数字图书馆信息安全管理

随着数字图书馆信息量的增多、数字化资源管理和服务的深化，数字图书馆带给人们信息共享服务的同时，其安全问题也凸现出来，如数据丢失、信息泄密、系统瘫痪、网络堵塞等，严重影响着数字图书馆建设与发展。作为一个信息系统，信息是数字图书馆的支柱。信息安全是数字图书馆正常运行发展的关键, 也是其顺利提供服务的保证。另外, 信息安全还是保护数字图书馆相关各方权益的需要。信息安全问题伴随着数字图书馆建设和发展的始终, 并有加重之势, 所以如何保障数字图书馆信息安全已成为数字图书馆建设和发展的核心问题之一。

2000年, 党中央十五届五中全会关于"十五"计划的建议中明确提出了"信息化是关系现代化全局的战略举措"。2004年1月9日至10日召开了"国家信息安全保障工作会议", 告诫我们在信息化建设快速发展的同时, 不能忽略信息安全的同步建设; 2005年党的十六届四中全会把信息安全同政治安全、经济安全、文化安全放在同等重要的地位一并提出, 这在党的历史上是前所未有的。"十一五"计划又再次强调"应健全信息化安全保障体系, 完善信息化可持续发展的制度软环境, 促进先进网络文化的传播", 国家明确提出了"以安全保发展、在发展中求安全"的重要原则, 提出要一个并重, 即"管理与技术并重"; 要两手抓, 即"一手抓信息化发展, 一手抓信息安全建设"; 要三同步, 即"信息化发展与信息安全建设要同步规划、同步建设、同步发展"。

随着信息安全意识的提高及信息安全需求的落实, 积极为各领域构建信息安全保障体系将成为信息安全产业必然和不可扭转的趋势。

1　数字图书馆信息安全理论研究

1.1　信息安全的内涵

信息安全有狭义与广义之分, 狭义的信息安全专指信息本身的安全问题, 包括对信息系统中所加工存储、网络中所传递的数据的泄漏、仿冒、篡改以及抵赖过程所涉及的安全问题, 也称之为"数据安全"。

我们所要讨论的信息安全设定在广义层次上, 采用国际化标准组织ISO对信息安全提出的建设定义: "为数据处理系统建立和采取的技术和管理的安全保护, 保护计算机硬件、软件数据不因偶然的和恶意的原因而遭到破坏、更改和泄漏。"

由此可见信息安全问题应该是一个系统概念、综合性的课题, 涉及立法、技术、管理等诸多的方面。

1.1.1　信息安全的层次性

从信息安全的作用层面上来看, 比较公认的有三个层面。

（1）物理安全层

保证计算机设备、网络通讯设备及各种媒体硬件自身的安全, 就是信息系统硬件的稳定性运行, 它是数字图书馆正常运行所必需的物质基础。

（2）软件安全层

保证计算机与网络设备运行过程中系统的安全, 包括操作系统、应用程序系统和数据库系统的稳定性运行,它是数字图书馆安全的核心部分。

（3）数据安全层

对信息系统中所加工存储、网络中所传递的数据的泄漏、仿冒、篡改以及抵赖过程所涉及的安全问题,这些数据包括了元数据、对象数据和基本的用户数据。

1.1.2 信息安全的需求

（1）保密性。即确保数据的机密性,保证机密信息不被窃听,或窃听者不能了解信息的真实含义,防止未授权的访问即便被捕获也不会被解析。这是信息安全最重要的,也是最基本的要求,具体地讲,就是系统能否保证有价值的重要信息对己方的高可用性和对敌方的不可用性,同时可对信息的来源进行判断,能对伪造来源的信息予以鉴别。换句话说,保密性就是对抗对手的被动攻击,保证信息不被泄漏给未经授权的人。

（2）完整性。指信息在存储、传输和使用过程中保持不被修改、不被破坏和不丢失。换句话说,完整性就是对抗对手主动攻击,防止信息被未经授权者篡改。保证信息的完整性是信息安全的基本要求,而破坏信息的完整性,则是对信息安全发动进攻的目的之一。

（3）可靠性。是指对信息完整性的依赖程度,也就是对信息安全系统的信赖程度。

（4）可用性。是指保障信息无论在何时、经过何种处理,当需要时能存取所需信息,即保证信息系统确实为授权使用者所用,防止由于计算机病毒或其他人为因素造成系统的拒绝使用。另外,可用性还包括具有在某种不正常条件下继续运行的能力。

（5）可控性。即授权机构对信息及信息系统实施安全监控,对信息内容及传播具有控制能力,可以控制授权访问内的信息流向及方向。

（6）不可否认性。确保参与方无法否认自己对数据的特定操作（如授权、发送、接收等）,即建立有效的责任机制,防止用户否认其行为。信息安全需求的六要素如图10-2-1所示。

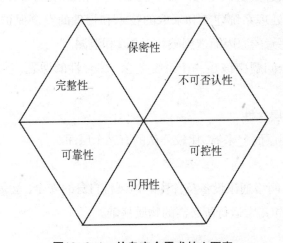

图10-2-1　信息安全需求的六要素

数字图书馆安全保障的最终目的是要达到数字图书馆信息处理和传输过程中的保密性、完整性、可用性、可控性和不否认性。

1.2　信息安全威胁因素分析

1.2.1　客观威胁

数字图书馆信息安全客观威胁因素：

（1）自然因素。自然因素可以分为可控因素和不可控因素。可控因素指可以预知的、通过一定的措施可以避免的威胁，例如水、火、静电等。不可控因素是指不能预知的，超出人力控制的因素，如地震、雷击等自然灾害，但是不可控因素造成的损失并不是绝对不可以控制的，只要措施得力，损失还是能够减少的。

（2）硬件和软件因素。硬件因素是要考虑计算机配置是否合理，机器质量是否有保证等现象。著名的计算机芯片制造商Intel公司，曾公开其具备多媒体扩展技术的奔腾处理芯片存在缺陷，而在过去全球80%的PC机正在使用这种芯片；软件因素主要涉及操作系统和应用软件两个方面，软件上的漏洞普遍存在于服务器守护程序、应用程序、操作系统、网络协议等环节中。

1.2.2　主观威胁

（1）蓄意的侵犯或敌意的攻击。侵犯者可能来自图书馆员、用户、相关的利益群体如盗版商人、网络黑客等。尤其是网络的开放性所导致的计算机病毒和黑客及黑客程序，计算机网络技术的发展，计算机病毒扩散速度不断加快，破坏性也越来越大。同时，黑客攻击网络的手段越来越多，既可以针对整个数字图书馆计算机网络系统，也可以针对单个主机发起攻击。黑客不仅会窃取数据，非法使用信息资源，而且可能导致整个信息系统瘫痪。

（2）管理因素。图书馆的网络信息系统没有建立完善的安全管理制度或执行力度不够、责权不明、缺乏可操作性等，都会引起管理安全的风险，造成安全漏洞，给攻击者留有机会。

（3）人文因素。人文因素一方面来自工作人员，一方面来自于用户。工作人员安全意识淡薄，个别工作人员责任心不强，缺乏必要的专业知识等都可能对系统安全造成影响；用户是数字图书馆中最活跃、最具个性化的使用者，他们的计算机操作能力、使用需求等，都可能构成信息系统的安全隐患。

（4）法规和政策因素。信息资源的安全与健全、完善的政策法规是密不可分的。但是，各国相关法律的制定和执行都存在不同程度的滞后现象。网络犯罪、网络侵权向传统法律提出了挑战。

（5）资金投入不足。由于经费供给有限，许多图书馆都存在建设上重硬件、轻软件，重建设、轻维护的现象，很少认真考虑其信息安全问题。多数馆只是配个防火墙，安个杀毒软件定时升级而已。从其威胁因素来看，正是由于信息系统的开放性，软、硬件的脆弱性及法律法规的不完善性等，使图书馆的信息安全面临着许多安全漏洞与隐患，数字图书馆安全理论是涉及资源、技术、管理、法律等方面的现代图书馆学研究的新领域，也成了图书馆理论界，实践界关注的重点问题。

2 数字图书馆信息安全研究的历史

2.1 数字图书馆信息安全研究的研究现状

对于数字图书馆的信息安全问题,国内外学者对此有不同程度的研究。20世纪末,部分学者有预见性地从理论层面上讨论了数字图书馆信息安全问题;本世纪以来,专家学者们开始从技术层面、物理层面、管理层面、社会环境层面等来研究探讨数字图书馆的安全问题。在理论方面,有对信息安全概念的界定,有对信息安全特点的描述,有对影响信息安全的威胁因素的总结及对信息安全的危害及其表现形式的探讨等。在技术层面,一些学者对数字图书馆的网络设计、数据保护、病毒防护、数据加密、登录控制等方面进行了研究,并指出随着信息技术的迅速发展,数字图书馆用户组成将出现越来越复杂的趋势,出于各种目的的入侵和攻击将越来越频繁,各种新计算机技术的应用是保障数字图书馆正常运行的必要条件。在物理层面,学者们从图书馆建筑安全、容错能力等方面进行研究,又从硬件设备安全、数据存储安全等方面进行初步探索。在管理层面,部分学者指出随意性或违章行为会直接威胁到数字图书馆的安全。但是,这方面的研究,以理论者居多,实践上不够深入,详尽有效的系统化解决方案还未出现。在社会环境层面,主要是从信息安全政策和法规入手,从国家标准出发,希望国家和社会可以建立一套完善的法律法规,为数字图书馆安全运行提供保障。

2.2 数字图书馆信息安全现存问题

分析数字图书馆诞生以来有关其信息安全问题的研究成果,可以看出,学者们对数字图书馆的信息安全问题仍侧重于其某一方面的研究,没有形成一个综合性的解决方案,原因是数字图书馆的信息安全问题是一个诸多因素影响下的系统问题。而且国内很多图书馆对待信息安全问题态度草率,仅仅采用单一的防病毒软件或被动的防护策略,已经无法满足数字图书馆的安全需要。因此,对数字图书馆信息安全问题进行全面研究,构建一个综合性的数字图书馆安全保障体系是非常必要的。

3 数字图书馆信息安全策略

安全策略描述的是组织为保护信息系统要实现的安全目标,以及实现这些安全目标所运用的手段、采用的途径,保护对象的安全优先级等方面的内容。安全策略制定的目的在于减少信息安全事故的发生,将信息安全事故的影响与损失降到最低。

3.1 信息安全策略的构成

信息安全策略包括信息安全内容等级、目标、任务和限制四个主要部分,其中安全内容等级描述保护对象的安全优先级,目标描述的是未来的安全状态,任务定义的是与信息安全有关的活动, 限制定义了在执行任务所规定的活动时为保证信息安全必须遵守的规则。信息安全策略构成如图10-2-2所示。

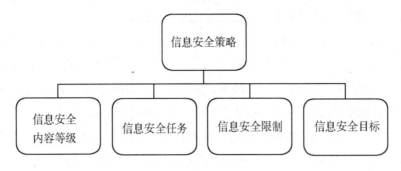

图10-2-2　信息安全策略构成

3.2　信息安全策略的特征

信息安全策略有以下七个特征。

(1)现实可行性。衡量信息安全策略的尺度首先就是现实可行性, 信息安全策略既要求符合现实业务状态, 又要能包容未来一段时间内的业务发展要求。

(2)指导性。信息安全策略不是技术解决方案, 尽管它对制定信息安全解决方案有指导作用, 信息安全策略只是一个组织描述保证信息安全途径的指导性文件, 对于整个组织的信息安全工作提供全局性指导。

(3)原则性。信息安全策略不涉及具体细节, 只需要指出要完成的目标, 并不涉及具体做什么和怎么做。

(4)可审核性。信息安全策略是可以被审核的, 即能够对组织内各部门遵守信息安全的情况进行审核和评价。

(5)非技术性。信息安全策略的描述语言应该是非技术性的。

(6)动态性。信息安全是动态变化的, 信息安全策略也需要不断动态变化、不断发展, 信息安全策略应注意其运用的期限, 避免因时间理解错误而造成混乱。

(7)文档化。信息安全策略应该有清晰和完全的文档描述。

3.3　数字图书馆信息安全策略等级

3.3.1　数字图书馆主要信息内容

目前, 大多数数字图书馆都包括了以下几个方面的信息内容。

(1)图书馆概况。主要介绍图书馆的基本情况, 如图书馆简介、历史沿革、馆长致词、行政工作、馆藏分布、图书馆风采、部门指南等内容, 其目的是为了使广大读者对该图书馆有一个基本的了解和认识。

(2)馆藏信息查询。包括中文图书目录查询、外文图书目录查询、中文期刊目录查询、外文期刊目录查询、特种文献目录查询、专题文献目录查询、联机公共书目查询、个人借阅情况查询等。其目的是为读者提供查询检索服务。

（3）读者服务。主要为读者提供各类实用信息，目的是帮助读者更好地利用图书馆提供的各种信息资源和服务。具体包括联系方式、开放时间、图书馆规则、读者信息检索、科技查新、电子邮件、热门图书、视听服务、文献传递、新书报道等。

（4）读者园地。这是一块图书馆与读者以及读者之间相互沟通的网上空间。读者可以在此发表自己对图书馆的看法和建议，可以提出一些疑难问题寻求帮助，甚至可以推荐一些好书、好作品，大家可以相互交流学习心得等；图书馆可以借此进行读者需求分析并帮助解决读者遇到的实际问题，加强图书馆与读者的联系，提高图书馆的服务质量等。

（5）电子资源。这是图书馆网站建设的核心内容，是网上读者最关心、最需要的服务项目。电子资源包括中文数据库（如中文期刊网、超星数字图书馆、中文经济信息网等）、英文数据库、专题数据库、电子资源导航、光盘数据库检索、电子期刊等。

（6）读者培训。其目的是为了帮助读者更好地利用图书馆网站上的数据库资源，查找所需要的信息。培训内容包括电子资源检索和利用、应用软件使用指南等。

（7）网络导航。目的在于帮助读者更加有效地开发和利用广阔的网络资源。图书馆网站通过导航服务引导读者直接利用其链接的优秀网站，以最便利的方式获取所需要的信息。图书馆网站的导航内容主要包括国内上网图书馆、电子期刊、搜索引擎及全球图书馆服务等。

（8）图书馆动态。主要发布馆内新闻、图书馆公告以及重点科研项目进展、出版发行及展览等方面的最新信息。

3.3.2　数字图书馆信息内容等级划分

内容分级为的是明确信息面临的风险程度，从而确定数字图书馆受损害的程度，据此确定保护的级别，确立其各自的安全需求。只有明确其信息需求，才能有针对性地构建安全体系，有效地保证信息安全。

（1）划分依据

数字图书馆管理人员应根据信息内容对用户的重要性和数字图书馆系统对其的依赖性确认关键信息，进行分级。例如文献资料信息是提供服务的支柱，有些用户隐私问题是非常敏感的，数据库光盘承载的信息是数字图书馆服务正常开展的必要条件，这些信息相对价值较大，比较容易受到侵害，是信息安全保护的重点，应处于保护的最高级别。

本书根据国家秘密的密级划分，并结合数字图书馆信息自身的特点，将其划分为"核心级"、"内部级"和"公开级"三类。

（2）数字图书馆信息内容三级划分

核心级：该级别的信息是整个图书馆网站对外服务的核心，价值级别在三者中"最高"而且一旦遭到破坏或恶意篡改，将可能造成整个图书馆网站对外服务的中止。因此对这类信息的安全防护也是最为严密的，一般需要拥有最高权限的领导或极少数高级管理员才能对其相关信息进行修改或使用。这种类型的信息主要包括网站管理员密码、收费电子资源的管理与使用、读者个人资料与基本信息、借阅类型、借阅史、押金情况等。

内部级：该级别的信息主要是为了实现对重点馆藏的长期保存而数字化的文献。由于该类文献为馆藏精品，故其信息价值级别"较高"，破坏或泄漏后造成的危害程度"严重"，因此只有拥有一定权限的图书馆工作人员才可以进行访问和使用，普通的读者没有权限进行访问。这种类型的信息主要包括数字化的国家级重点文献，独家馆藏的重点文献、孤本、善本等。

公开级：该级别的信息主要是图书馆对外宣传的内容，其信息重要程度的级别属于"一般"，破坏后造成的危害"小或可以忽略"，普通的读者都可以随意进行访问。这种类型的信息主要包括图书馆概况、图书馆动态、馆藏信息、图书查询、读者服务、书刊外借信息、读者园地、网络导航等。

根据以上的信息划分标准，笔者认为数字图书馆的信息安全保障应达到实时保护"核心级"内容不遭到破坏或篡改，定时检测确保"内部级"的信息不遭到泄漏，在发现"公开级"信息遭到篡改或破坏后能够即时地进行修复。

3.4　数字图书馆信息安全的限制

（1）平衡信息共享和信息限制的原则

数字图书馆信息服务的目标就是最大限度进行信息共享，发挥信息的作用。而数据库的保密性和可用性之间存在着冲突，如为了提高数字图书馆信息的保密性要对其中的信息进行加密，而要访问经过加密的信息，访问效率会降低。因此针对具体应用，需要妥善解决保密性和可用性之间的矛盾，平衡信息共享和限制的关系。

（2）重点保护和经济效益原则

要保证数字图书馆的信息安全，需要在软、硬件以及时间精力上大量投入，保护越周密，投入越大。因此图书馆应在安全内容分类的基础上，确定保护的重点，将主要的人力、物力、财力放到重点保护对象上，避免不合理的成本支出。

（3）实时性和高效性原则

信息安全建设中应采用高处理能力的安全产品与技术，摒弃简单堆砌的做法，合理集成信息产品、信息技术以达到最优组合，真正保证实时性和高效性。

（4）规范化建设原则

当前存在着很多与信息安全相关的法律法规，图书馆在制定信息安全策略时，应参考现行的法律、标准、规范。一方面这可以为数字图书馆信息安全提供指导和借鉴，另一方面也避免这些规定违反法律、法规而失去效力。

（5）整体保障原则

信息安全符合木桶原理，即系统中最薄弱的环节决定了整个系统的安全性，从而体现出弱优先规律。信息安全涉及的是管理与技术的不同层面，任何层面的安全因素都不能偏废，必须同步整体发展，注重发现并解决信息安全的薄弱环节，形成整体的信息安全保障体系，以防止信息安全的问题因某个局部薄弱环节的存在而降低其系统整体的安全能力。

（6）持续改进原则

随着技术的不断进步，各种病毒和攻击手段也会不断地更新。现在看来比较安全的防护体系，在未来可能漏洞百出。因此信息安全是一个永恒的话题，需要不断地对数字图书馆的信息安全进行审核评估，持续地改进安全系统。

（7）充分保护投资原则

安全建设应充分考虑到保护投资的原则，确保随着将来业务的发展，可以通过平滑扩展的方式，充分利用已部署的安全产品，最大限度地利用网络的相关投资。

3.5　信息安全的目标和任务

数字图书馆安全保障的最终目标是要达到数字图书馆信息安全三个层次上的六个安全需求，即信息的保密性、完整性、可靠性、可用性、可控性和不可否认性。

信息安全的任务应该包括实现信息安全目标所运用的手段、采用的途径。拟构建以财力、物力、人力资源作为支撑后盾，以技术体系和管理体系为主体保障，以标准、法律规章为依据，全面、细致考虑每种因素与每个环节，从综合的角度出发，构建体系化的数字图书馆信息安全保障模型。

4　数字图书馆信息安全技术体系

由于数字图书馆所面对的存储对象和技术领域远远超出了传统图书馆所涉及的范围，其安全需要大量的技术突破作为支撑。目前，国外较为成熟的安全技术有密码理论技术、安全协议理论与技术、信息对抗理论与技术。我国在密码学领域的研究以及反病毒、防火墙和入侵检测等安全产品的研究与开发方面已经较为成熟，这些技术理论为解决数字图书馆信息的安全问题提供了一定的支撑和依据。

从国际上来看，在将传统安全技术（如安全身份论证技术、主机入侵检测技术等）应用于数字图书馆方面已经取得进展。我国的数字图书馆也开始逐渐地采用一些国外的先进安全技术来解决其安全问题，但大多只是针对于有限的几种安全威胁，也很少进行针对数字图书馆的特定情况的有效的二次开发。因此，对于更多的安全问题力不从心。

我们从技术角度来考虑保障因素，并通过综合集成、二次开发等手段来构成建立在技术层面的信息安全保障体系。

4.1　数字图书馆信息安全技术层次划分

信息安全作用的三个层面即物理安全层、软件安全层、数据安全层对应于技术体系的实体安全技术、运行安全技术、数据安全技术。数字图书馆的信息安全问题在物理安全、运行安全、数据安全不同层面上表现不一。针对不同的安全需求，应采用相关技术，建设配套的信息安全应用设施。

数字图书馆信息安全的层级需求与支持技术：

（1）实体安全。是数字图书馆网络正常运行的物质基础。围绕网络与信息系统的物理装备的安全，包括各类计算机设备（如终端、服务器、工作站等）和网络通讯设备（路由器、交换机、集线器、调制解调器）以及磁盘、磁带、硬盘和CD—ROM的安全。主要涉及信息及信息系统的电磁辐射、抗恶劣工作环境等方面的问题。面对的威胁主要有自然灾害、电磁泄漏、通信干扰等；主要的保护技术有数据和系统备份、电磁屏蔽、抗干扰、容错等。

（2）运行安全。围绕网络与信息系统的运行过程和运行状态的安全。包括操作系统、数据库系统和应用系统三大部分操作系统。主要涉及信息系统的正常运行与有效的访问控制等方面的问题；面对的威胁包括网络攻击、网络病毒、网络阻塞、系统安全漏洞利用等。主要的保护技术有访问控制、病毒防治、应急响应、风险分析、漏洞扫描、入侵检测、系统加固、安全审计等。

（3）数据安全。围绕着数据（信息）的生成、处理、传输、存储等环节中的安全。主要包括：元数据、对象数据和用户数据等，涉及数据（信息）的泄密、破坏、伪造、否认等方面的问题。面对的威胁主要包括对数据（信息）的窃取、篡改、冒充、抵赖、破译、越权访问等。主要的保护技术有加密、认证、访问控制、鉴别、签名等。

4.2　数字图书馆信息安全关键技术介绍

4.2.1　防护技术

防护技术主要包括认证、访问控制和内容安全等方面。防护技术可以增加攻击者入侵所花费的时间、成本和所需要资源，以降低系统被攻击的危险，达到安全防护的目的。

（1）数字签名技术

数字签名指附加在数据单元上的一些数据，或是对数据单元所作的密码变换，这种数据或变换允许数据单元的接受者用以确认数据单元来源和数据单元的完整性，并保护数据，防止被人伪造。数字签名过程如图10-2-3所示。

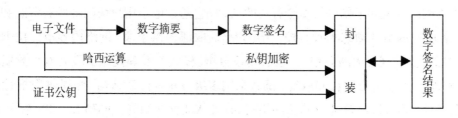

图10-2-3　数字签名过程

数字签名是解决网络通讯中特有安全问题的一种有效方法。

（2）防火墙技术

防火墙在某种意义上可以说是一种访问控制产品。它在内部网络与不安全的外部网络之间设置障碍，阻止外界对内部资源的非法访问，防止内部对外部的不安全访问。它是不同网络或网络安全域之间信息的唯一出入口，能控制出入网络的信息流且本身具有较强的抗攻击能力。防火墙能够较为有效地防止黑客利用不安全的服务对内部网络的攻击，并且能够实现数据流的监控、过滤、记录和报告功能，较好地隔断内部网络与外部网络的连接。

（3）防病毒技术

防病毒技术主要包括计算机病毒预警技术、已知病毒与未知病毒识别技术、病毒动态滤杀技术等。通过对计算机病毒的识别、预警以及防治能力，形成基于网络的多层防范、集中管理的病毒防治体系，以防范对图书资源的各种破坏。

（4）信息过滤技术

信息过滤一般分为基于内容的过滤和合作过滤。内容过滤一般是针对网上不良信息进行阻断，主要包括基于URL的站点过滤技术、基于内容关键字的过滤技术、基于URL内容关键字的过滤技术、基于图像识别的过滤技术、智能过滤技术和几种技术结合的组合过滤技术。

网络内容过滤产品的研发起步非常早，目前已形成几家主流产品，国外已经有较系统的不良信息分类研究和完善的不良站点列表数据库，代表产品包括：Family Connect、Smart Filter、CyberSnoop、Surf Control、Surf Watch、Cyber Patrol等。

4.2.2　检测技术

由于信息系统的复杂性，安全防护技术只能做到尽量阻止攻击企图的得逞，或者延缓这个过程，系统漏洞的存在在所难免，检测技术的引入就是用来弥补漏洞的存在。

（1）入侵检测技术

入侵检测是一种主动保护网络和系统安全的技术，从计算机系统或网络中采集、分析数据，察看网络或主机系统中是否有违反安全策略的行为和遭到攻击的迹象并采取适当的相应措施阻断攻击，降低可能的损失，它能提供对内部攻击、外部攻击和误操作的保护。

（2）内容审计技术

内容审计主要指对与安全有关的活动的相关信息进行识别、记录、存储和分析；审计结果用于检查网络上发生了哪些与安全有关的活动。它通过记录用户访问的所有资源和所有访问过程，实现对网络的动态实时监控，为用户事后取证提供手段。网络内容审计技术一般以旁路方式捕获受控网段内的数据流，通过协议分析、模式匹配等技术手段对网络数据流进行审计，并对非法流量进行监控和取证。通常采用多级分布式体系结构，并提供数据检索功能和智能化统计分析能力，对部分非法网络行为（如Web页面浏览、QQ聊天、BBS等）可进行重放演示。目前已经有十多个信息内容审计产品。

4.2.3　应急响应技术

百密必有一疏，多方面的防护与检测也会出现小的漏洞，这些小的漏洞对信息的安全却会带来不可忽视的危害，因此就需要及时地补漏。应急响应技术包括控制阻断技术和隔离技术。

控制阻断技术从阻断依据上分为基于IP地址的阻断和基于内容的阻断，从实现方式上分为软件阻断和硬件阻断，从阻断方法上分为数据包重定向和数据包丢弃。对识别出的非法信息内容,一般将阻止或中断用户对其访问,其中成功率和实时性是重要指标。控制阻断技术已成功用于垃圾邮件剔除、涉密内容过滤、著作权盗用的取证、有害色情内容的阻断和警告等,并有成熟产品出现,如McAfee WebShield设备。国内如哈尔滨工业大学、中科院计算所、国防科技大学、东北大学等单位在开展相关研究,并取得一定进展。

4.2.4　备份恢复技术

备份是保证数据安全的最后一道防线,数据备份是将系统全部或部分数据集合从应用主机的硬盘或阵列复制到其他的存储介质的过程。备份可以选择全备份、增量备份、差分备份。

一般备份软件主要分两大类:

一是各个操作系统厂商在软件内附带的,如NetWare操作系统的“Backup”功能、NT操作系统的“NTBackup”等;

二是专业备份软件厂商提供的全面的专业备份软件,如Veritas或Legato的专业备份软件。

恢复措施在整个备份中占有相当重要的地位,它关系到系统软件与数据在经历灾难后能否快速、准确恢复。全盘恢复一般应用在服务器发生意外灾难,导致数据全部丢失、系统崩溃或是有计划的系统升级,系统重组等情况,也称为系统恢复。

4.3　数字图书馆信息安全技术整合与集成

技术是解决信息安全问题的基本要素之一。各种技术产品的简单堆砌或单独使用是无法全面确保数字图书馆安全性的。为此,提出了将各种技术整合,使各种技术相互补充、相互作用,从而建设数字图书馆的信息安全应用系统,达到技术最优组合、实现其效用最大化,真正从技术因素上提高信息安全的系数。

4.3.1　信息安全防御应用系统

鉴于互联网的开放性,对自身的信息与信息系统进行必要的防护,事先采取各种技术措施对潜在的威胁进行预防。建设防御系统,可以在不同的层面来保障信息安全。通过整合加密技术、冗余机制、安全评估技术、信息过滤等技术,保证信息的机密性、完整性不被破坏,确定信息系统所面临的风险,限制有害信息不能任意在网络空间中任意漫延,通过建设PKI/PMI/KMI信任体系的基础设施来保证网络空间中的身份的真实性。

上述种种技术的集合,使得信息系统形成防范、抵御各种已知的、针对信息与信息系统威胁的能力,以防范、抵御针对信息与信息系统安全属性的威胁,这种保护能力必须根据具体情况进行动态和持续的更新。

4.3.2　信息安全监控系统

在开放的网络空间环境中,即便有了很好的防御能力,也必须考虑到未能防御成功的威胁情况。因此需要采取手段及时发现对信息系统潜在的或事实上的攻击。建设信息安全监控系统,可以在不同的层面来保障信息安全的六个属性。通过整合审计技术、检测技术、身份认证技术、数字签名技术来对网络进行动态实时监控,从而及时发现各种威胁,如蠕虫的大范围扩散而破坏可用性的现象、伪造身份而破坏真实性的企图和网页内容篡改行为。

上述种种措施的集合,形成针对各类潜在与未知威胁的发现能力,以发现针对信息与信息系统安全属性的各类威胁。

4.3.3 应急响应系统

采取各种技术手段与措施,使得信息系统针对所出现的各种突发事件,具备及时响应、处置信息系统所遭受的攻击,恢复信息系统基本服务的能力。

网络空间中针对信息系统的攻击存在不可预见及不可抗拒的可能。安全事件的发现能力,为事件的发生提供了告警能力。因此,最重要措施就是建立应急响应体系,以便在事件出现时能够及时响应,针对攻击事件进行有效处置以防止事态的进一步恶化,面对所出现的损失确保恢复,从而将损失降低到最低限度。

通过整合权限控制技术、阻断技术,重发机制、黑名单的方式来以保障系统的机密性、可控性,信息传递的完整性,将破坏真实性的用户排除在信息系统的合法使用集合之外。上述种种措施的集成,形成针对所处理的安全事件的应急能力,以及时响应、处置信息与信息系统安全属性所面对的威胁。

4.3.4 备份恢复系统

备份措施相当于为信息系统买保险,通过建立最小灾难备份系统来保证信息系统在受到灾难性攻击时的基本可用性。

整个恢复体系应涵盖四项恢复机制:

(1)网络的恢复,负责恢复整个网络基础设施,如线路、路由器、交换机等功能。

(2)系统的恢复,负责所有主机的恢复,使主机重新稳定运行。

(3)信息的恢复,负责信息系统(主要是数据库系统)的恢复、重启,通过完善的备份机制,使数据安全地恢复和加载,这是恢复工作的重点和难点。

(4)应用的恢复,负责整个应用系统的恢复,包括对服务的恢复,为系统重新运行做最后的准备。

4.3.5 信息安全产品二次开发举例

数字图书馆是国家信息基础设施的一部分,目前国内外针对信息安全开发的产品种类繁多,如何将先进的信息安全产品应用到数字图书馆信息安全建设中,提高其信息安全系数,一个重要的途径就是有针对性地进行合理的二次开发。

(1)SOC和UTM简述

①安全运营中心(Security Operation Center, SOC)

安全运营中心是另外一个典型的组合技术平台,是针对传统安全管理方式的一种重大变革。它将不同位置、不同资产(主机、网络设备和安全设备等)中分散且海量的安全信息进行范式化、汇总、过滤和关联分析形成基于资产领域的统一等级的威胁与风险管理并依托安全知识库和工作流程驱动对威胁与风险进行响应和处理。

2005年SOC已经突破了只在电信行业发展的市场边界辐射到了其他各个行业。其中一个重要标志是各种成熟而稳定的标书开始传承。无疑,它将会成为安全产业的一个新增长点,对数字图书馆的影响也只是时间早晚的问题。

②统一威胁管理(United Threat Management, UTM)

统一威胁管理概念的提出是在2004年9月。IDC首次提出将防病毒、入侵检测和防火墙安全设备命名为统一威胁管理。UTM系统平台具备综合功能,它将多种安全特性集成于一个硬件设备里,构成一个标准的统一管理平台。

UTM设备具备固有的包括网络防火墙、网络入侵检测/防御和网关防病毒功能。UTM的存在降低了应用的复杂性,避免了软件安装工作和服务器的增加,并减少了维护量。另外还可以和高端软件解决方案协同工作,减少繁杂的操作过程,也使排错更加容易。

同时根据IDC预测,UTM在短期内仍将以年均168%的速度递增,到2008年达到34.5亿美元,并在此预测期内占据安全市场份额的57.6%。

(2)UTM和SOC在数字图书馆信息安全中的具体应用

①实现数字图书馆的安全的整合和关联

基于UTM(统一威胁管理)和SOC(安全运营中心)的数字图书馆安全管理体系可以将各种安全事件加以整合,并将数字图书馆安全事件以统一的格式集中上报给图书馆主管部门。通过事件关联,数字图书馆安全管理系统可以发现与某种特定攻击相关的关键事件甚至可以知道其所产生的实际危害,从而节省传统的查阅和分析大量的日志所耗费的时间,缩短真正安全事故响应的延迟,赢得安全防护的最佳时机。

②实现数字图书馆信息安全的实时监控

通过对安全事件的整合、关联及处理再结合其他的一些因素,UTM(统一威胁管理)和SOC(安全运营中心)可以实时地计算当前风险,即将数字图书馆系统、数字图书馆网络、数字图书馆应用中可能出现的各种风险进行量化分析,然后以图形化的方法将它表达出来,让数字图书馆管理人员在最短的时间感知到风险的程度,找出数字图书馆系统中存在的漏洞,分析数字图书馆网络存在的问题,查出数字图书馆应用中的安全隐患,提出并讨论安全运行组织体系的建设和安全度问题。实现风险感知的实时性,从而突破传统数字图书馆安全服务中所涉及的静态风险评估。高度的实时性正是数字图书馆安全管理技术所带来的突破。

③实现数字图书馆安全动态响应

优化安全策略分析:通过UTM和SOC的安全监控功能,数字图书馆部门可以实时掌握自身的安全态势、各个安全防护层面的网络系统和应用处理情况,并且能够输出正常和非法个性化的安全策略报表,然后直接通知对应的数字图书馆管理人员或厂商对其自身策略进行优化调整。

动态响应策略调整:UTM和SOC通过自身对国内外标准安全响应协议的支持(如SNMP、

TOPSEC联动协议等）能够自动地和相关的安全防护技术实现策略自动交互，同时通过安全运营中心的专家知识库能从全局的角度去响应数字图书馆系统安全事件，因此可以很好地解决安全误报的问题。

5　数字图书馆信息安全技术体系框架

数字图书馆信息安全技术体系是从技术角度来考虑保障因素的，并通过综合集成的技术策略来构建建立在技术层面的信息安全保障体系框架的。

5.1　技术整合管理策略

（1）整合理论

整合是系统论的思维方式。就是要通过组织和协调，把企业内部彼此分离的职能，把企业外部既参与共同的使命又拥有独立经济利益的合作伙伴整合成一个为客户服务系统，取1+1大于2的效果。

整合管理策略是通过对自身面临的威胁进行风险评估，决定其所需要的安全服务种类，考虑技术上的可实现性，选择相应的安全技术，从而集成各种先进的安全技术，形成一个全方位的安全系统。

（2）技术整合管理的意义

先进的信息安全技术是系统安全的根本保证。在技术应用的层面上，技术整合就是优化技术效用的决策。根据组织的需求对有关的资源进行重新配置，寻求资源配置最佳结合点，以突显组织的竞争力。

5.2　技术体系框架简介

该框架以技术资源为支撑，技术资源根据信息安全的层级被划分为三类：实体安全技术、运行安全技术、数据安全技术，不同层级的安全需求配以相应的安全技术。各种技术产品单独使用是无法全面确保数字图书馆安全性的，为此，提出了以"技术整合管理策略"为指导核心，将各种技术加以整合以达到使各种技术相互补充、相互作用来建设数字图书馆信息安全动态保障应用系统，真正从技术因素上提高信息安全的系数。该体系框架结构如图10-2-4所示：

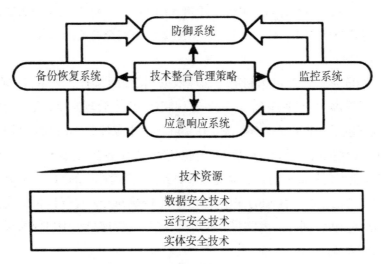

图10—2—4　数字图书馆信息安全技术框架

6　数字图书馆信息安全管理体系

数字图书馆信息安全应从技术和管理两个方面来保证。数字图书馆信息安全不仅要靠技术,更重要的是要靠管理。信息安全"三分靠技术,七分靠管理",尽管这种说法不太确切,但是它却指出了数字图书馆信息安全管理的重要性。

数字图书馆信息安全管理体系是数字图书馆信息安全各个环节有效实施的重要保障,数字图书馆信息安全管理包括:安全管理依据制定、人员安全管理、资产安全管理、安全技术管理几大部分。

安全管理主体根本上是人的因素,它由安全决策机构、人员安全管理机构、设备安全管理机构和技术安全管理机构构成。不同的安全需求所实施的管理手段要有相应的管理主体来进行。

6.1　安全管理领导机构——安全决策机构

安全决策机构负责制定数字图书馆信息安全策略以及有关的安全原则及规章制度,并监督安全管理办法的执行情况。

（1）安全策略制定

已在前面有详细阐述。

（2）安全原则与规章制度

安全原则与规章制度使图书馆信息安全的管理做到有"法"可依,也起到约束和监督的作用。

①数字图书馆信息安全管理三原则

一是从不单独活动原则,在人员条件允许的情况下,由数字图书馆馆长指定两个或更多的,可靠且能胜任工作的专业人员,共同参与每项与安全有关的活动,并通过签字、记录、注册等方式来证明。二是限制使用期限原则，任何人都不能在一个与安全有关的岗位上工作太长的时间。三是责任分散原则，不集中于一人实施全部与安全有关的功能。

②规章与制度

规章与管理制度是为管理机构制定的管理依据。按照国家有关法律、法规制定。主要包括操作人员的管理制度、用户管理制度、设备管理制度、技术管理制度、安全责任制度等。

人员管理制度包括制定选人方案，遵守在实际操作中应按照"先评测、后上岗，先试用、后聘用"的原则，加强授权的管理。岗位考核制度应包括政治思想、保密观念、业务技术等几个方面。设备管理制度包括对所有设备应建立项目齐全、管理严格的购置、移交、使用、维护、维修和报废等登记制度；制定详细的安全责任制度，明确每个人在保证信息安全方面应负的责任，健全责任追究制度，同时加大监督力度，尽可能减少管理过程中出现的漏洞与疏忽。

6.2　人员管理机构

人是信息系统的主体因素，也是信息系统安全管理的对象，安全管理的效果取决于人的因素，人员的安全意识及对管理的重视程度等都会对安全产生极大的影响。因此，人员的安全管理尤为重要。

（1）安全人员的分类与职责

①硬件安全岗

机房安全员负责计算机机房的安全与管理，警卫保安员负责计算机机房周边环境良好。

②软件安全岗

系统安全员负责信息网络操作系统及服务操作系统的安全与管理，网络安全员负责网络系统的安全保密工作，防病毒安全员负责网络系统的计算机病毒的防护。

③数据安全岗

信息安全员负责信息网络系统的信息安全和保密信息的管理，数据库安全员负责数据库管理系统的安全及维护管理工作，数据安全员负责网络中运行数据的安全。

（2）工作人员的安全管理手段

工作人员的聘用审核：工作人员的聘用必须经过严格的政审并且考核其业务能力，而且关键岗位人员不兼职。

工作人员的考核：根据考核制度规定，定期对不同岗位的人员进行考核，对于考核合格者应予以表扬和奖励，不合格应教育、批评或处罚。

工作人员培训：安全培训应该是多层次多方面的，根据组织建立的信息安全培训制度与培训计划，对不同的工作人员，有重点有针对性地进行培训，培训应达到全面提高人员的技术水平、道德品质、政治觉悟和安全意识的目的。

（3）用户的安全管理手段

通过用户安全培训，提高用户安全意识，使其自觉遵守安全制度与规章。达到帮助用户确立自我约束的价值准则，防止他们成为信息安全的受害者和新的传播者；提高用户的素质和信息识别能力, 让用户掌握对付病毒和黑客攻击的知识。

6.3　设备管理机构

数字图书馆的设备管理主要是硬件及软件的安全管理。

(1) 硬件安全管理手段

①环境安全管理

设备存放的环境监测依据: 制定温度、湿度、静电防尘等一系列的安全环境要素的参数指标体系。

②设备自身的安全管理

硬件设备管理包括: 选型、安装、登记、使用和维修管理几方面。

设备选型时应注意严禁采购和使用未经国家信息安全评测机构认可的信息产品, 并尽量采用我国自主开发研制的信息安全设备。

对购置的设备按照使用手册进行正确的安装, 并在正式使用前, 先进行运行测试和兼容测试。

对每台设备的使用均应指定专人负责并建立详细的运行日志, 设备负责人应负责设备的使用登记和维护、在出现故障时填写故障报告, 并通知有关人员处理。

设备应有专人负责维修, 并建立满足正常运行最低要求的易损件的备份库。

(2) 软件安全管理手段

软件是信息系统开发和运行的环境, 对软件的管理主要是系统的选型和购置, 系统的选型和购置应考虑以下几方面。

①软件的适用性

考察软件是否适合本系统的技术需要, 是否适合计算机系统的规模, 是否适合系统信息传输、交换复杂程度的需要。

②软件的可靠性及可维护性

软件的安全性与可靠性和可维护性有着很大的关系。软件的可靠性指在特定的条件下和在规定的时间内不发生故障的性能。软件的可维护性指软件在使用阶段发生故障和缺陷时, 用户可以对其进行修正的性能。一个可靠性和可维护性低的软件是无法谈及它的安全性的。

6.4　技术管理机构

技术管理机构主要的任务是跟踪、研发新技术, 建立技术文档。

(1) 建立技术研发小组

我国几乎没有拥有自主产权的信息安全技术, 无论是目前使用的操作系统还是相关的防火墙和认证技术都来自于国外, 不仅技术上受制于人, 而且在将其应用于特定环境的过程中, 也缺乏由专业人员组成的研发小组。研发小组通过关注行业发展动态, 收集相关技术情报, 结合自身特点为图书馆开发、研制新的安全产品。

(2) 建立技术文档

技术文档是指对信息系统设计、研制、开发、运行和维护中的所有技术问题的文字描述，记录了系统各阶段的技术信息。

它的作用是为系统的维护、修改和进一步开发提供依据；为管理人员、开发人员、操作人员和用户之间的技术交流提供交互的媒体。技术文档管理涉及形成、处理、收集、积累、整理、归档、保管和利用等环节。

7　数字图书馆信息安全管理体系框架

信息安全不仅仅需要采用技术措施，还需要更多的借助于技术以外的其他手段，如规范安全标准和进行信息安全管理，这一观点已被越来越多的人所接受。单纯的技术不能提供全面的信息安全保护，仅仅靠安全产品并不能完全解决信息安全问题，这已逐渐成为共识。

数字图书馆信息安全管理体系涉及的各个基本要素：管理目的、管理对象、管理手段、管理主体、管理依据和管理资源。

安全管理的主体因素是人，管理主体是一个安全组织机构，它包括了安全机构组织的领导——决策机构、人员管理机构、设备管理机构和技术管理机构；决策机构负责安全角色和职责划分，安全制度、管理原则及操作规程的制定，这些制度、原则、规程指导各个管理机构实施管理，也是明确保证信息安全责任的依据；管理机构通过管理手段（如人员的培训、考核，设备的选型、维护，研发技术、建立技术文档等）对管理对象进行监督、管理，以保障安全环节的有效实施。

安全管理的具体实施依赖于管理资源的支撑，管理资源包括管理人才、管理资金及管理技术等。

数字图书馆信息安全管理框架如图10-2-5所示。

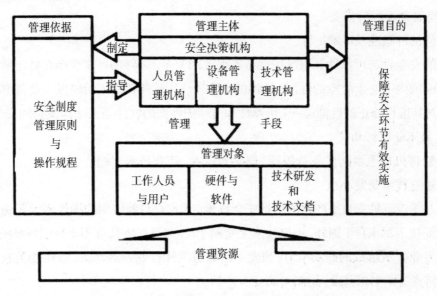

图10-2-5　数字图书馆信息安全管理技术框架

第3节　数字图书馆知识产权保护

随着数字技术和互联网技术的发展,数字图书馆已经成为传统图书馆的发展方向。数字图书馆的发展与知识经济、新经济和经济全球化的发展是相适应的,同时对于数字化和网络技术环境下建设数字图书馆所遇到的知识产权问题,阐述了其实质是网络环境下公众利益与著作权人利益的重新调整,为了促进数字图书馆的健康发展,也为了全社会利益,本节对数字图书馆知识产权保护问题进行了较深入的研究和探讨。

1　数字化图书馆保护知识产权的重大意义

(1)保护知识产权,对人们从事科技研究和文艺创作具有积极的调动性。知识产权保护制度致力于保护权利人在科技和文化领域的智力成果。只有对权利人的智力成果及其合法权利给予及时全面的保护,才能从根本上调动起人们的创造主动性,促进社会资源的优化配置。

(2)保护知识产权,从企业的经济效益来看也具有很大的利益,可以有效增强经济实力。知识产权的专有性决定了企业只有拥有自主知识产权,才能在市场上立于不败之地。如今有越来越多的企业意识到技术、品牌、商业秘密等无形财产对企业所造成的巨大作用,而如何让这些无形资产逐步增值,有赖于对知识产权的合理保护。

(3)保护知识产权,有利于促进对外贸易,引进外商和外资投资。我国已于2001年12月1日已经加入世界贸易组织,开始履行《与贸易有关的知识产权协议》,保护国内外自然、法人或者其他组织的知识产权。试想,如果没有知识产权的保护,我国就不能参与世界贸易活动,可见保护知识产权的意义重大。

2　数字图书馆涉及的知识产权特点

当下,以资源数字化、传递网络化、信息共享化为特征的数字图书馆强烈地影响着传统图书馆的未来发展方向。在发展的过程中,如何保护自己的权益不受或少受侵犯,如何保证不对他人的知识产权产生侵犯,是数字图书馆面临的一个新问题。

知识产权是通过人的智力活动所创造的精神财富,也就是智力劳动成果所享有的一定权力。我国《民法通则》将知识产权确认为基本民事权利之一,将其归纳为著作权(版权)、专利权、发明权、商标权、发现权和其他科技成果权六种类型。数字图书馆的知识产权问题主要是针对著作权进行的研究。对于知识产权方面，从法律上认清图书馆馆藏数字化与网络传播行为的的法律意义是非常重要的。

（1）数字化行为的法律性质

在法律界对数字化的法律性质有着多种不同的看法。1996年5月在国家版权局和世界知识产权组织的"数字技术版权保护研讨会"上，专家们一致认为数字化是一种技术上的转换，不具有版权法意义上的原创性，所以说数字化行为是一种可以进行复制的行为。而在1999年12月9日，我国国家版权局颁布的《关于制作数字化制品的著作权规定》的第二条明确了数字化行为的法律性质，"将已有作品制成数字化制品，不论已有作品以何种形式表现和固定，都属于《中华人民共和国著作权法实施条例》第五条（一）所指的复制行为，也是《中华人民共和国著作权法》所称的复制行为"。在确定了馆藏数字化行为的法律性质以后，图书馆在发展与运行方面就可以根据法律的相关规定，有的放矢地开展馆藏数字化转换工作。

（2）数字化作品网络传输的法律性质

图书馆将馆藏进行数字化的目的不仅是为保存版本的需要，更主要的是为了将其上网为用户提供信息服务。但将版权作品上网传播涉及著作权人对其作品在网上传播是否享有专有权的问题。我国在2000年11月22日通过的《最高法院关于审理涉及计算机网络著作权纠纷案件适用法律若干问题的解释》中明确规定，"受著作权法保护的作品，包括著作权法第三条规定的各类作品的数字化形式""著作权法第十条对著作权各项权利的规定均适用于数字化作品的著作权。将作品通过网络向公众进行传播共享，属于著作权法规定的使用作品的方式，著作权人享有以该种方式使用或者许可他人使用作品，并由此获得报酬的权利。"在2001年10月27日修正的《中华人民共和国著作权法》中增加了"信息网络传播权"，即"以有线或者无线方式向公众提供作品，使公众可以在其个人选定的时间和地点获得作品的权利"，由规定可知，将全文数字化的馆藏上传至互联网并提供借阅与下载服务，应当获得著作权人的许可。

（3）数字图书馆管理中涉及的侵权行为

数字图书馆涉及的知识产权其保护的范围包括：对图书馆本身权益的保护与对著作权人知识产权的尊重。数字图书馆管理中涉及对他人的侵权行为主要有两种，即规避技术措施和修改权利管理信息。规避技术措施，是指未经版权所有者授权而对已编码的作品进行解码，对加密的作品进行解密，或以其他方式回避、越过、排除、化解或削弱技术措施。这些都说明我们在数字图书馆的管理中，会面临诸如盗版、解密等规避技术措施的法律责任风险。而修改权利管理信息主要包括未经权利人许可，对其进行删除、改变权利管理信息。在数字图书馆管理中，要加强对权利管理信息的保护，防止因权利管理信息而引发的侵权纠纷。

3 我国数字图书馆知识产权保护现状

由于数字图书馆是一项涉及多个领域，诸如法律、管理、开发和运营等方面问题的系统工程，因此，知识产权问题是目前我国数字图书馆建设所面临的较为复杂的问题之一。而著作权问题又成为一个核心的问题。

我国现行的著作权法主要由以下法律和法规构成：《中华人民共和国著作权法》、《中华人民共和国著作权法实施条例》和《计算机软件保护条例》。

《中华人民共和国著作权法》于1990年9月7日在全国七届人大常委会第十五次会议上通过。经过整整十年的运行，2001年10月27日全国第九届人大常委会第二十四次会议对该法进行了修正。修改后的《中华人民共和国著作权法》除了重新界定了对著作权权利的限制外，还规定了诸如音像制作、数据库、多媒体、网络传输等方面使用数字技术引起的法律纠纷的解决办法，增加了信息网络传播权的保护等内容。

2000年11月22日最高人民法院审判委员会第1144次会议通过的《最高人民法院关于审理涉及计算机网络著作权纠纷案件适用法律若干问题的解释》中提出：为正确审理涉及计算机网络的著作权纠纷案件，根据民法通则、著作权法和民事诉讼法等规定，对这类案件适用法律若干问题解释如下：受著作权法保护的作品，包括著作权法第三条规定的各类作品的数字化形式，在网络环境下无法归于著作权法第三条列举的作品范围，但在文学、艺术和科学领域内具有独创性并能以某种有形形式复制的其他智力创作成果，人民法院应当予以保护。著作权法第十条对著作权各项权利的规定适用于数字化作品的著作权。将作品通过网络向公众传播，属于著作权法规定的使用作品的方式，著作权人享有以该种方式使用或许可他人使用作品，并以此获得报酬的权利。本"解释"还提出，传统作品被数字化，实际上已将该作品以数字代码形式固定在磁盘或光盘等有型载体上，改变的只是作品的表现和固定形式，对作品的"独创性"和"复制性"不产生任何影响。因此，作品的表现形式应当理解为包括数字代码形式。虽然现行法律未把数字化作品排除在著作权法客体之外，但由于数字化问题是网络应用给司法实践带来的重要问题之一，法律又未做出明文的具体规定，因而本司法解释第2条对此予以明确。

为了保护计算机软件著作权人的利益，调整计算机软件在开发、传播和使用中发生的利益关系，促进软件产业和国民经济信息化的发展，根据《中华人民共和国著作权法》，2001年12月20日国务院颁布了第399号令，下发了《计算机软件保护条例》，并决定于2002年1月1日起实施。该《条例》下发后，在全国引起了激烈的争论和轩然大波。一部分人认为，该《条例》的实施，严重打击了盗版软件销售和泛滥，保护了软件开发商的切身利益，是我国入世后在知识产权法保护方面的一个历史性飞跃。一部分人则认为：该《条例》的发布和实施，严重脱离了中国国情，使我国成千上万个国家机关和教育机构因执行公务、课堂教学、科学研究等非商业性目的而对少量软件的使用和复制，一夜之间从法律上的合法使用者，变成了软件著作权人的侵权人，它不仅完全杜绝了中国所有单位在任何情况下对软件的一切可能的合理使用，同时也完全杜绝了社会公众即个人对软件的合理作用，仅仅给那些特定的专业技术人员留下了微不足道的合理使用空间，认为中国计算机软件著作权保护法规已经达到了超世界水平，其至大大超过了人均GDP高于我国44倍的世界发达国家日本。由此看来，该《条例》的个别条款目前还没有被人们广泛接受，与目前中国的国情和世界各国的国情相比，此条例还应当进一步修改和完善。

4 数字图书馆知识产权保护措施

目前，学术界在对数字图书馆知识产权保护的研究中，有的赞成强化保护，有的支持弱化保护。其中，赞成强化保护版权人利益的观点是：数字图书馆不能适用传统图书馆领域的版权限制和例外制度，否则所有权利人的利益都将受到前所未有的损害；而相反的观点认为：数字图书馆也应作为公益组织而享受版权责任豁免，版权制度要为之网开一面，否则互联网为人类带来的福祉将无法兑现，科技事业、文化史的发展都将受到限制。实际上对于数字图书馆而言既不能过于强化版权保护，也不能弱化甚至漠视版权保护，换而言之，应该采用适度保护的原则。秉承此原则，我们不妨采取以下措施对数字图书馆中的知识产权予以保护。

4.1 完善相关的知识产权法规

目前，在网络和信息时代高速发展的情势下，我国的知识产权制度无论是理论研究还是立法实践都已跟不上时代的步伐，无法满足数字图书馆的知识产权保护的需要。因此，我们的首要任务是要制定或完善相关的法律法规，面对数字图书馆运行中出现的知识产权新问题，在法律上予以明确。如"明确图书馆普及大众知识、传承人类文明之宗旨，确立其为社会大众服务的'公益'性质"；"为数字图书馆的'合理使用'制度与'法定许可'制度制定更明确的内容规范，以平衡各方面的利益"；"尽量细化如'数字化复制'、'著作权许可协议'等关键术语"。这样，可以使得数字图书馆知识产权保护真正有法可依、有法可循。此外，在进行数字图书馆知识产权立法时，还要参照国际惯例，借鉴他国的成功经验，加强学习交流，完善网络环境下知识产权的相关法规。

鉴于我国关于数字图书馆版权保护的实际情况，不妨在将来的知识产权立法中建立"版权补偿金制度"。国家版权保护中心等权威机构可以首先定期对一定区域内的数字图书馆的作品利用情况进行调研，根据作品被使用的种类、使用次数、使用时间、使用方法等方面制定出合理的收费标准，提出可行的立法建议。在充分调研论证的基础上，应该针对图书馆的公益性主体性质，对于非营利性数字图书馆，应由政府承担补偿金的支付，确保其发展不受经济束缚，而对于营利性数字图书馆，则由其自身支付，国家可酌情给以一定的费用补助。版权集体管理组织负责收取和分配补偿金，由国家版权保护中心进行监督检查。

此外，要立法建立版权集体管理机制。版权集体管理在现代版权制度体系中占有举足轻重的地位。由于集体管理组织既要保障权利人的利益，又要维护公共利益，因此被认为是在权利人与社会公众之间的利益平衡支点的最恰当的选择。目前，许多国家正在对传统的集体管理制度进行适应于数字版权保护的新的变革。我国真正意义上的版权集体管理组织只有成立于1992年的"中国音乐著作权协会"和成立于2000年的"中国文字作品著作权协会"。中国版权保护中心也有一定的版权集体管理的职能。国际上的经验表明,一个版权集体管理组织从建立到成熟要走数十年的道路,尽管我国新《著作权法》对版权集体管理组织的性质、职能等有明确的规定,但操作中的具体问题仍然不少,机制不健全,应该加快这方面的建设进程。

4.2　采取有效的技术保护措施

数字图书馆是随着网络环境下先进技术的产生而产生的;其中的知识产权问题也是由于日新月异的技术手段引起的,因此要有效地解决数字图书馆知识产权问题,除了制定完善的法律法规外,还需要采取更有效的技术防范手段。

从国内外的经验来看,我们可以采取以下技术措施。

（1）权限设置

这是目前大多数数字图书馆都经常采用的办法。它是通过输入口令,合法的用户可以访问相关网站、网页的内容,非法的用户则不能;或者对IP地址进行限定,规定某些IP地址用户可以访问相应的网站或数据库,如高校图书馆的数据库就是这样设置的。

（2）客户认证技术（CA）

用户通过版权控制机构申请获得客户认证技术证书,如果该用户利用客户认证技术进行非法复制,客户认证技术机构将在计算机范畴外进行调查和起诉,同时可设置自动计费软件,将信息使用费自动计入使用者在该系统的网站中设置的账户里。

（3）防火墙技术

该技术是一种使用很广泛的网络安全技术,其工作原理是在被保护网络与外部网络之间设立一道屏障（即防火墙）,在此检查进出被保护网络的信息是否被准许通过,或用户的服务请求是否被允许,从而阻止非授权用户的进入和对信息资源的非法访问。

（4）VPN技术

VPN技术采用了鉴别、访问控制、保密性、完整性的措施防止信息丢失、篡改和非法复制,能够大大提高数字图书馆信息的安全性和共享性。

（5）数据加密技术

为了加强信息的保密性、完整性和安全检查性,也就是信息的防伪与防窃取,有必要对数据进行加密。其原理就是将信息格式转化为密文,然后传输或存储密文,当需要时再重新转化为明文,是保护数字图书馆知识产权的常用手段之一。它可以作为保护数字图书馆知识产权的常用手段。

（6）数字水印技术

该技术是用信号处理方法在数字化的多媒体信息中嵌入隐蔽的标记,这种标记通常是不可见的,只有通过专用的检测器或阅读器才能提取。使用数字水印技术将作者姓名、创作时间、作品使用条件和要求等权利管理信息嵌入到数字作品中，由于数字水印具有几乎不可破译性，因此，偷换水印、去除水印的难度非常大，从而使作者的精神权利和经济利益得到了保障。一旦该数字信息被复制，该水印会在其中央明显地显示版本信息，要想正常阅读复制数字信息，用户只能向数字图书馆的拥有者申请合法使用。

（7）数字指纹技术

数字指纹技术是利用数字作品中普遍存在的冗余数据与随机性，向被分发的每一份软件、图像或者其他数据拷贝中引入一定的误差，使得该拷贝中的误差跟踪到不诚实者的一种数字作品版权保护技术。该技术具有隐形性、稳健性、确定性、数据拷贝、数据量大、抗合谋攻击能力等特点。

（8）入侵检测技术

这种技术提供实时入侵检测和相应的防护手段，如纪录证据用于跟踪和恢复，断开网络的连接等。它能够发现危险攻击的特征，探测出攻击行为，并记录事件发出警报，同时采取保护措施。

（9）智能代理技术

智能代理可以帮助数字图书馆和用户搜寻互联网上的各种资源库，可以进行信息筛选和过滤，杜绝大量无用或不相关的信息流向用户，能够确认与用户需求相关的信息是否可以利用，并判断需要满足哪些条件，从而起到保护知识产权的作用。

4.3 图书馆要加强法律意识，强化人才队伍建设

由于图书馆经常是作品的"最后购买人"及其知识产权侵犯的"防火墙"，为了避免侵权风险，图书馆界要强化自身意识，不可只为自己发展而置著作权人的利益于不顾，要及时采取措施，制定政策、提出对策。比如，通过与电子书籍和数据库商签订相关协议，在进行数字化资源传输时就可以避免需要出版商的许可，从而解决了相应的产权问题。另外，图书馆界还要加强法律意识。除了积极参与知识产权法的修订工作，还要随时关注国内外相关法律信息。依法履行自己的职责，维护他人合法利益，依法支付版权使用费，并对用户进行宣传教育，使图书馆的建设、信息资源的传播、用户的信息检索均在合理合法的框架内。

图书馆法律人才队伍建设，也是数字图书馆知识产权保护的有效手段。数字图书馆的管理人才不仅要精通图书馆管理知识，还应熟悉计算机网络技术，也要懂得知识产权等法律，才能适应数字化时代的发展和需要。只有掌握了相关的知识产权法律知识（如著作权的保护期限、地域和范围，合理使用和法定许可的范围，以及侵犯著作权应承担的法律责任等），他们才能敏锐地分析和处理知识产权的相关问题，从而避免侵权行为的发生。因此，图书馆界要建立一支既精通图书馆业务知识，又熟悉网络知识和懂得法律知识的骨干队伍，让他们在数字图书馆知识产权保护的法规制定过程中，积极参与到知识产权法律的提案、立法和修律活动中去，促进相关法律的出台与完善。同时，作为超越法律法规的软约束，图书馆界还要加强信息伦理教育，在信息开发、信息传播、信息的管理和利用等方面，自觉接受一定的伦理要

求和伦理准则的约束。只有这样,图书馆界才能建设一支集图书管理、网络技术、法律知识于一身的人才队伍来,这不仅是数字图书馆知识产权保护的重要基础和保障,也是数字图书馆美好未来的发展基石。

5　我国对知识产权的保护可以实施以下几种手段

5.1　行政保护

我国对知识产权的行政保护,是知识产权保护的"双轨制"的一种体现。我国的行政保护,是指国家行政机关对当事人某些比较严重违反知识产权法律的行为予以行政处罚,以及对某些知识产权向权利人予以授权等的行政行为。从发达国家来看,对知识产权的保护,主要通过司法途径保护。

5.2　司法保护

对知识产权的司法保护,是指对知识产权通过司法途径进行保护,即由享有知识产权的权利人或国家公诉人向法院对侵权人提起刑事、民事诉讼,以追究侵权人的刑事、民事法律责任,以及通过不服知识产权行政机关处罚的当事人向法院提起行政诉讼,进行对行政执法的司法审查,以支持正确的行政处罚或纠正错误的处罚,使各方当事人的合法权益都得到切实的保护。其保护的范围包括对专利、商标、著作权(版权)、邻接权以及防止不正当竞争权等涉及人类智力成果的一切无形财产的财产权和人身权的保护。对知识产权的司法保护是知识产权保护的关键一环,是最重要的知识产权法律实施活动,主要通过人民法院民事、刑事、行政三大诉讼途径来实现的。

5.3　知识产权集体管理组织保护

可以通过知识产权集体管理组织来保护知识产权。集体管理组织是知识产权创造者或其他权利人自身权利予以保护的社会组织。我国的音乐著作权协会就是知识产权集体管理组织的一种。最高人民法院已经承认音乐著作权协会与成员间的信托法律关系,该组织可以其名义作为原告为其成员进行诉讼;可以自行处理涉及维护他们自身权益的事务以及发挥服务于社会的功能性作用,如完成收转作品等权利使用费、授权许可和转让、进行侵权交涉等许多事务。

5.4　技术保护

通过技术手段对知识产权来进行保护。这是指利用技术措施或手段对知识产权保护对象所进行的技术层面上的保护。在以计算机软件为代表的著作权领域以及网络信息领域中越来越被权利人所重视。为了对付未经授权的使用其计算机程序和其他作品或进入其网络,采用了加密或使用密码等技术手段进行保护。

5.5　自我救济

这是指知识产权的权利人或其他利害关系人所进行的自我救济。知识产权的权利人的自我救济范围很广，在主张权利阶段，包括向侵权人提出警告、交涉，各类请求权的行使等等。虽然我国的公司、企业有的设有专门从事知识产权保护的法律事务部门，但从整体上看所占的比例不是太多。从总体层面上说，我国的企业不如发达国家的公司、企业重视自身知识产权的保护。发达国家的公司、企业大都设有专门从事知识产权保护的法律事务部门，并制定了一系列如何保护自己知识产权的具体措施和手段，同时他们还制定了一些在开展业务中如何避免侵犯他人知识产权等具体的措施和手段。

参 考 文 献

[1] 刘荣. 图书馆信息服务与管理 [M]. 北京: 北京图书馆出版社, 2002

[2] 吴南, 刘萍, 张妮妮. 现代图书馆学热点研究 [M]. 北京: 知识产权出版社, 2014.

[3] 贾宏, 逯爱英. 数字图书馆技术应用研究 [M]. 沈阳: 白山出版社, 2011.

[4] 程焕文, 潘燕桃. 信息资源管理的理论与实践 [M]. 广州: 中山大学出版社, 2008.

[5] 程娟, 张慧, 裴雷, 等. 信息检索. 第2版 [M]. 天津: 天津大学出版社, 2014

[6] 王力军. 图书馆建设与管理丛论 [M]. 北京: 中国地图出版社, 2013.

[7] 奉国和. 数字图书馆 [M]. 北京: 北京大学出版社, 2013.

[8] 潘淑春, 等. 数字图书馆研究与发展 [M]. 香港: 香港中国新闻出版社, 2006.

[9] 柯平, 赵益民, 陈昊琳, 等. 图书馆战略规划研究 [M]. 北京: 社会科学文献出版社, 2014.